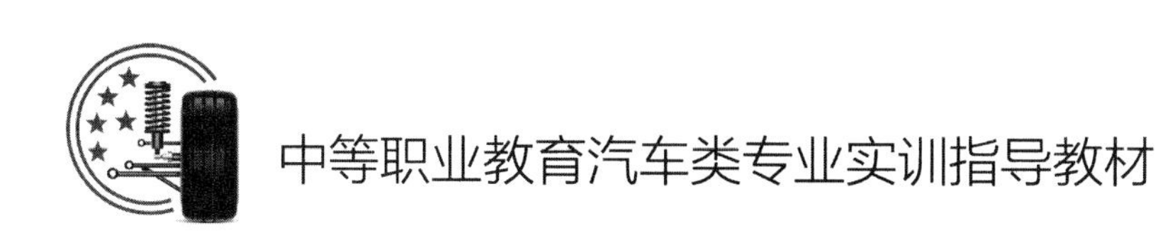

Qiche Weixiu Changyong Gongliangju Shiyong

汽车维修常用工量具使用

(第3版)

中国汽车维修行业协会◎组织编写
朱　军◎丛书主编
高作福　李玉明◎本书主编
王凯明◎丛书主审

人民交通出版社
北京

内 容 提 要

本教材从汽车维修企业生产实践中精选出5个最常见的工量具使用项目，内容包括汽车维修通用工具、钳工工具、常用测量工具、汽车维修常见专用工具、电控系统常用检测仪器的选用及使用等，另外，本教材还选取了汽缸盖螺栓拆装实例和曲轴圆跳动量检测实例，帮助学生更全面地掌握工量具的使用。

图书在版编目(CIP)数据

汽车维修常用工量具使用/高作福，李玉明主编.—3版.—北京：人民交通出版社股份有限公司，2024.3

ISBN 978-7-114-19258-6

Ⅰ.①汽… Ⅱ.①高… ②李… Ⅲ.①汽车—车辆维修设备—中等专业学校—教材 Ⅳ.①U472.46

中国国家版本馆CIP数据核字(2024)第047041号

书　　名： 汽车维修常用工量具使用(第3版)
著 作 者： 高作福　李玉明
责任编辑： 李　良
责任校对： 赵媛媛
责任印制： 刘高彤
出版发行： 人民交通出版社
地　　址： (100011)北京市朝阳区安定门外外馆斜街3号
网　　址： http://www.ccpcl.com.cn
销售电话： (010)59757973
总 经 销： 人民交通出版社发行部
经　　销： 各地新华书店
印　　刷： 北京市密东印刷有限公司
开　　本： 880×1230　1/16
印　　张： 9.25
字　　数： 202千
版　　次： 2010年7月　第1版
2019年9月　第2版
2024年3月　第3版
印　　次： 2024年3月　第3版　第1次印刷　累计第12次印刷
书　　号： ISBN 978-7-114-19258-6
定　　价： 33.00元

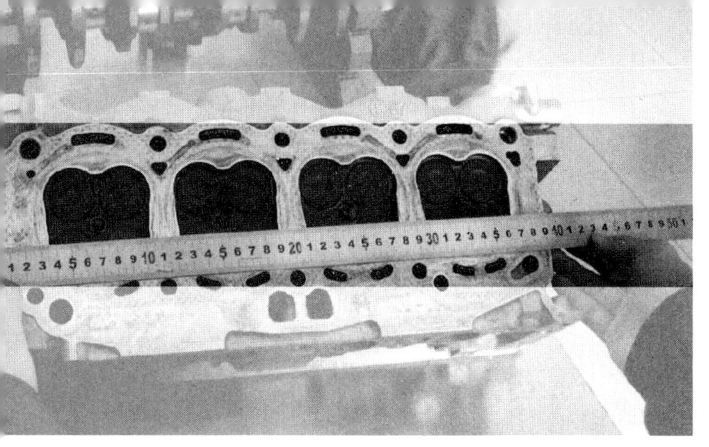

前言 PREFACE

本套教材为中等职业教育汽车类专业实训指导教材，由中国汽车工程学会汽车应用与服务分会、中国汽车维修行业协会等行业机构牵头，联合中等职业优质院校的汽车教师骨干合作编写完成。本套教材主要从“教什么”入手，结合一线教师企业调研提炼汽车维修的“典型工作任务”，之后围绕这些典型工作任务逐项提升教师自身的动手能力；在帮助教师熟练掌握维修技能后，指导他们将典型工作任务转化为学习任务，并据此设计课程，编写教材，解决了“怎么教”的问题。本套教材自出版以来，反馈良好，已数次重印。

本套教材深入贯彻国家层面的相关政策文件，结合行业内相关技能培养需求，紧扣“培养培训指导方案”的要求，来探讨实用汽车维修作业项目实训课实车工艺化教学方法。在教学内容上大量采用的是源自汽车维修一线的实用作业项目，以最基本的汽车维护实训项目、最典型的汽车“发底电”维修检测实训项目，以及为完成以上维修项目所必须掌握的汽车维修基础技能实训项目为出发点，以任务式的模式来开展汽车维修理实一体化的教学工作，教学方法则采用在实车上按照实训课工艺化教学要求来完成的教学模式，使每个作业项目直接针对实际的整车来完成，增加了实景实车教学的现场感，增强了学生对实车修理过程的真实感。基于此，旨在使学生学习过程中，能将知识与技能融合起来，理论支撑实践，实践巩固理论。同时本套教材注重体现汽车服务企业的5S管理，以使学生在掌握技能的同时提高职业素养。

近年来，汽车行业飞速发展，职教改革不断深入，对汽车专业的教学提出了新的要求。因此，人民交通出版社先后启动了本套教材的修订工作。本轮修订结合了一线教师教学过程的总结与企业实践的思考，对前版教材中部分不尽合理的操作步骤做了调整，对表述不规范的地方做了修改，对读者反馈的问题做了梳理，使内容更加规范合理，更加贴近教学要求。本次修订工作的主要特点有：

(1)在实训项目的选取上，继承前版教材的优良经验。紧扣中等职业学校汽车维修专业的培养目标，充分体现“必需、够用”原则，同时完全贴合教育部“全国职业院校技能大赛”中职汽车维修专业的比赛项目。

(2)在教学内容的设计上，紧扣理实一体化的实训教学需求。以图文并茂的形式展现技能教学的全过程，每个步骤中都有要领提示，强化汽车维修作业的规范性和作业技巧，任务的最后设计了技能考核的参考标准，以辅助教学效果的考评。同时，此次修订对任务内容进行了微调，以使其更加符合学生的认知习惯。

(3) 对前版教材中的错漏部分进行了修订，部分教材配图进行了更新。

(4) 重要知识点旁配置了二维码，扫码可观看该知识点的动画或视频，可使教学更加立体化。

本书由中国汽车维修行业协会组织编写，高作福、李玉明担任主编。朱军老师和王凯明老师对本书的编写工作提供了大力支持和帮助，在此表示衷心的感谢。

限于编者的经历和水平，书中难免有不妥或错误之处，敬请广大读者批评指正，提出修改意见和建议，以便再版修订时改正。

编　者

2024 年 1 月

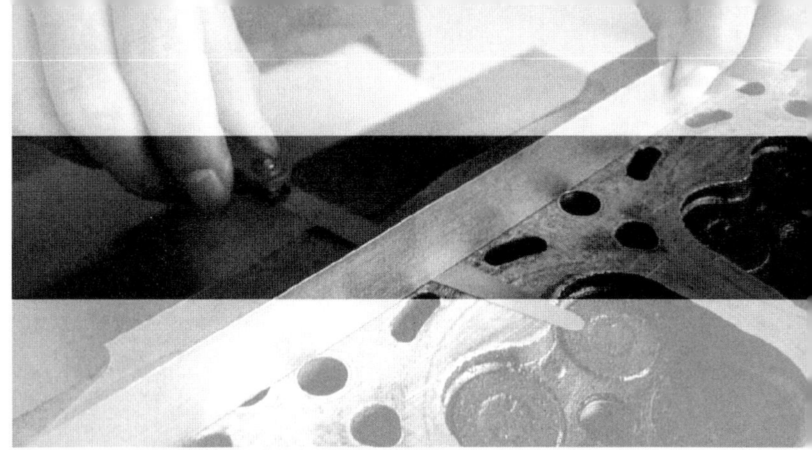

目录 CONTENTS

项目一　汽车维修通用工具的选用及使用 …… 1

项目二　钳工工具的选用及使用 …… 40

项目三　常用测量工具的选用及使用 …… 59

项目四　汽车维修常见专用工具的选用及使用 …… 78

项目五　电控系统常用检测仪器的选用及使用 …… 91

项目六　汽缸盖螺栓拆装实例 …… 109

项目七　曲轴圆跳动量检测实例 …… 126

项目一　汽车维修通用工具的选用及使用

一　项目说明

传统汽车维修靠的是“三分技术,七分工具”,正确地选用工具对汽车维修来说是何等重要,但很多维修技术人员不太重视工具的使用方法,使用扳手、钳子等通用工具不规范,导致不能顺利完成维修作业。本项目将对汽车维修通用工具的选用及使用做详细的介绍。

汽车维修通用工具包括扳手、钳子、旋具、电动及气动工具等。

二　实训时间:共7课时

实训活动一:套筒及配套工具的选用及使用(2课时)。

实训活动二:各种扳手的选用及使用(1课时)。

实训活动三:各种钳子的选用及使用(1课时)。

实训活动四:各种螺丝刀的选用及使用(1课时)。

实训活动五:电动工具及气动工具的选用及使用(1课时)。

实训活动六:其他通用工具的选用及使用(1课时)。

三　实训教学目标

(1)熟悉使用各类常见通用维修工具的注意事项;

(2)掌握正确选用及使用各类常见通用维修工具的方法;

(3)树立“坚持安全第一、预防为主”的思想意识。

四 教学器材

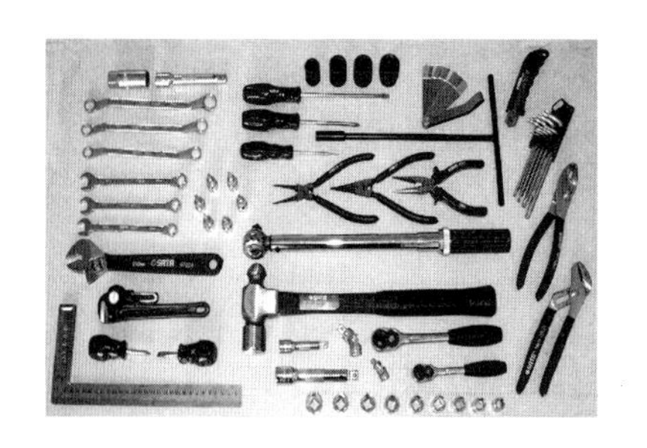

五 教学组织

1 教学组织形式

此实训教学项目为实训示范课,由实训教师或2~3名学生操作,其他学生观察学习。掌握各类工具的使用方法及注意事项后,在以后各类发动机及底盘拆装实训中进行实操练习。

2 实训教学场地

实训现场应配套实训用整车1台,发动机及变速器总成各1台,举升机1台,常见通用工具若干。

3 实训教师职责

讲解各类工具的作用、使用方法及注意事项,演示正确的使用方法;指导部分学生进行操作练习,并纠正学生的操作错误。

六 实训教学内容

实训活动一 套筒及配套工具的选用及使用

1 概述

套筒扳手是拆卸螺栓最方便、灵活且安全的工具。在使用套筒扳手过程中,不易损坏螺母的棱角。

提示 要根据工作空间大小、力矩要求和螺栓或螺母的尺寸来选用合适的套筒。

套筒呈短管状,内部一端呈六角形或十二角形,用来套住螺栓头;另一端有一个正方形的头孔,该头孔用于与配套手柄的方榫配合。

2 套筒的规格

套筒按所拆卸螺栓的力矩和使用的工作环境不同分为大、中、小三个系列,并以配套手柄方榫的宽度来区分。

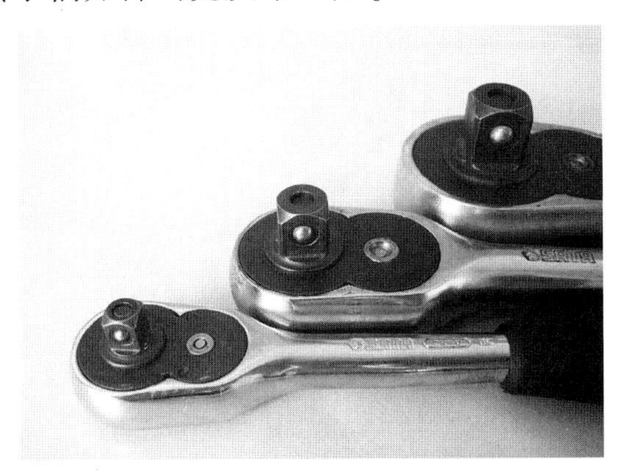

常见的有 6.3mm 系列、10mm 系列和 12.5mm 系列。当使用英寸表示时,则对应为 1/4in 系列、3/8in 系列和 1/2in 系列。

3 套筒的类型

除常见的标准套筒外,还有很多特殊套筒,如六角长套筒、六角或十二角花形套筒、风动套筒、旋具套筒等。如头部制成特殊形状的螺栓、螺母,就必须采用专用套筒进行拆卸。

1)六角长套筒

六角长套筒的深度是标准套筒的 2~3 倍,是汽车维修作业中最常用的改型套筒之一。

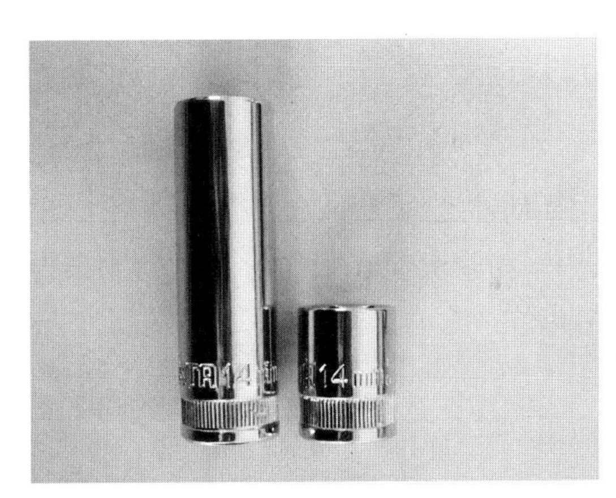

2)风动套筒

风动套筒专门配套气动冲击扳手使用,气动冲击扳手在工作时会产生瞬间强力冲击,如使用普通套筒,可能会损坏。

风动套筒使用特殊铬钢合金制成,并且在制作工艺上提高了壁厚,降低了强度,增强了韧性,使其能适应恶劣的工作环境。

气动冲击扳手的方榫部设计有 O 形锁圈,用来防止套筒在工作时从气动冲击扳手上甩出。

3)十二角花形套筒

套筒内径形状有六角和十二角(双六角)两种类型。内六角花形套筒与螺栓、螺母的表面接触面大,不易损坏螺栓、螺母表面;而十二角花形套筒各角之间只间隔 30°,可以很方便地套住螺栓,适合于在狭窄空间中拆卸螺栓。

提示 十二角花形套筒不能拆卸大力矩或棱边已磨损的螺栓,因为它与螺栓的接触面小,容易损坏螺栓的棱角或滑脱,产生安全事故。

4)六角花形套筒

花形套筒是专门用来拆卸花形螺栓头螺栓的。在拆卸时,这种螺栓头可与花形套筒实现面接触,并采用曲面结构,在缩小体积的同时可增加拆卸力矩。

在现代汽车上,花形头螺栓的应用场景逐渐增多,经常用于车门安装螺栓或进气歧管的双头螺栓等。

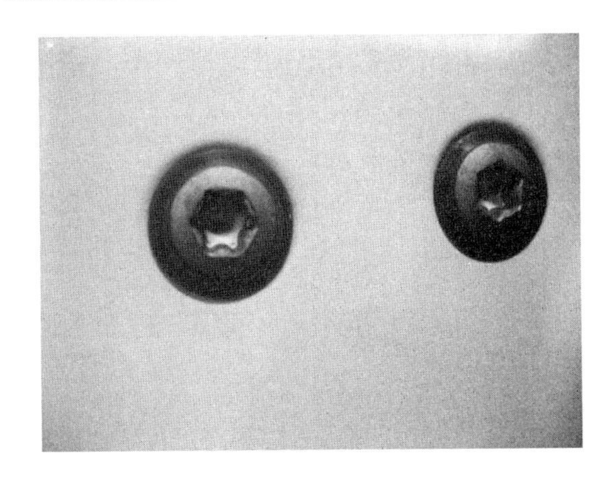

提示 在花形套筒的尺寸标示中，首先是“T”或“E”的区分，然后才是尺寸数字，花形旋具头被称为T形(柱头)，而花形套筒被称为E形(沉头)。

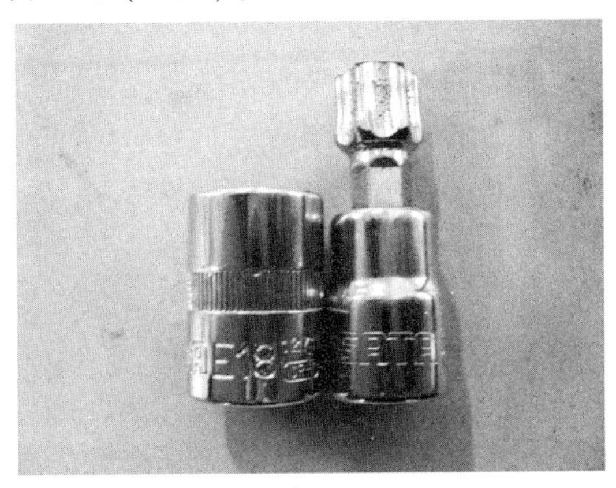

5)系列旋具套筒

旋具套筒与配套手柄配合，组合成各式各样的螺丝刀或六角扳手，其主要用于拆卸螺栓头为特殊形状的螺栓或力矩过大的小螺钉。

随着汽车技术的发展，内六角及内六花螺栓在汽车中使用得越来越多。传动带轮上的无头螺钉、变速器的放油螺栓以及减振器活塞杆的紧固螺栓等，如果要拆卸这种螺栓，就必须使用专用的内六角和内六花扳手。

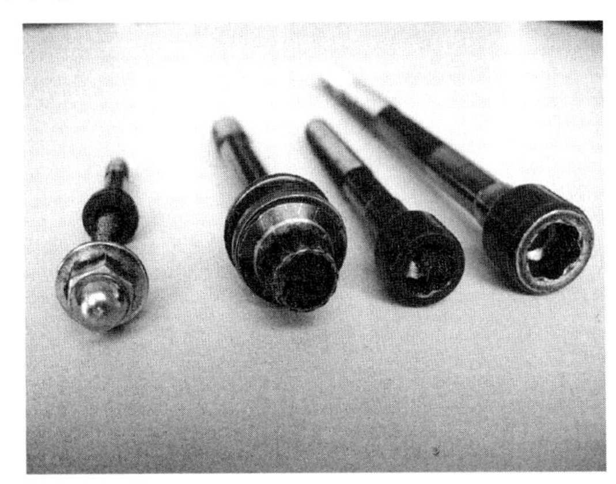

开有一字槽或十字槽的螺钉，在使用螺丝刀紧固时容易发生上浮现象，拧紧力受到限制，所以在汽车上内六角和内六花螺栓的使用频率不断增加。

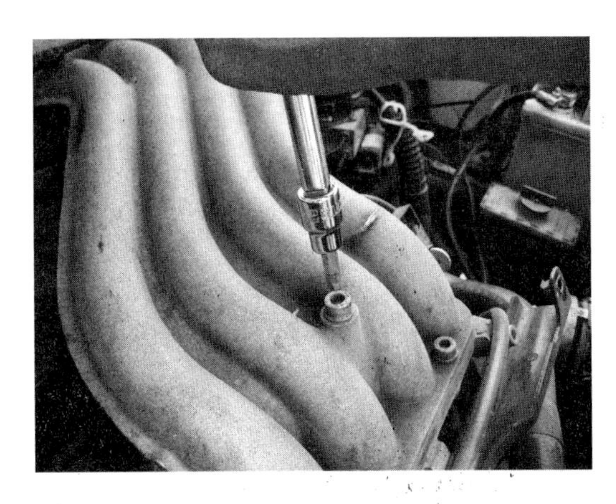

一字形旋具套筒及旋具头形状如下图所示。

十字形旋具套筒及旋具头形状如下图所示。

米字形旋具套筒及旋具头形状如下图所示。

花形旋具套筒及旋具头形状如下图所示。

六角旋具套筒及旋具头形状如下图所示。

中孔花形旋具头不同于普通旋具头，花形旋具头中间为空心设计，适合于拆卸中间有凸起的花形螺栓。

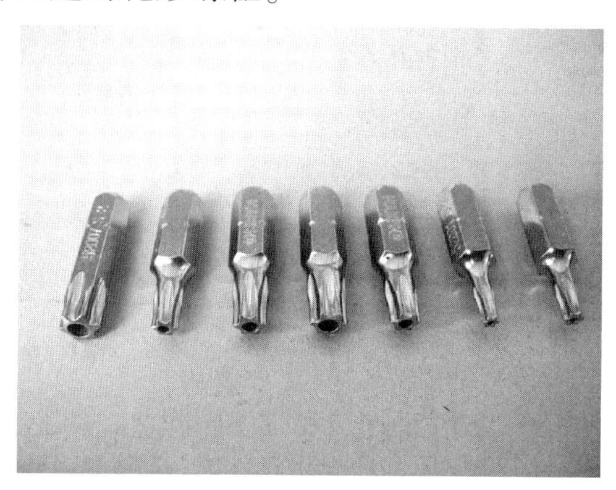

旋具套筒与不同手柄配合会起到不同作用，可用棘轮扳手实现快速旋拧，也可接上接杆加长使用，对普通螺丝刀无法拧动的螺钉可以施加较大力矩。

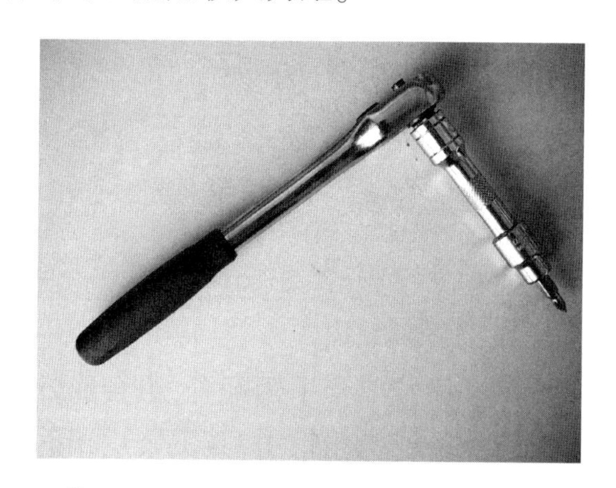

使用时，一定要给予旋具套筒足够的向下的压力，以防止旋具套筒滑出螺钉头。

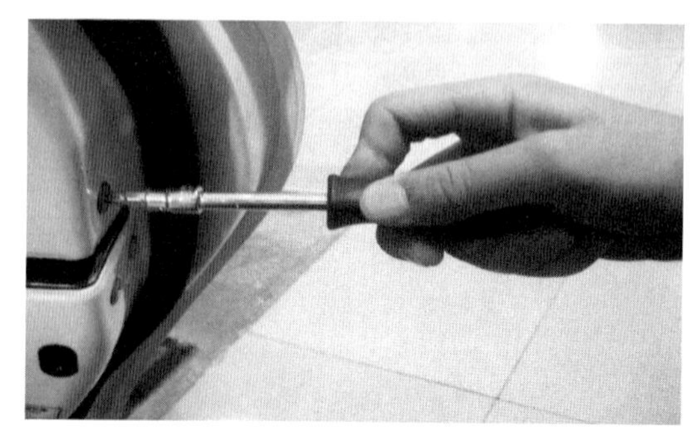

使用旋具套筒头拆卸或紧固螺钉时，一定要检查螺栓头部的六角或花形孔内是否有杂物，要及时清理然后进行操作，以免因

工具打滑损坏螺栓或伤及自身。

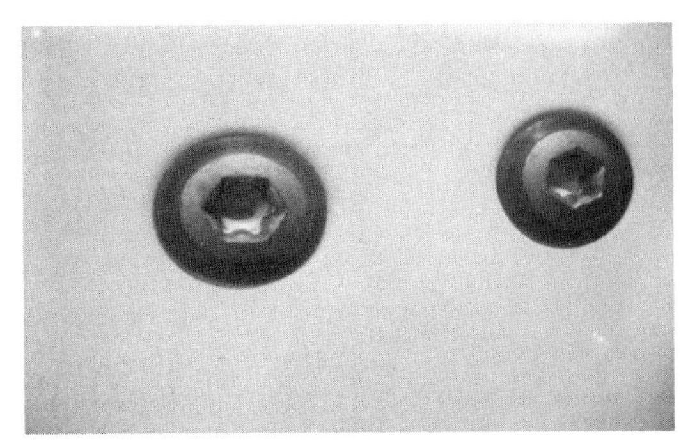

旋具头接头是用来连接旋具头及配套手柄的必备配套工具，如果没有旋具头接头，旋具头将无法使用。

旋具头与旋具套筒相同，只是要与旋具头接头配合使用。旋具头接头与旋具头组合后就会形成旋具套筒，这种配置比旋具套筒的制造成本低。

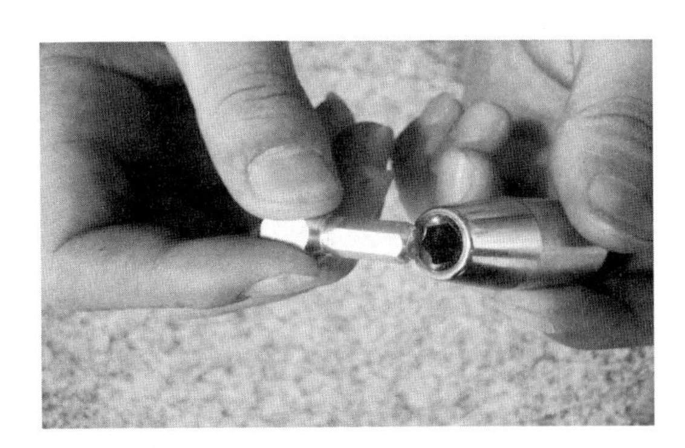

4 套筒的使用方法及注意事项

将套筒套在配套手柄的方榫上（视需要与长接杆、短接杆或万向接头配合使用），再将套筒套住螺栓或螺母，左手握住手柄与套筒连接处，保持套筒与所拆卸或紧固的螺栓同轴，右手握住配套手柄加力。

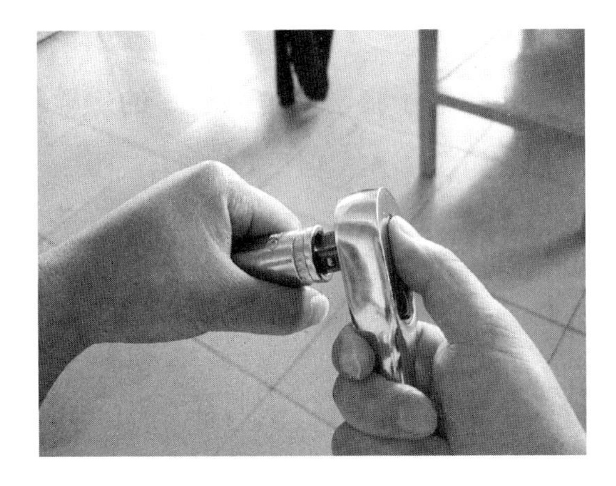

在使用套筒的过程中，左手握紧手柄与套筒连接处，切勿摇晃，以免套筒滑出或损坏螺栓螺母的棱角；同时用力方向应朝向自己，以防止滑脱造成手部受伤。

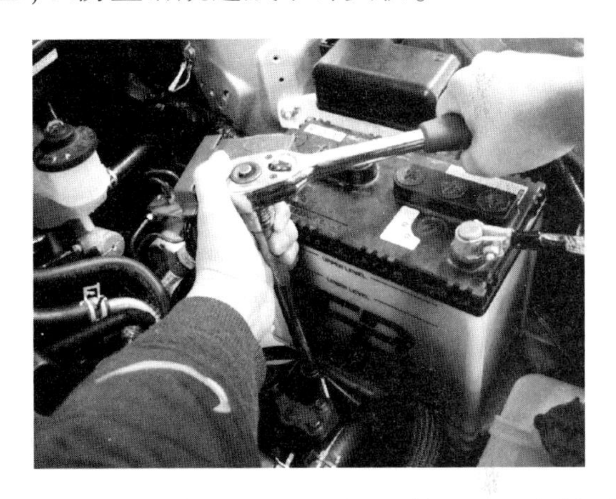

在选用套筒时，一定要作出正确的选择，必须使套筒与螺栓、螺母的形状及尺寸完全适合，若选择不正确，则套筒在使用时极有可能打滑，从而损坏螺栓、螺母。

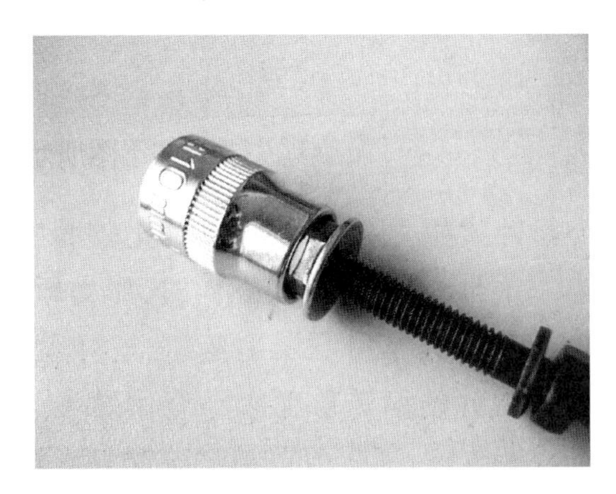

不要使用出现裂纹或已损坏了的套筒，这种套筒会引起打滑，从而损坏螺栓、螺母

的棱角。

禁止用锤子将套筒击入变形的螺栓、螺母六角进行拆装,避免损坏套筒。

5 套筒的配套工具

1)扭力扳手

扭力扳手主要用于有规定力矩值的螺栓和螺母的装配,如汽缸盖、连杆、曲轴主轴承等处的螺栓。

通常使用的扭力扳手有指针式和预置力式两种。

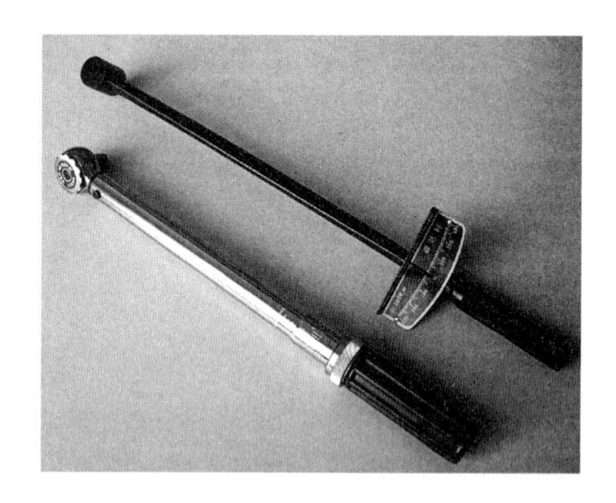

指针式扭力扳手结构相对比较简单,它有一个刻度盘,当紧固螺栓时,扭力扳手的杆身在力的作用下发生弯曲,这样就可以通过指针的偏转角度大小表示螺栓、螺母的旋转程度,其数值可通过刻度盘读出,汽车维修中常用扭矩扳手的规格一般为300N · m。

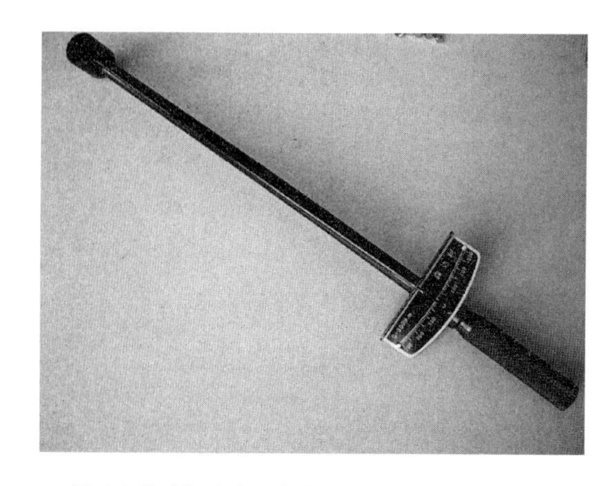

使用指针式扭力扳手时,应注意左手在握住扳手与套筒连接处时,不要碰到指针杆,否则,会造成读数不准。

预置力式扭力扳手可通过旋转手柄,预先调整设定力矩,在使用中达到设定扭矩时,该扳手会发出警告声响以提示用户。

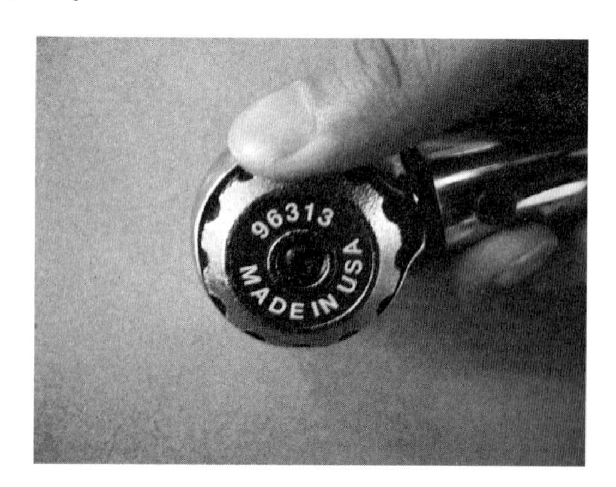

当听到“咔嗒”声响后,立即停止旋转以保证力矩正确。当扳手设在较低力矩值时,警告声可能很小,应特别注意。

提示 预置力式扭力扳手刻度的读取，与外径千分尺类似，参见“项目三 常用测量工具的选用及使用”。

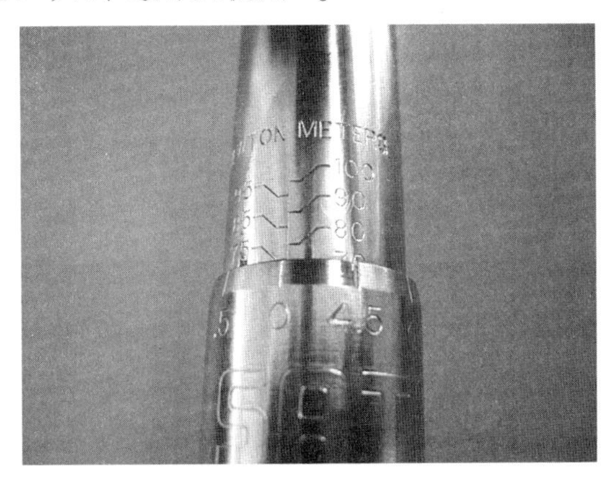

扭力扳手在拧紧时要用左手握住套筒，并保持扭力扳手的方榫部及套筒垂直于紧固件所在平面；右手握紧扭力扳手手柄，向自己这边扳转。

禁止向外推动工具，以免滑脱而造成身体伤害。

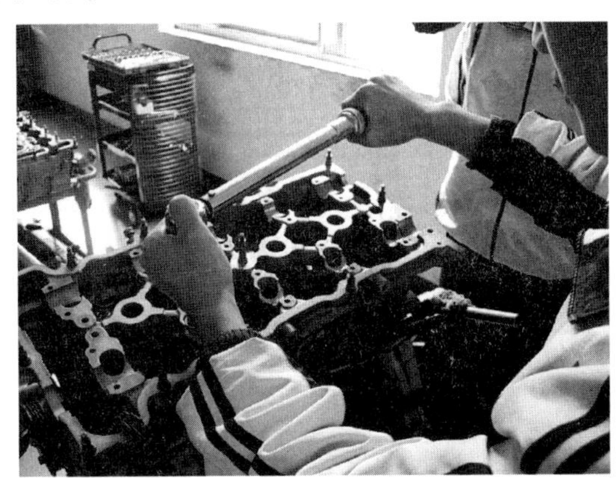

拧紧螺栓、螺母时，不能用力过猛，不可施加冲击力矩，当旋紧阻力不断增加时，旋转的速度应相应放缓，以免损坏螺纹。当力矩过大时，禁止在扭力扳手的手柄上再加装套管或用锤子捶击。

切勿在达到预置力矩后继续旋转，如继续旋转，除对扳手造成严重损害外，还会使力矩大大超出预设值，进而损坏螺栓、螺母。

用扭力扳手紧固一个平面上多个固定螺栓且力矩较大时，要注意拧紧顺序，一般的拧紧方法是从中间至两边且对角分多次拧紧，详细顺序以维修手册为准。

2)棘轮手柄

棘轮手柄是最常见的套筒手柄。套筒手柄是装在套筒上用于扳动套筒的配套手柄,如果没有配套手柄,套筒将无法独立工作。

提示 使用棘轮手柄时,可使套筒扳手以小的回转角锁住并在有限的空间中工作。

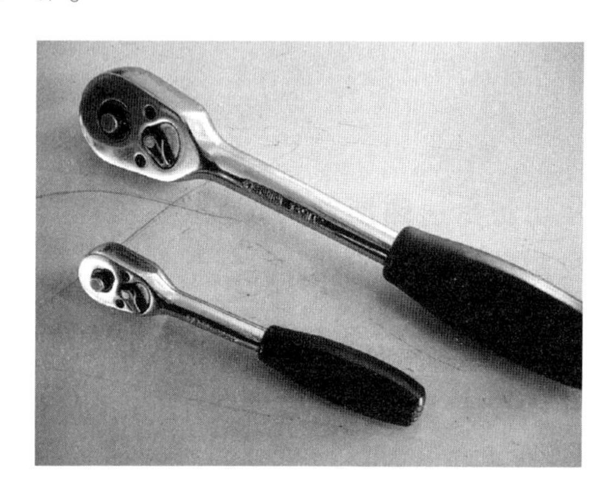

棘轮手柄头部设计有棘轮装置,在不脱离套筒和螺栓的情况下,可实现单方向的快速转动。

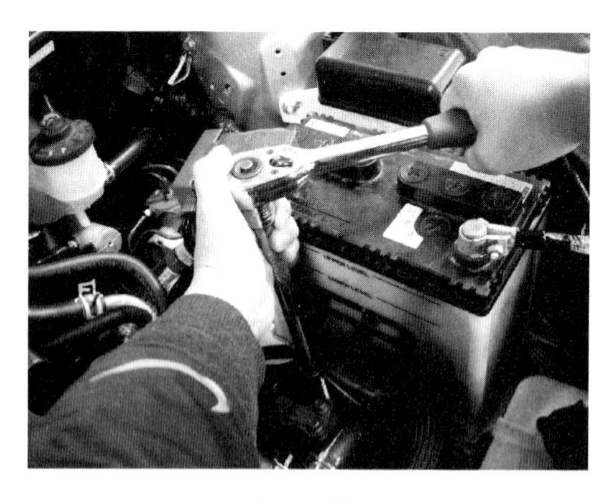

通过调整锁紧机构可改变其旋转方向:将锁紧机构手柄调到左边,可以单向顺时针拧紧螺栓或螺母;将锁紧机构手柄调到右边,可以单向逆时针松开螺栓或螺母。

提示 可利用单手操作转向功能,使操作更加方便。

棘轮手柄使用方便但不够结实。不要使用棘轮扳手来对螺栓或螺母进行最后的拧紧,另外,严禁对棘轮手柄施加过大的力矩,否则,会损坏内部的棘爪结构。

有些专业棘轮扳手设计有套筒锁止及快速脱落功能,而且只需单手操作,可防止在使用过程中,套筒或接杆脱落。

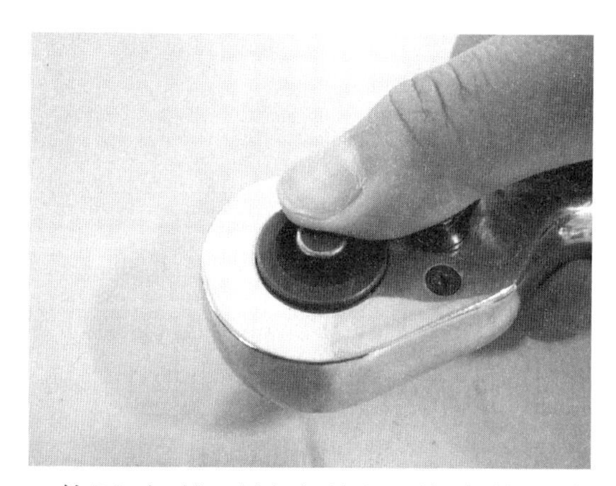

使用时,按下锁定按钮,将套筒头套入棘轮扳手的方榫中,松开锁定按钮,套筒即被锁止,如再次按下锁定按钮,即可解除套筒锁止。

3)滑杆

滑杆也称滑动T形杆,是套筒专用配套手柄,横杆部分可以滑动调节。通过滑动方榫部分,手柄可以有两种使用方法。

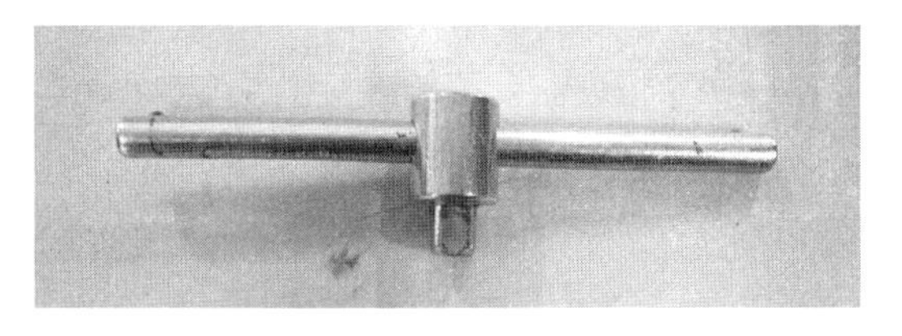

方榫位置在一端,形成L形结构,从而增加力矩,达到拆卸或紧固螺栓的目的,工作原理与方法与L形扳手类似。

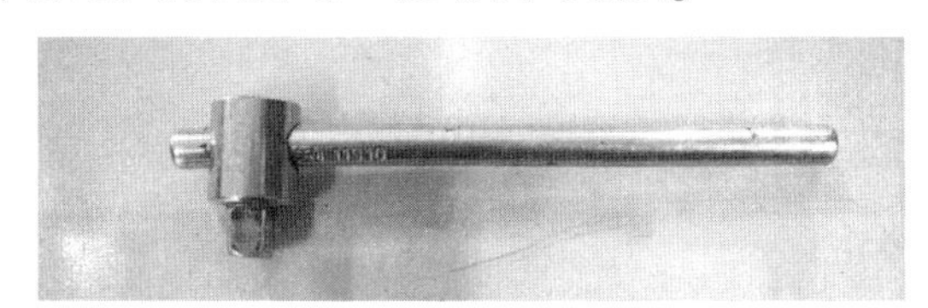

方榫部分在中部位置,形成T形结构,两只手同时用力,可以增加拆卸速度,但要求有很大的工作空间。

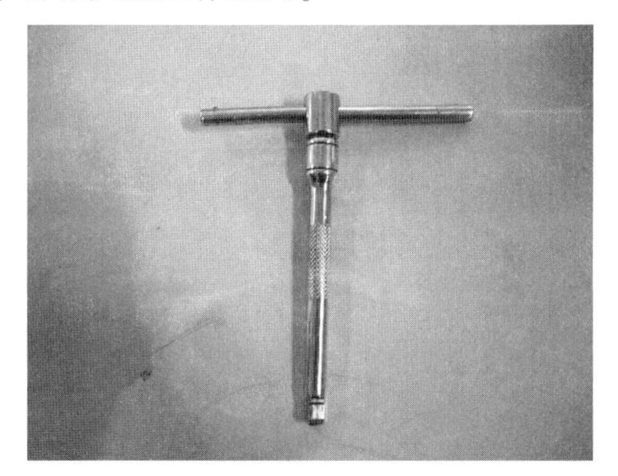

当拆卸力矩过大时,禁止在滑杆的手柄上再加装套管或用锤子捶击,否则,会造成工具或螺栓损坏。

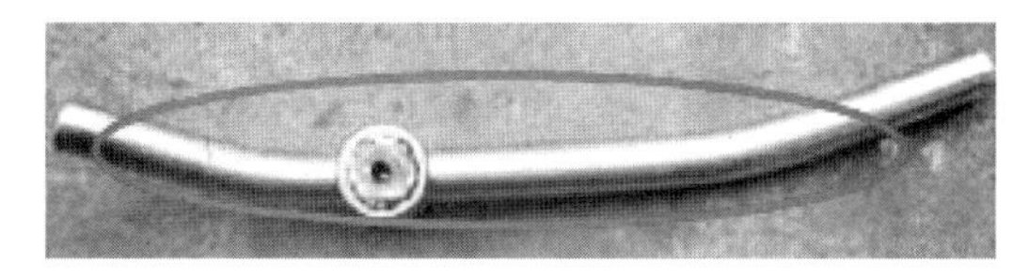

4)旋转手柄

旋转手柄也称摇头手柄或扳杆,可用于拆下或更换要求大力矩的螺栓或螺母,也可在调整好手柄后进行迅速旋转,但此手柄很长,因此,很难在狭窄空间下使用。

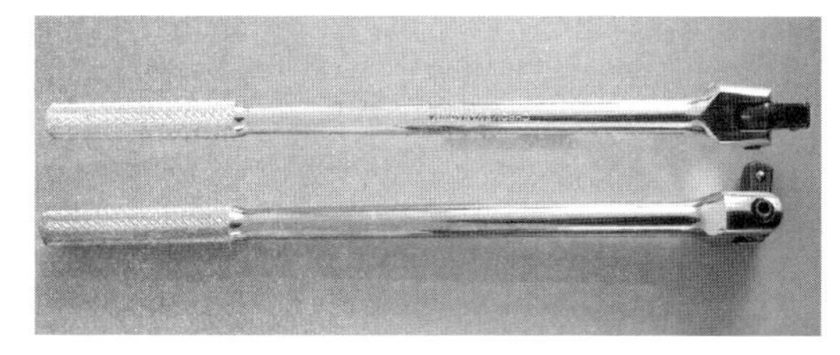

旋转手柄头部可作铰式移动,这样可以根据作业空间要求调整手柄的角度进行使用。

提示 通常使用旋转手柄时,应尽量在保持端部与手柄呈90°的L形位置的状态下使用。

5)快速摇杆

快速摇杆俗称摇把,是旋动螺母最快的配套手柄,但它不能在螺母上施加太大的力矩,主要用于拧下已经松动的螺母,或者把螺母快速旋上螺栓。

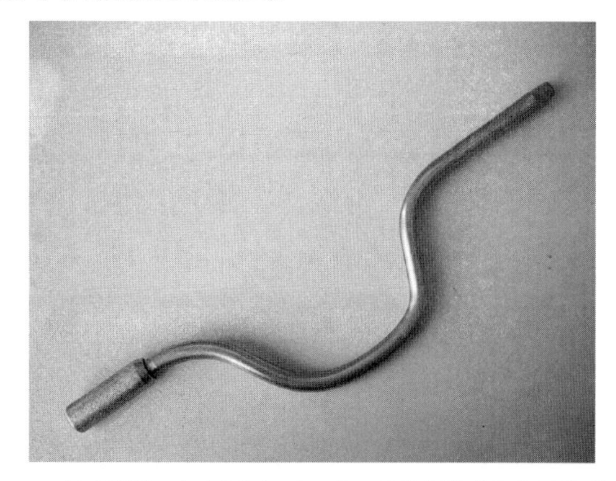

使用快速摇杆时,左手握住摇杆端部,并保持摇杆与所拆卸螺栓同轴,右手握住摇杆弯曲部,迅速旋转。

提示 使用快速摇杆时,握摇杆的手不可摇晃,以免套筒滑出螺栓或螺母,发生安全事故。

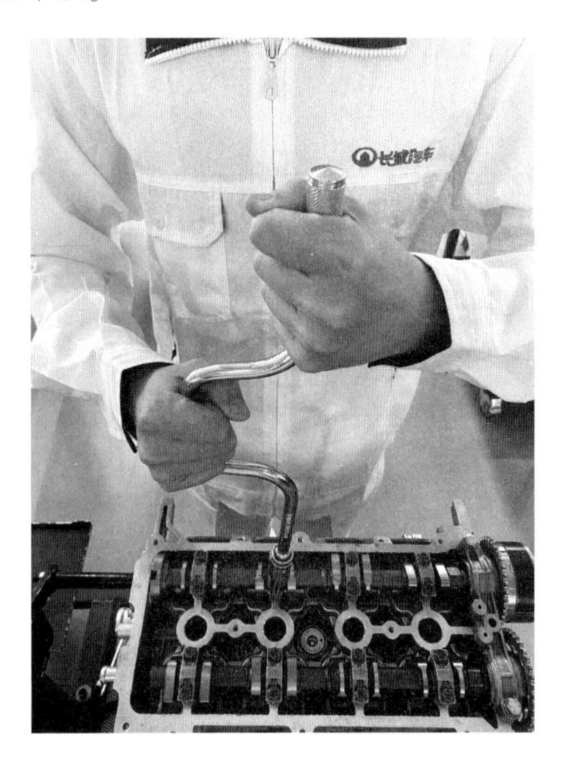

6)L形手柄

结构简单,正因为没有铰链等角度可调的部件,所以强度高,能承受较大力量。

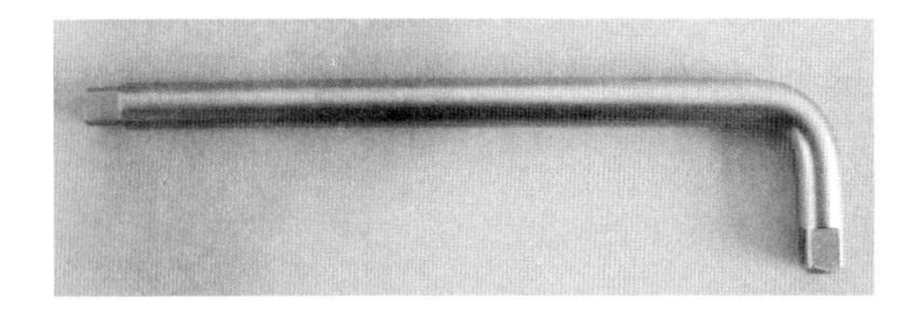

7)旋柄

旋柄也是套筒配套手柄,它可以与套筒头及旋具头配合,与螺丝刀手柄类似。

提示 旋柄多数为6.3mm系列,无法进行大力矩的旋拧。

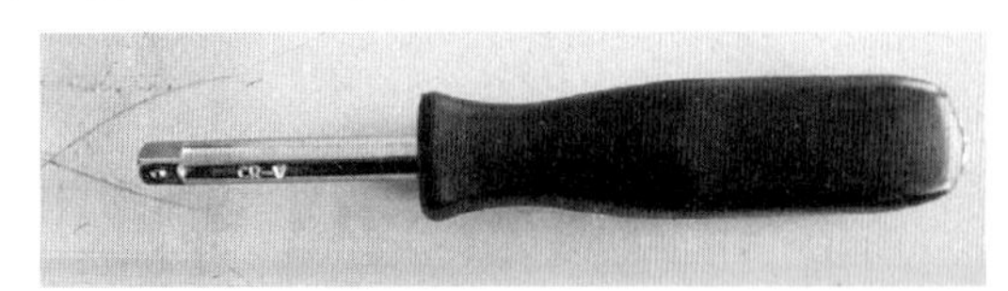

旋柄可以快速旋动螺栓、螺钉,主要用于将螺栓、螺钉旋到底部。

旋柄的柄部可接棘轮扳手或其他手柄,用以增加拆卸或紧固时的力矩。

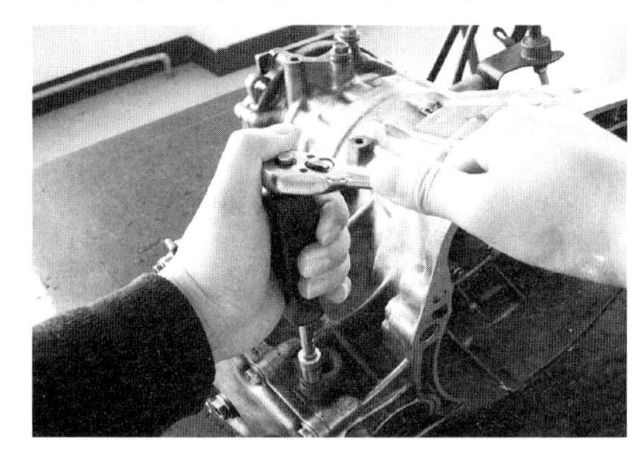

提示 在旋柄柄部加接棘轮扳手后,一定要注意防止前端的套筒头及旋具头扭转力矩过大而造成螺栓或工具本身的损坏,并且禁止锤击旋柄尾部以达到松动螺栓的目的,否则,会使后部橡胶柄严重损坏。

8)接杆

接杆也称延长杆或加长杆,是套筒类成套工具不可缺少的一部分。

在汽车维修作业中,有75mm、125mm、150mm和250mm等不同长度的接杆供选用,即我们常说的长接杆和短接杆。

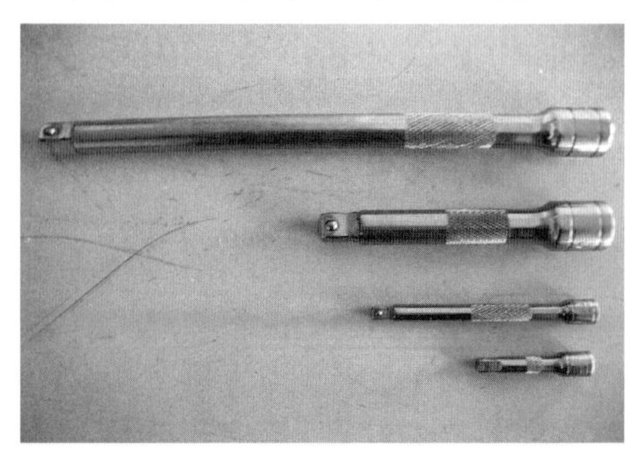

接杆的主要作用是加装在套筒和配套手柄之间，用于拆卸和更换装得很深、仅凭套筒和手柄无法接触的螺栓、螺母。

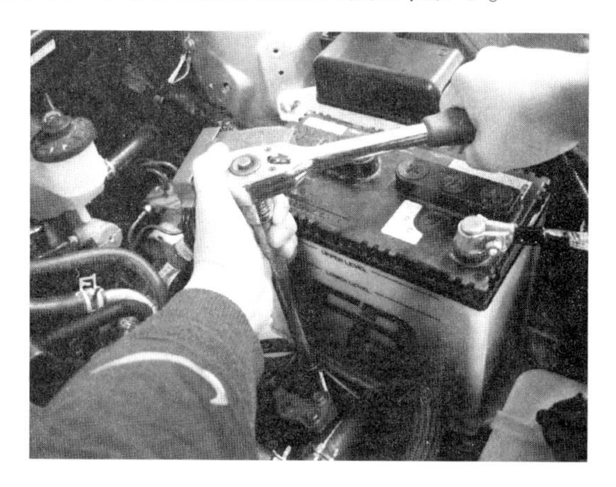

另外，在拆卸平面上的螺栓、螺母时，工具会紧贴在操作面上，妨碍正常拆卸，甚至会发生安全事故。

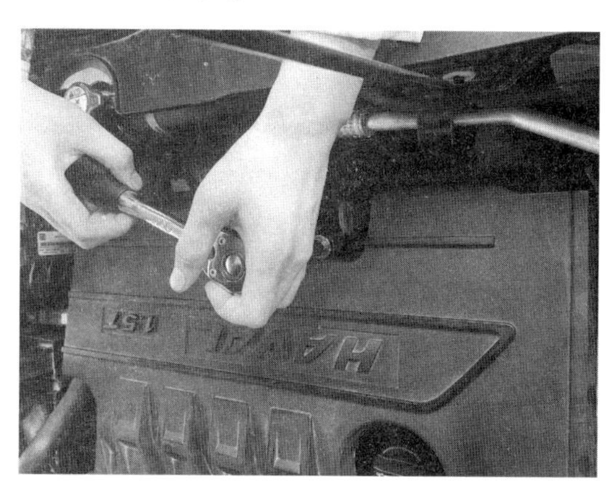

接杆可将工具抬离平面一定高度，以便于操作。

有很多接杆经过改进后具有特殊功能，如转向接杆和锁定接杆等。

转向接杆是指普通接杆与套筒连接的方榫部分，经过改进再装上套筒后，会产生10°左右的偏角，因而在很多情况下使用非常方便。

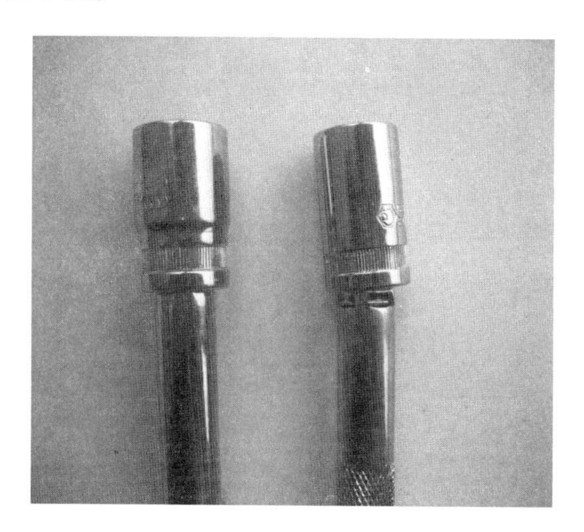

提示 使用时，将套筒向外拔出一点便可使套筒产生偏角。

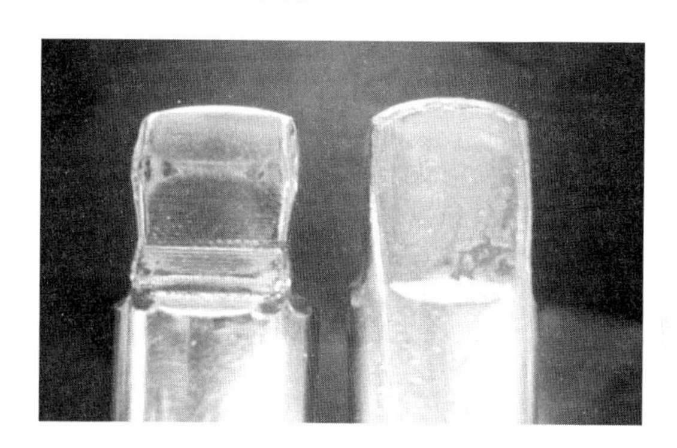

锁定接杆是指接杆具有套筒锁止功能。也就是说，在维修中再也不用为套筒或万向接头的掉落而烦恼了。

锁止结构的原理如下图所示。

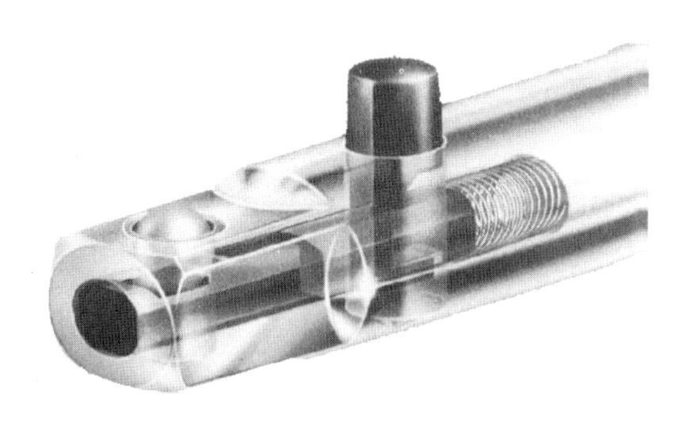

操作时按下锁定按钮，然后将套筒套入接杆方榫内，松开锁定按钮后，套筒即被锁

止。如再按一次按钮,套筒就可以轻易地取下。

提示 此锁止机构操作简单,只需单手操作即可。

禁止在汽车维修中把接杆当作冲子使用。

因为锤子的敲击会使接杆两端的方榫和方孔严重变形。

9)可弯式接头

可弯式接头实际就是改进的长接杆,中间部分采用特殊材料制成,弹簧状软连接是非刚性连接。

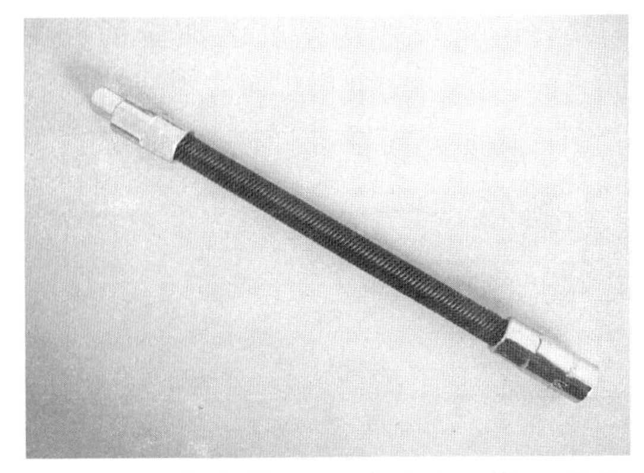

可弯式接头使用相当方便,普通接杆无法完成的操作,使用可弯式接头可以轻松自如地进行。

提示 可弯式接头由于中间为软连接,所以不可用于大力矩螺栓、螺母的拆卸。

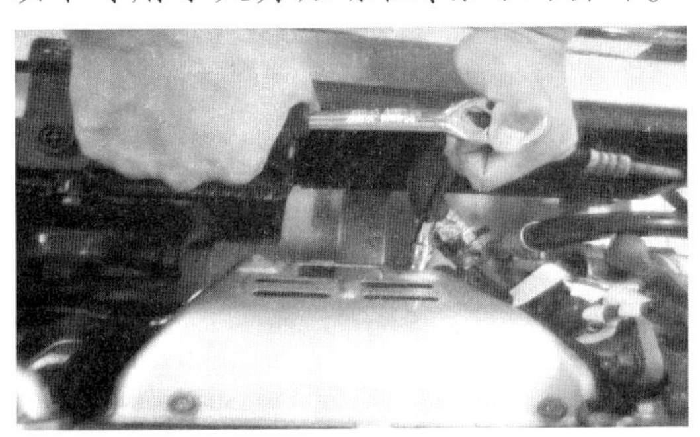

10)万向接头

万向接头的方形套头部分可以前后或左右移动,配套手柄和套筒之间的角度可以自由变化,其工作原理与前置后驱汽车传动轴使用的万向节基本相同。

套筒扳手与配套手柄是垂直连接的,但车辆上很多地方套筒是无法伸入的,这时候万向接头将提供最大的方便,它可以提供比可弯式接头更大的变向空间。

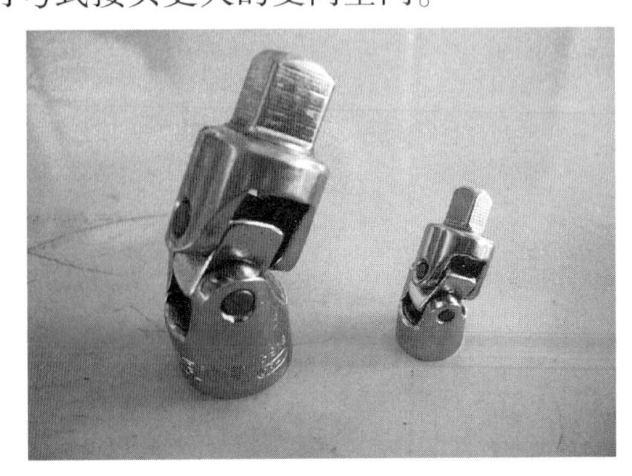

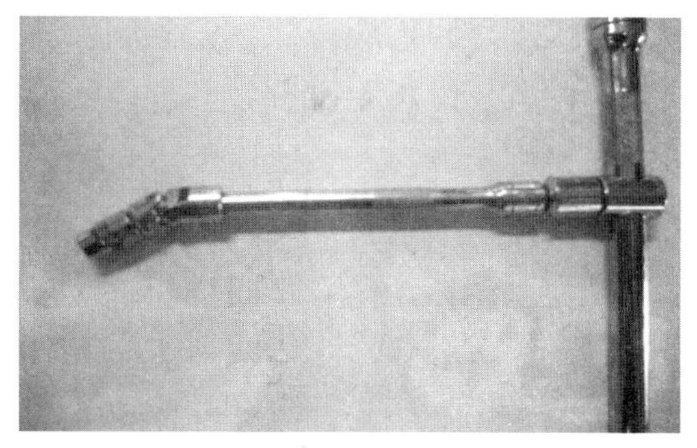

使用万向接头时,不要使手柄倾斜较大角度来施加力矩,应尽可能在接近垂直状态下使用,因为偏角过大会使力矩的传递效率降低。

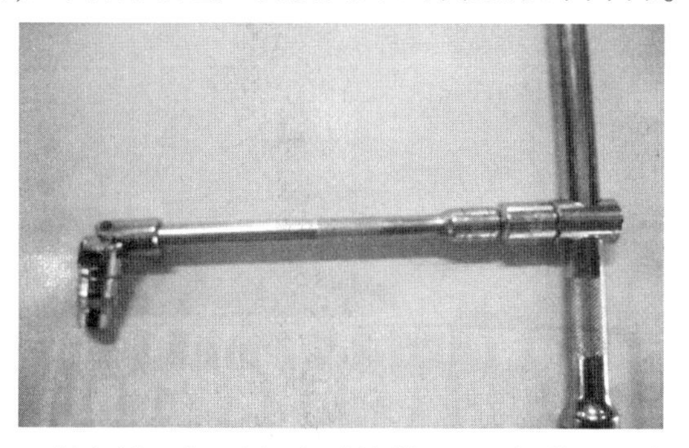

使用气动工具时严禁使用万向节,因为球节不能吸收旋转摆动,会发生脱开情况,造成工具、零件或车辆损坏,甚至造成人身伤害。

11)套筒转换接头

套筒转换接头是将现有不同尺寸规格的手柄和套筒配合使用的转换接头,转换接头有两种,一种是“小 → 大”,另一种是“大 → 小”。

例如,10mm 系列的手柄接 12.5mm 系列的套筒或 12.5mm 系列手柄接 10mm 系列套筒等,都需要转换接头。

提示 在使用过程中,必须要控制扭矩大小,因为套筒和手柄经转换后,不是同一尺寸范围,如按原尺寸范围施加力矩,则会损坏套筒或手柄。

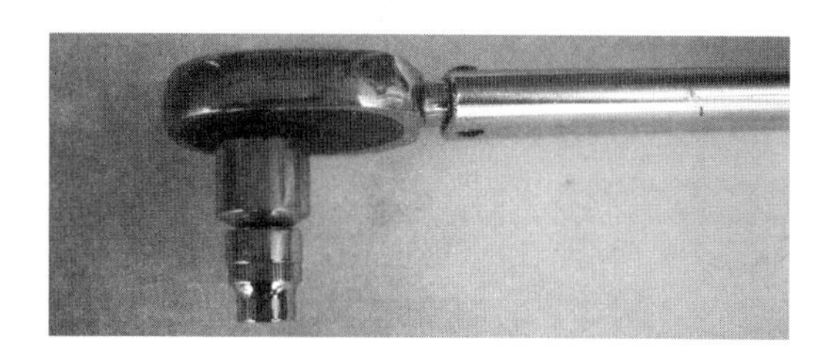

12)三用接头

三用接头是世达工具中特有的一种接头,需与套筒和接杆组合后使用,自身无法单独达到拆卸或装配的目的。

中间部分可接长接杆,与长接杆配合使用,起到 T 形滑杆的作用。

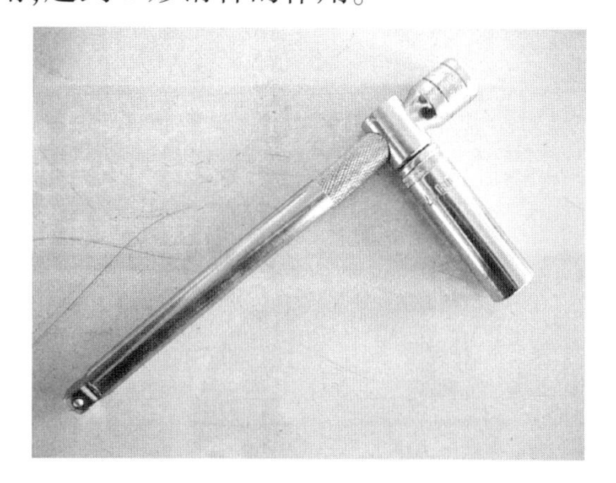

方榫部分一端为 10mm 系列,另外一端为 12.5mm 系列,可使 12.5mm 系列的手柄

与10mm系列的套筒配合使用，起到变径作用。

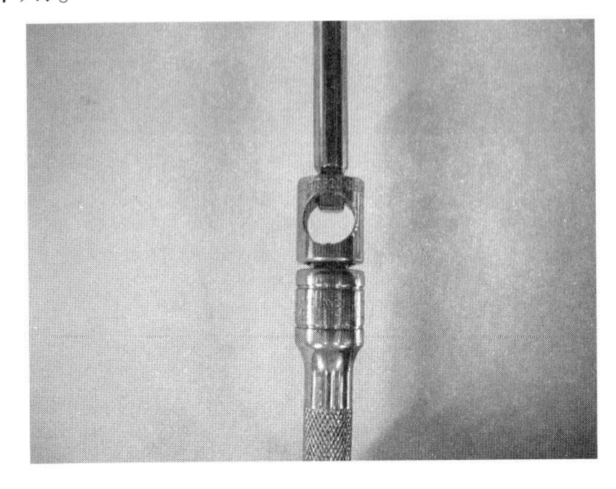

实训活动二　各种扳手的选用及使用

1 概述

扳手是汽车修理中最常用的工具之一，主要用于旋转螺栓、螺母或带有螺纹的零件。如果扳手选用不当或使用不当，不但会造成工件和扳手损坏，还可能引发人身安全事故。因此，正确地选用和使用扳手显得尤为重要。

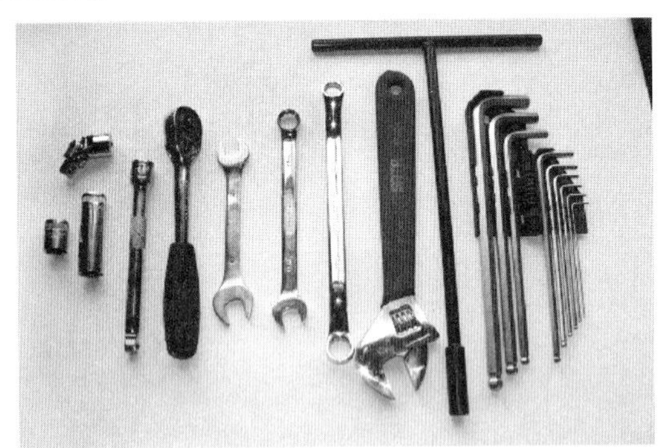

扳手种类繁多，常见的有梅花扳手、开口扳手、组合扳手、活动扳手等。

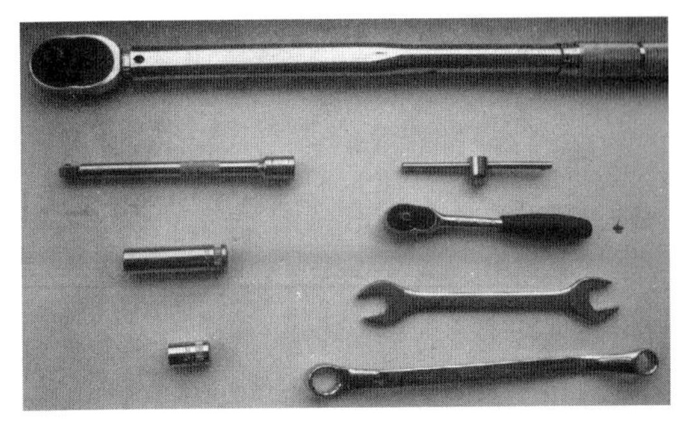

在拆卸螺栓时，应按照“先套筒扳手、后梅花扳手、再开口扳手、最后活动扳手”的原则进行选取。

在选用扳手时，要注意扳手的尺寸，尺寸是指它所能拧动的螺栓或螺母正对面间的距离。

提示 如扳手上表示有22mm，即此扳手所能拆卸螺栓或螺母棱角正对面间的距离为22mm。

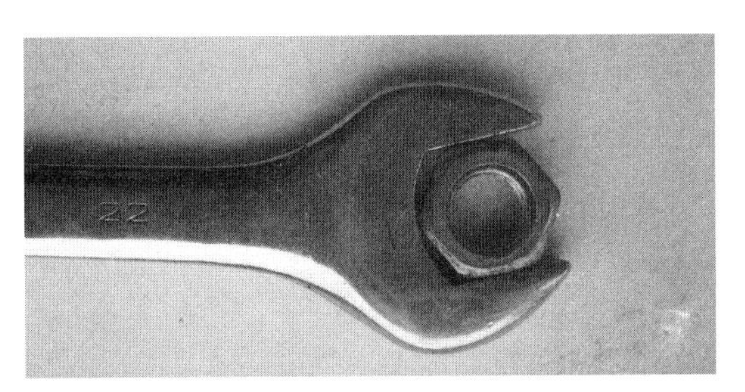

扳手的选用还要依据紧固件的力矩，以及扳手是否容易接近螺栓螺母。

现在常见的工具都有公制、英制两种尺寸单位。公制扳手用毫米(mm)标示，一套公制扳手的尺寸范围一般为6～32mm，以1mm、2mm或3mm为一级。

英制扳手采用分数形式的英寸(in)来标示，一套英寸扳手的尺寸范围一般为1/4～1in，以1/16in为一级。

公制与英制之间的单位换算关系为：

$$1\text{mm} = 0.03937\text{in}$$

提示 禁止用一种单位系统的扳手旋动另一种单位系统的螺母或螺栓。

在使用各类扳手或其他转动工具时，用

力方向应朝向自己，防止滑脱造成手部受伤，但如果由于空间限制无法拉动工具，可用手掌推动。

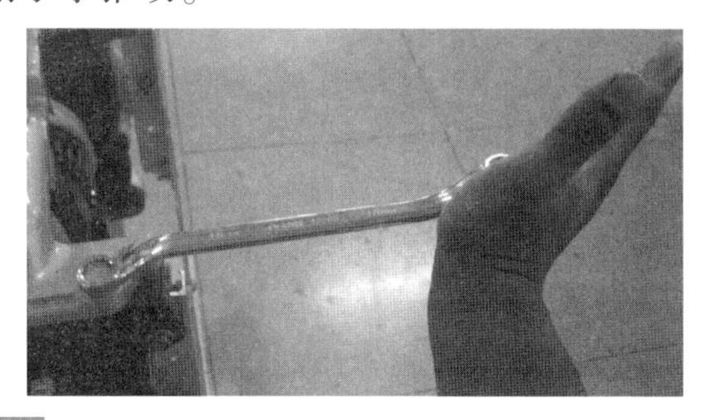

2 梅花扳手

1）梅花扳手的结构特点

梅花扳手两端呈花环状，其内孔形状是由2个正六边形相互同心错开30°而成。

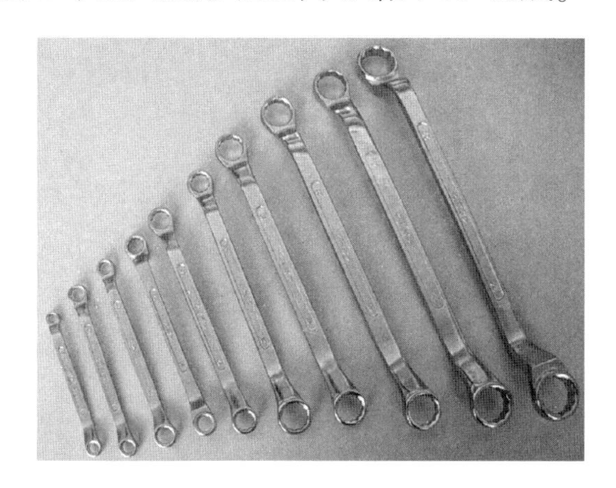

很多梅花扳手都有弯头，常见的弯头角度为10°～45°，从侧面看旋转螺栓的部分和手柄部分是错开的。

这种结构方便拆卸装配在凹陷空间的螺栓、螺母，并可以为手指提供操作间隙，以防止擦伤。

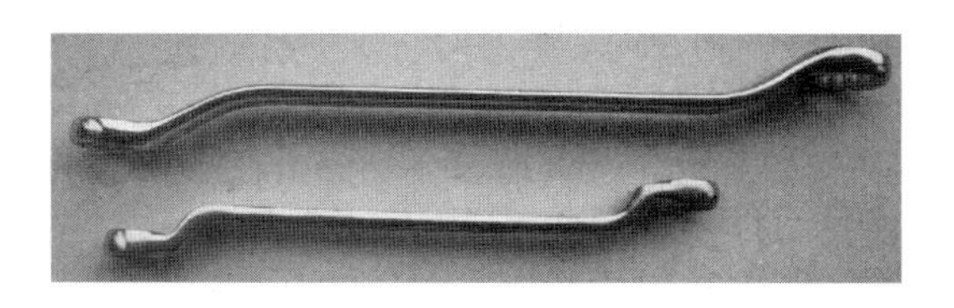

2）梅花扳手的使用方法

在使用梅花扳手时，左手固定住梅花扳手与螺栓连接处，保持梅花扳手与螺栓完全配合，防止滑脱，右手握住梅花扳手的另一端并施加力量。

提示 扳手转动30°后，就可更换位置，特别适用于拆装处于空间狭小位置的螺栓、螺母。

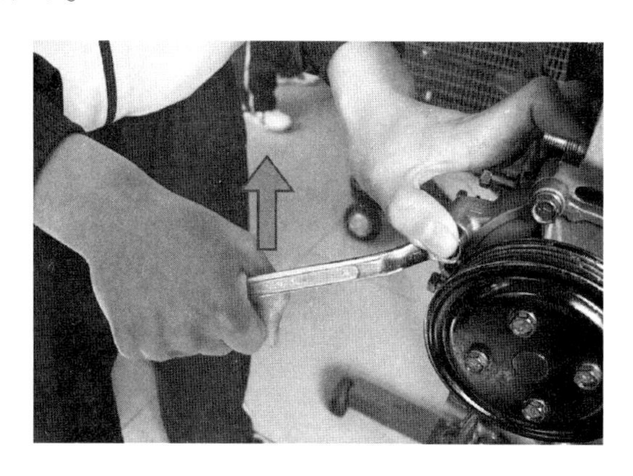

梅花扳手可将螺栓、螺母的头部全部围住，因此，不会损坏螺栓角，可以施加大力矩。

提示 使用扳手时，一定要确保扳手及螺栓尺寸和形状完全配合，否则，会因打滑造成螺栓损坏，甚至会造成人身伤害。

3）梅花扳手使用注意事项

扳转时，严禁将加长的管子套在扳手上以延伸扳手的长度进而增加力矩，严禁捶击扳手以增加力矩，否则，会造成工具的损坏。

严禁使用带有裂纹和内孔已严重磨损的梅花扳手。

3 梅花棘轮扳手

梅花棘轮扳手也称为梅花快扳,它是普通梅花扳手的改进产品,它在梅花扳手的花环部位增加了棘轮装置。

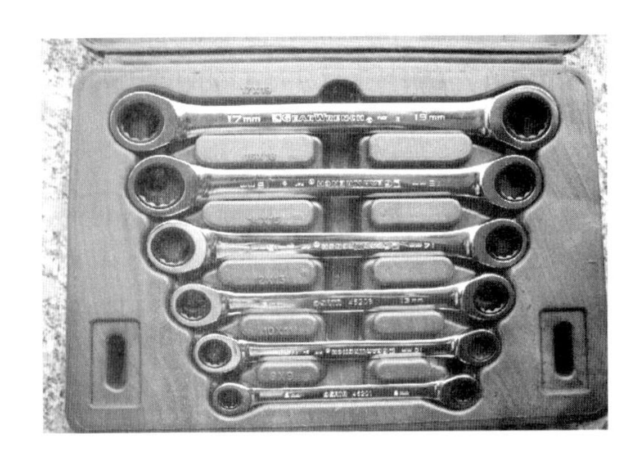

梅花棘轮扳手可代替传统的棘轮扳手加套筒,更加适合在狭窄空间工作。

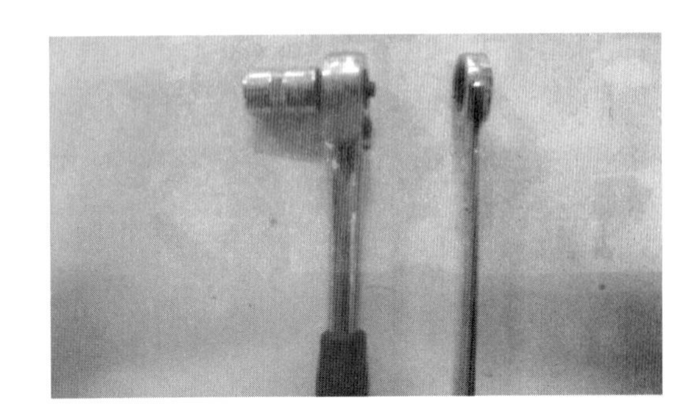

想要有效快速拆卸长螺杆时,普通套筒加棘轮手柄的组合往往受限而不方便使用,但梅花棘轮扳手不会受限制。

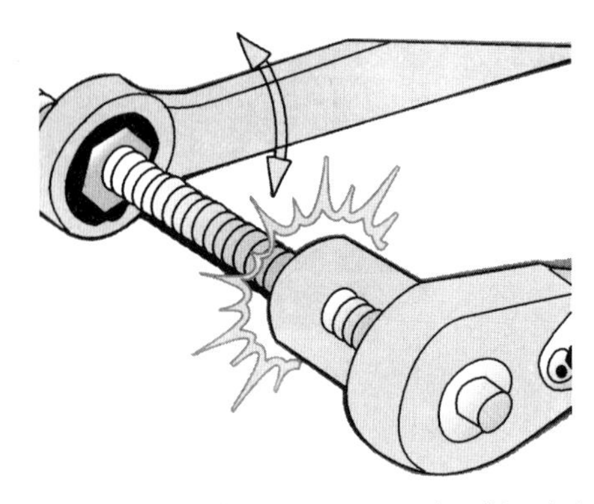

世达梅花棘轮扳手可以提供更小的转换角度。普通梅花扳手需要旋转30°才能转动一个螺栓,而世达梅花棘轮扳手只需旋转5°。

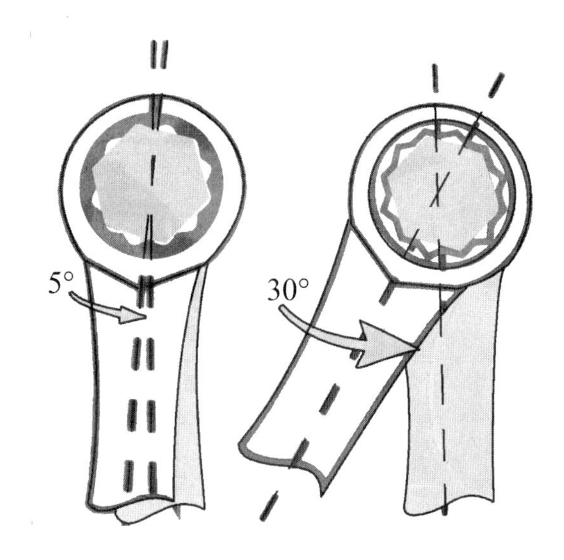

4 开口扳手

1)开口扳手结构特点

开口扳手两头均为U形的钳口,可套住螺栓或螺母六角的两个对向面。

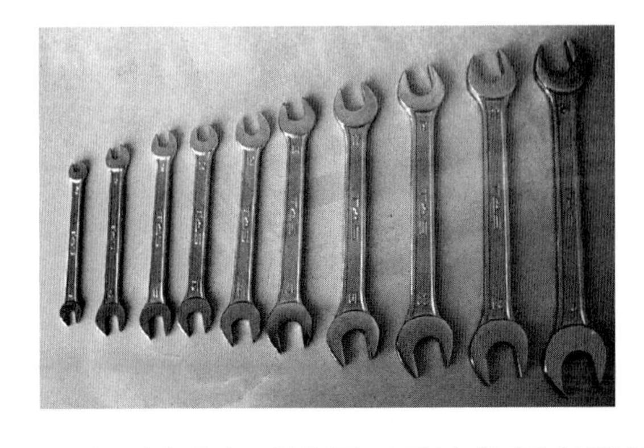

开口扳手主要适用于无法使用套筒扳

手和梅花扳手操作的位置。因为有些螺栓或螺母必须从横侧插入,此时开口扳手可以做到,而梅花扳手则不行。

开口扳手的钳口与手柄存在一定的角度,这样可以通过反转开口扳手来增加适用空间。

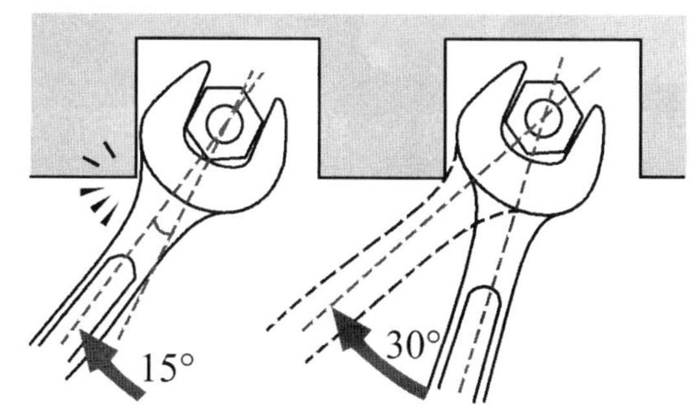

2)开口扳手的选用及使用方法

选择开口扳手时,要根据螺栓头部的尺寸来确定合适的型号,并确保钳口的直径与螺栓头部直径相符,配合无间隙,然后才能进行操作。

使用时,先将开口扳手套住螺栓或螺母六角的两个对向面,应确保扳手与螺栓完全配合后才能施力。施力时,一只手固定住开口扳手与螺栓连接处,并确保扳手与螺栓完全配合后,另一只手大拇指抵住扳头,另外四指握紧扳手柄部往身边拉扳。当螺栓、螺母被扳转到极限位置后,将扳手取出并重复前面的操作过程。

在紧固燃油管、空调管路等的调整螺栓时,为防止零件相对转动,需要用两个开口扳手配合紧固,一个扳手固定一端螺栓,另一个扳手紧固或拆卸另一端螺栓。

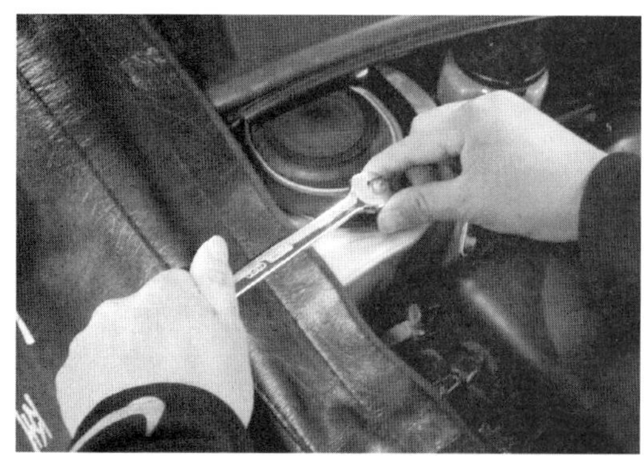

3)开口扳手使用注意事项

扳转时不准在开口扳手上加套管或捶击,以免损坏扳手或损伤螺栓螺母。

不能使用开口扳手拆卸大力矩螺栓,并且使用开口扳手时放置的位置不能太高或只夹住螺母头部的一小部分,否则,会在紧固或拆卸过程中造成打滑,从而损坏螺栓、螺母或扳手,甚至会造成身体受伤。

长期的错误使用会使开口扳手的钳口张开,磨损变圆或开裂。禁止继续使用此类的扳手,否则,会损坏螺栓、螺母的棱角。

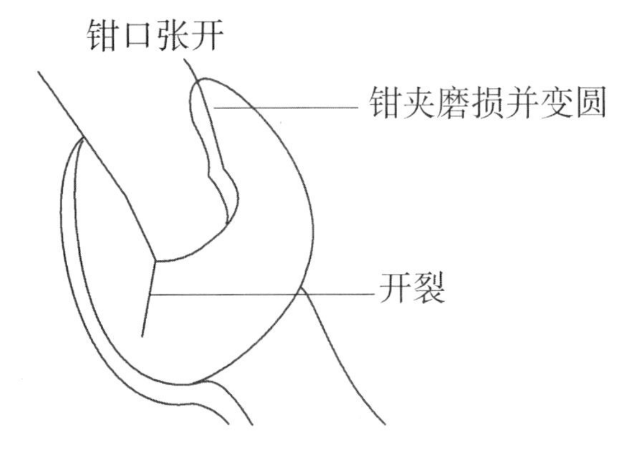

禁止将开口扳手当撬棒使用,这样会损坏工具。

5 两用扳手

两用扳手也称组合扳手,是把梅花扳手和开口扳手组合在一起,一端为开口端,另一端为梅花端,这种组合扳手使用起来十分方便。

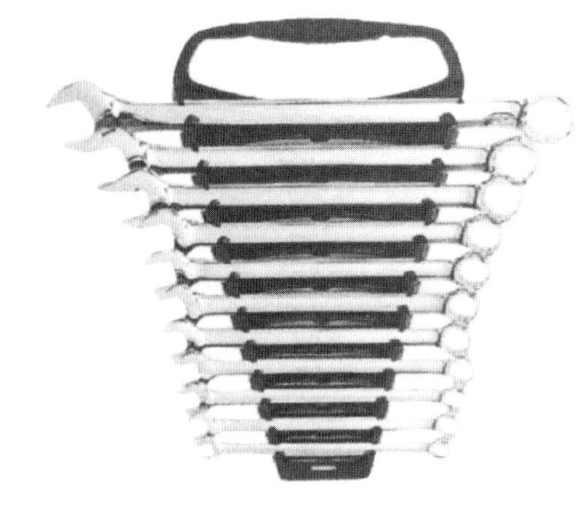

在紧固过程中,可先使用开口端把螺栓旋到底,再使用梅花端完成最后的紧固,而拧松时则先使用梅花端。

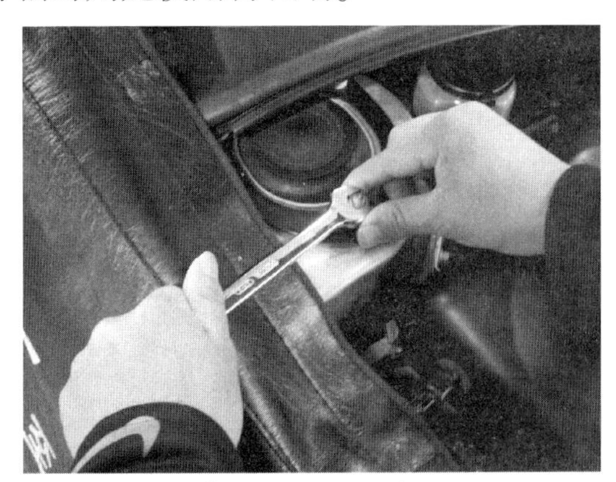

不可使用开口端做最后的拧紧,如果必须使用开口扳手做最后拧紧,则需要完全按照螺栓或螺母力矩要求而定,不能过大,否则,会导致螺栓棱角损坏。

6 活动扳手

1)活动扳手结构特点

活动扳手也被称为可调扳手,适用于尺

寸不同的螺栓、螺母，它能在一定范围内任意调节开口尺寸，一个可调扳手可用来代替多个开口扳手。

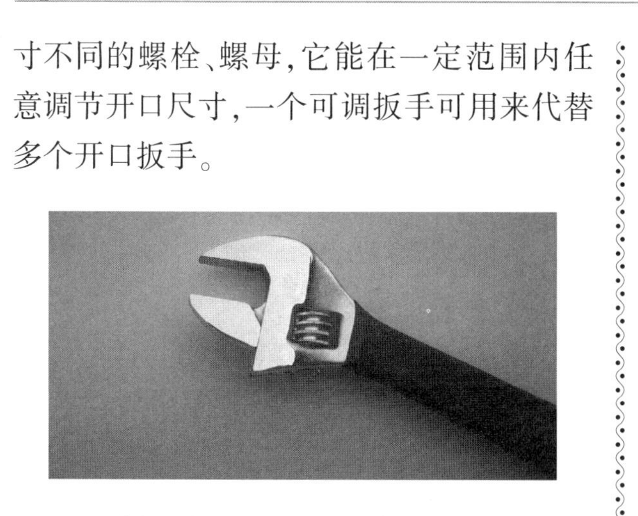

活动扳手由固定钳口和可调钳口两部分组成，扳手的开度大小通过调节螺杆进行调整。

2）活动扳手的使用方法

使用活动扳手时应先将活动扳手调整合适，使活动扳手钳口与螺栓、螺母两对边完全贴紧，不应存在间隙。

使用时，要使活动扳手的可调钳口部分受推力，固定钳口受拉力，只有这样施力，才能保证螺栓、螺母及扳手本身不被损坏。

如果不按照这种方法转动扳手，会使压力作用在调节螺杆上，在施力时促使钳口变大，将损坏螺栓、螺母的棱角和扳手本身。

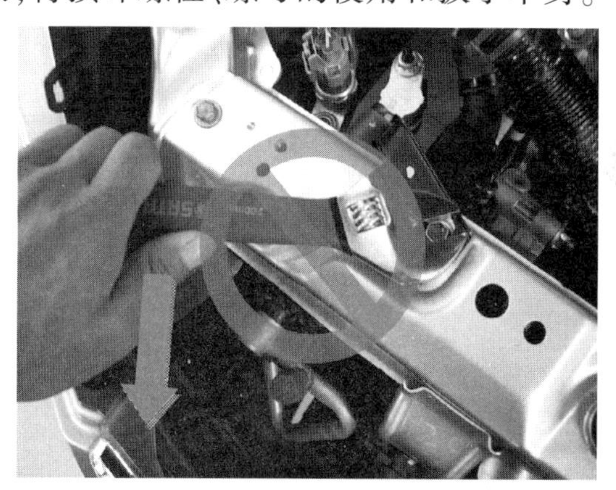

3）活动扳手的使用注意事项

使用时，不得在扳手上随意加装套管或锤击活动扳手。

禁止将活动扳手当作锤子来使用，这样会损坏活动扳手。

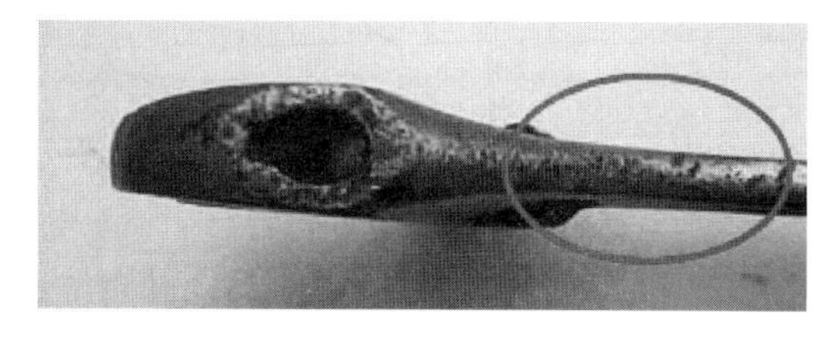

不要使用活动扳手来完成大力矩的紧固或拧松，由于活动扳手的钳口不固定，在进行大力矩紧固时会损坏螺栓棱角。

7 其他特殊扳手

1）油管拆卸专用扳手

油管拆卸专用扳手是维修制动液管路时的必备工具，它是介于梅花扳手与开口扳手之间的一种扳手。根据它的结构和功能，与其说它是开口扳手，还不如说是梅花扳手的变形形式更恰当一些。

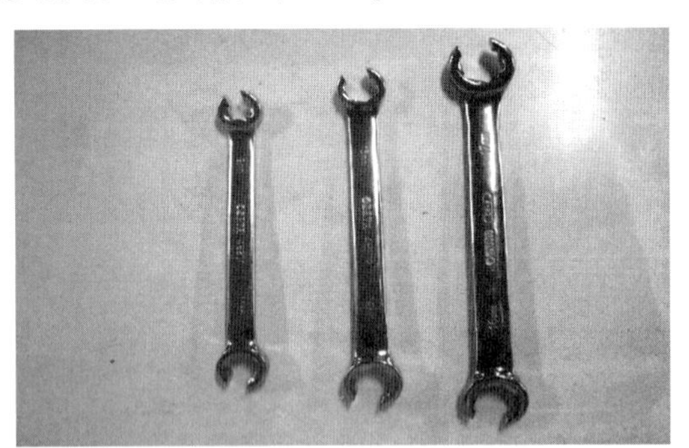

它既能像梅花扳手一样保护螺栓的棱角，又能像开口扳手一样从侧面插入，实施旋拧，但不能实施大力矩紧固。

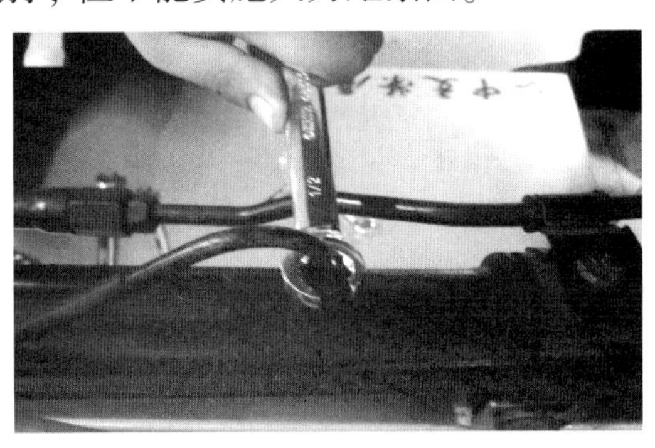

2）内六角扳手

拆卸内六角和花形内六角螺栓时，除旋具套筒头外，还可以使用专用内六角和花形内六角扳手，此类扳手多为L形。

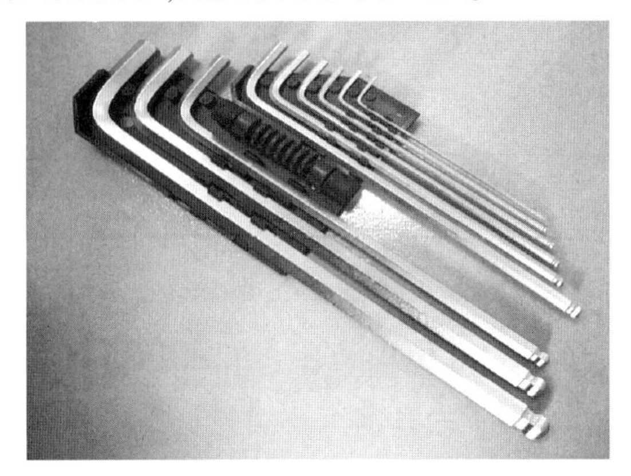

长端的尾部设计成球形，有利于内六角扳手从不同角度操作，便于狭小角度空间使用。

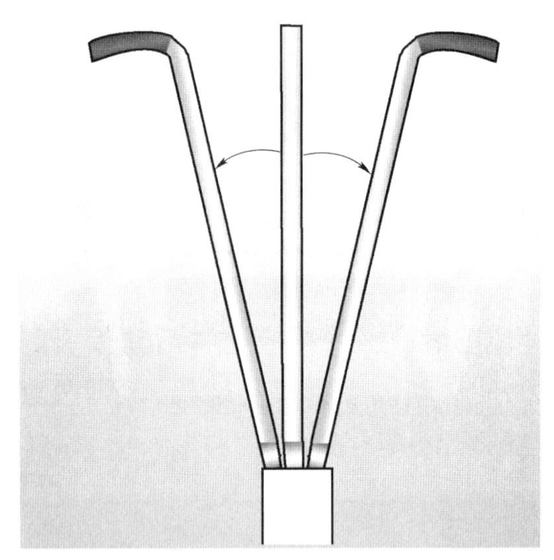

使用L形的六角扳手和花形内六角扳手时，手持长端，可进行拧松或紧固。

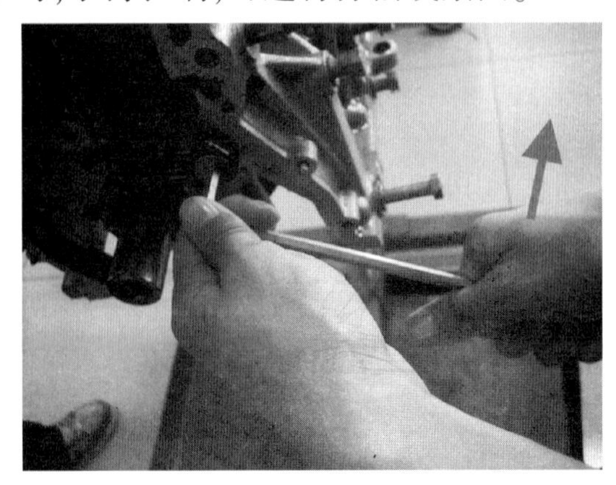

手持六角扳手的短端，可用于快速旋拧螺栓。

在使用内六角扳手时，应选取与螺栓内六方孔相适应的扳手，并且不允许使用任何加长装置。

如果使用加长装置，可能会造成扳手的扭曲，甚至断裂。

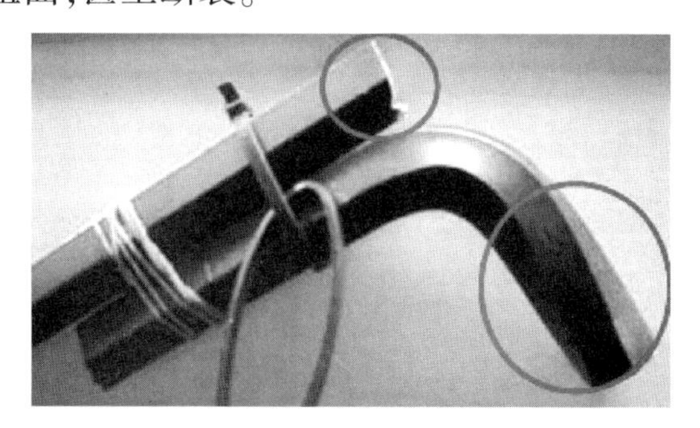

实训活动三 各种钳子的选用及使用

1 概述

钳子用于弯曲小的金属材料，夹持扁形或圆形零件，切断软的金属丝等。

在汽车维修中，常用的类型有钢丝钳、鲤鱼钳、尖嘴钳、斜嘴钳、水泵钳、卡簧钳、大力钳、管钳等。

2 钳子的选用及使用

应根据在汽车维修中所要达到的目的不同来选用不同种类的钳子，并且还要考虑工作空间的大小等因素。

1）钢丝钳

钢丝钳是最常见的一种钳子，结构如下图所示，它可以用来切断金属丝或夹持零件。

使用钢丝钳时，用手握住钳柄后端，使钳口开闭，钳口前端主要用于夹持各种零件，根部的刃口可用来切割细导线。

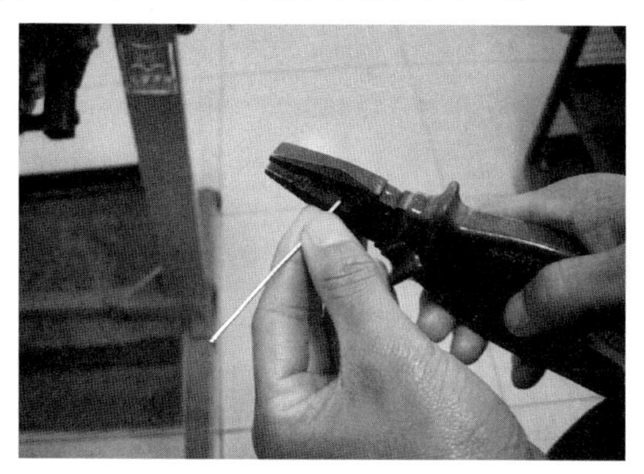

当钢丝钳切断较硬的钢丝等物体时,禁止使用锤子击打钳子来增加切削力,这样会损坏钢丝钳。

2)尖嘴钳

尖嘴钳的结构如下图所示,钳口长而细,特别适合在狭窄空间里使用。

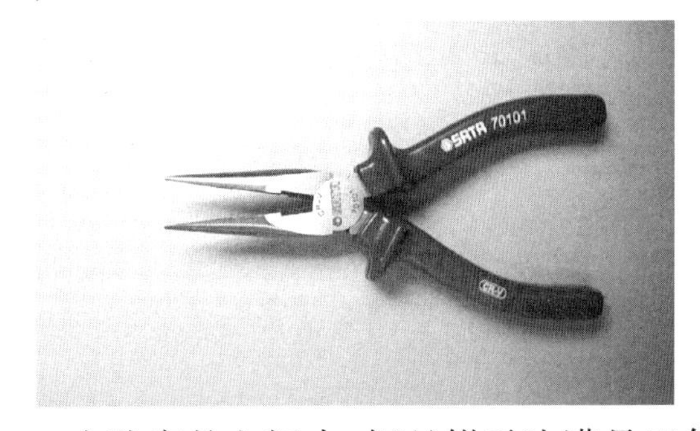

在狭窄的空间中,钢丝钳无法满足工作条件时,可用尖嘴钳代替。

提示 切勿对尖嘴钳的钳头部施加过大的压力,这样会使尖嘴钳的钳口尖部扩张成U字形。

钢丝钳及尖嘴钳使用注意事项:

(1)不可用钢丝钳代替扳手来拧紧或拧松螺母、螺栓,以免损坏螺栓、螺母的棱角。

(2)不可把钢丝钳当作锤子来使用,这用会造成钳子本身的损坏。

(3)严禁拿钳柄当作撬棒使用,以防钳柄弯曲、折断或损坏。

3)斜口钳

斜口钳也称剪钳,主要用于切割细导线。

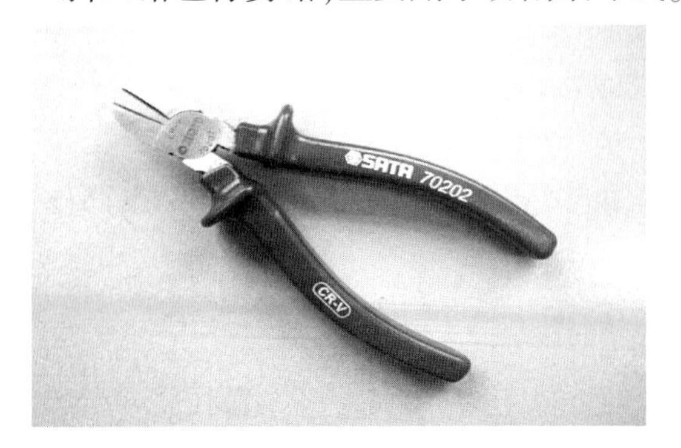

斜口钳的钳口有刃口,且尖部为圆形,所以不具备夹持零件的作用,只能用于切割金属丝或导线。

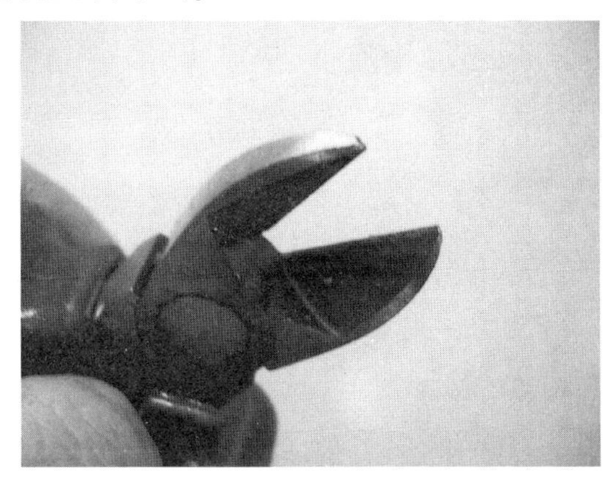

斜口钳可以剪切钢丝钳和尖嘴钳不能剪切的细导线或线束中的导线。

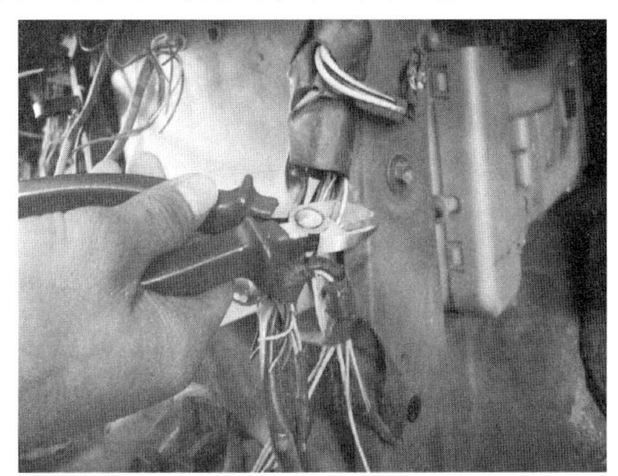

提示 不能用来切割硬的或粗的金属丝,这样做会损坏刃口。

4)鲤鱼钳

鲤鱼钳也被称为鱼嘴钳,主要用于夹持、弯曲和扭转工件。

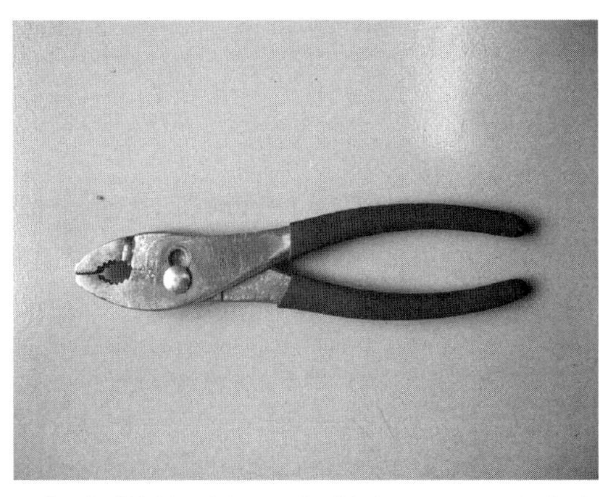

鲤鱼钳的手柄一般较长,可通过改变支点上槽孔的位置来调节钳口张开的程度。

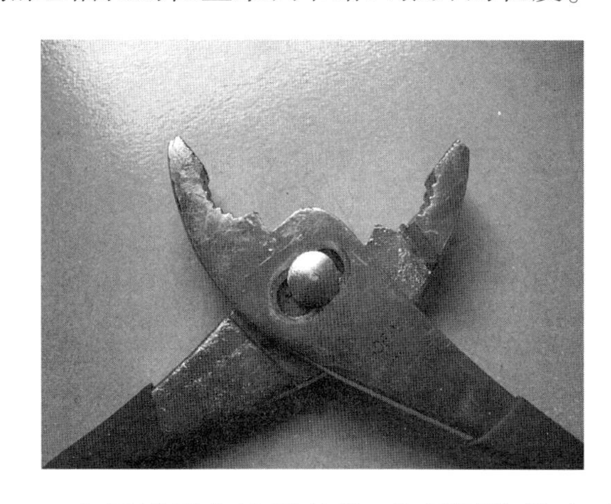

在用钳子夹持零件前,必须用防护布或其他防护罩遮盖易损坏件,防止锯齿状钳口对易损件造成损害。

5)水泵钳

水泵钳也被称为鸟嘴钳,结构与作用同鲤鱼钳相似,这两种钳子在有些资料中统称为多位钳。

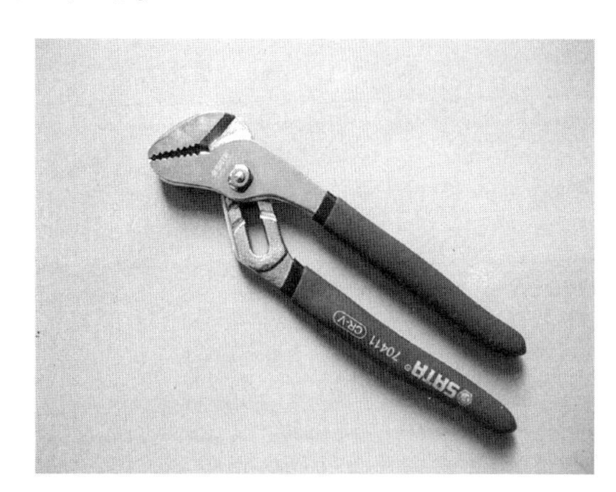

在实际维修中,鲤鱼钳和水泵钳可用于散热器软管拆卸和制动系统活塞复位作业。

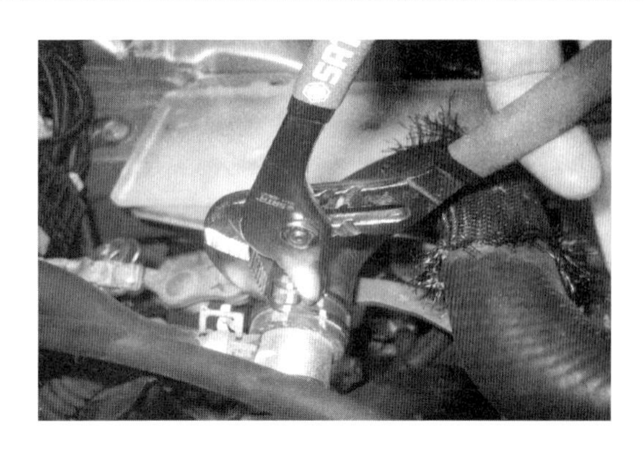

严禁把鲤鱼钳和水泵钳当成扳手使用,因为锯齿状钳口会损坏螺栓或螺母的棱角。

6)大力钳

大力钳有双杠杆作用,能通过钳爪给工件施加一个较大的夹紧力。

钳爪的开口尺寸可通过手柄末端的滚花螺钉来调节。向外旋松调整螺钉时,钳口张开的尺寸增大;向里旋拧调整螺钉时,钳口张开的尺寸将减小。

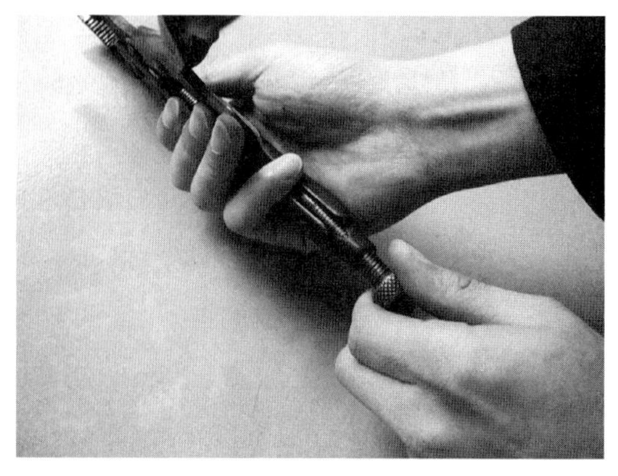

当大力钳夹紧物体时,如果想释放被夹持的物体,扳压一下释放手柄,在杠杆力的作用下,钳口将会释放工件。

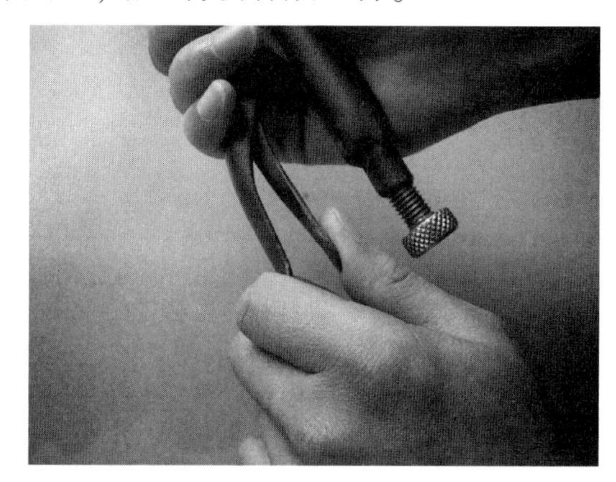

在实际维修中,大力钳主要用于夹紧头部已损伤的螺钉并进行拆卸,另外大力钳还具有临时固定等待焊接的钣金件等作用。

提示 除非螺栓、螺母的棱角已经损坏,无法使用正常扳手拆卸,否则,不要使用大力钳,因为大力钳会加剧螺栓、螺母的损坏程度。

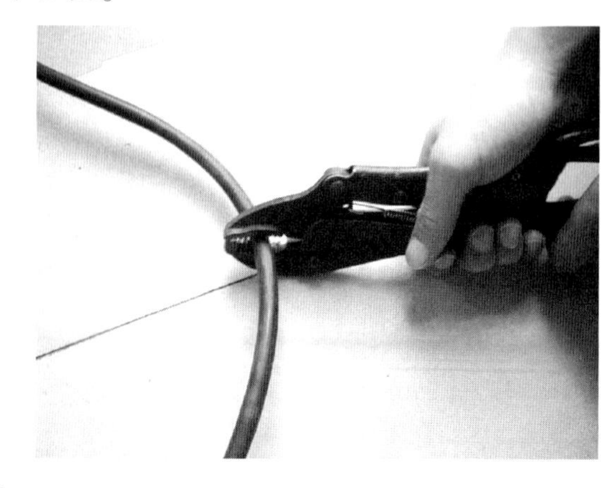

7)管钳

管钳主要用于扳动管状零件,管钳的头部有活动钳口和固定钳口两种。

管钳头部的钳爪开口成V形,当管钳卡在管子上时,V形开口设计会让锯齿状的钳爪夹紧管状零件。

提示 管钳头部的钳爪表面经过淬火加硬处理并做成锯齿状,以便卡紧管状零件。

活动钳口可根据使用的情况进行调整,工作原理类似于活动扳手。

提示 使用管钳时要当心,否则,锯齿会在管子表面划出痕迹或损坏管子表面。

8)卡簧钳

卡簧钳是专门用来拆卸和安装卡簧的工具。

提示 卡簧(弹性挡圈)装在轴或孔的卡簧槽里,起定位或阻挡作用。

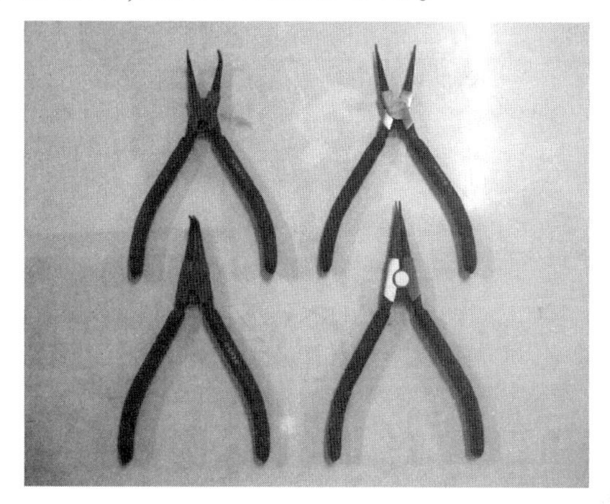

根据使用范围不同,卡簧钳分为轴用和孔用两种。这两种卡簧钳均有直嘴和弯嘴两种结构形式。

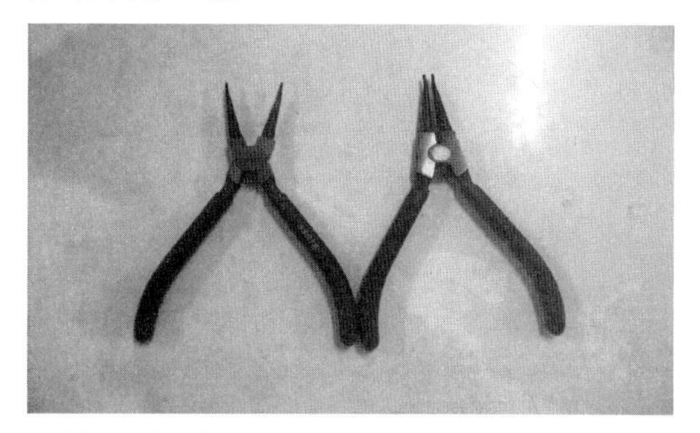

轴用卡簧钳可用于将卡簧胀开,以便将卡簧从轴上拆下。

孔用卡簧钳可以将卡簧收缩,以便将卡簧从轴孔内取出。

提示 在拆装卡簧时,可先使用卡簧钳

将卡簧旋转后再进行拆卸,避免因工件生锈而增加操作难度。

实训活动四 各种螺丝刀的选用及使用

1 概述

螺丝刀俗称改锥或起子,主要用于旋拧小力矩、头部开有凹槽的螺栓和螺钉。

2 螺丝刀的类型

螺丝刀的类型取决于本身的结构及尖部的形状,常用的有一字螺丝刀、十字螺丝刀。一字螺丝刀用于单个槽头的螺钉,十字螺丝刀用于带十字槽头的螺钉。

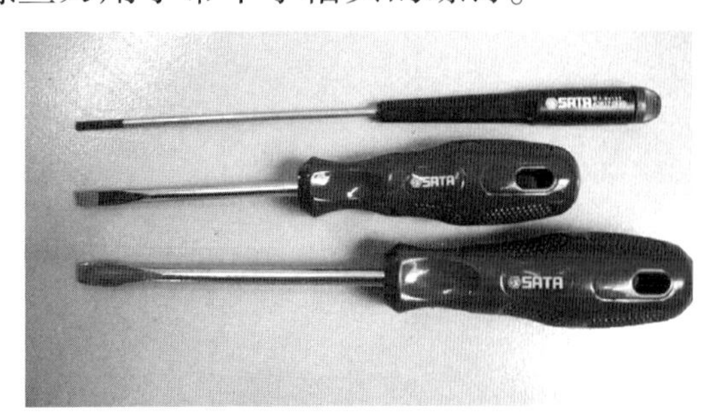

即使尖部形状相同的螺丝刀,尺寸也不完全一样,如梅花螺丝刀,在汽车维修中经常用到头部尺寸是2号的螺丝刀,但也有更大一点的3号和更小一点的1号,甚至还有更小的微型螺丝刀。

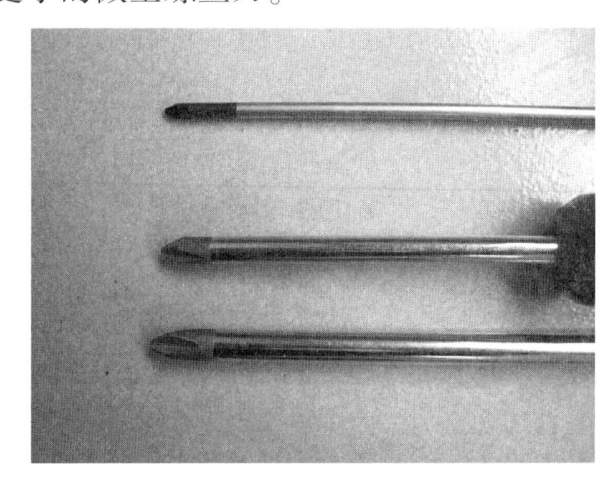

3 螺丝刀的选用

选用螺丝刀时,应先保证螺丝刀头部的尺寸与螺钉的槽部形状完全配合,选用不当会严重损坏螺丝刀。

提示 选用时,应先大后小,即先选择3号,如3号不合适,再依次选择2号、1号。

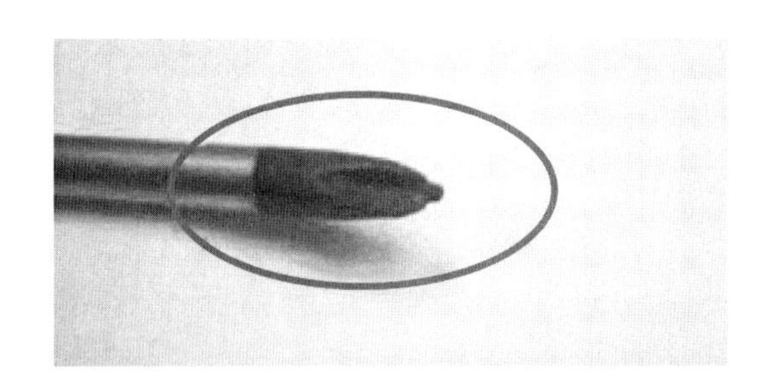

如果螺丝刀的头部太厚,则不能落入螺钉槽内,否则,易损坏螺钉槽;如果螺丝刀的头部太薄,使用时头部容易扭曲。

4 螺丝刀的使用方法及注意事项

使用螺丝刀时，应右手握住螺丝刀，手心抵住柄端，螺丝刀与螺钉的轴心必须保持同轴，压紧后用手腕扭转，拆卸时螺钉松动后，用手心轻压螺丝刀，并用拇指、食指、中指快速旋转手柄。

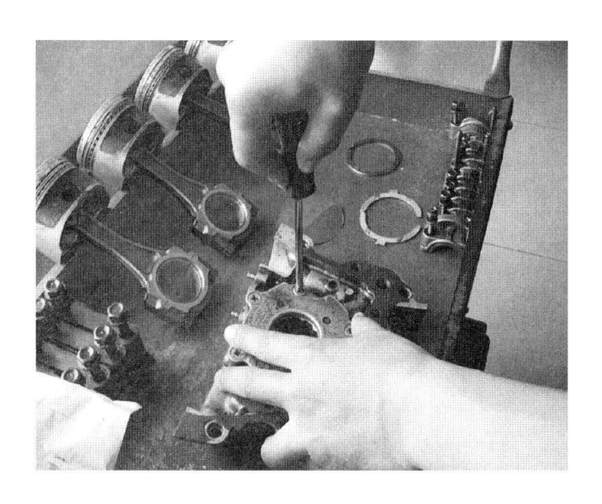

提示 为保证螺丝刀和螺钉槽配合良好，使用螺丝刀前要先清除螺钉槽里的油漆和脏物。如果螺丝刀或工件上有油污时，也应擦净后再进行操作。

如果使用较长的螺丝刀，左手应把持住它的前端，保持稳定，防止螺丝刀滑出螺钉的槽口。

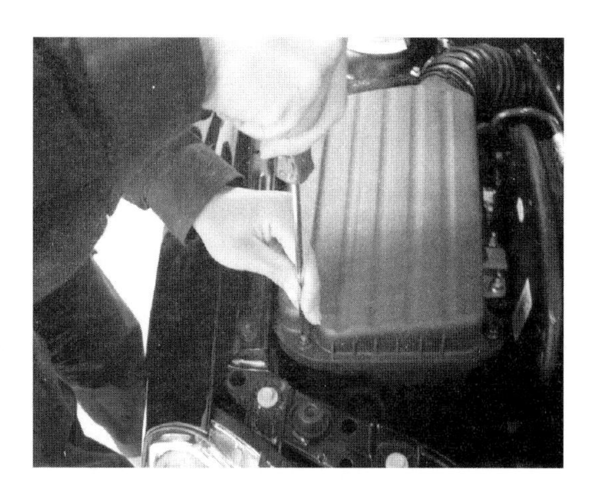

如果用螺丝刀拆卸活动部件，应把工件固定后，再进行操作。严禁用手握件操作，因为一旦螺丝刀滑出，将会把手凿伤。

另外，在使用过程中，要尽量避免将螺丝刀当撬棒，否则，会造成螺丝刀的弯曲甚至断裂。

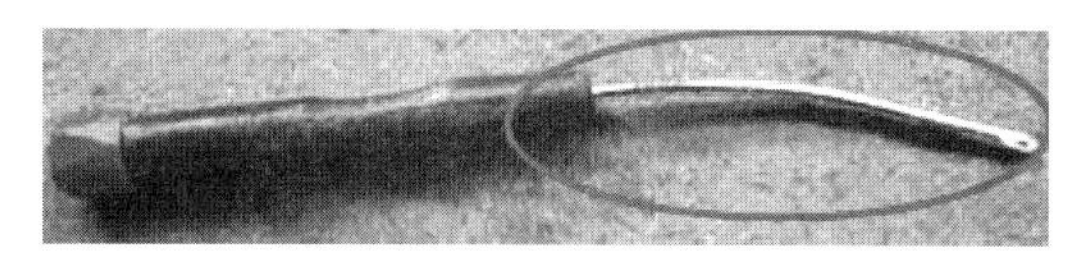

禁止将普通螺丝刀当作錾子使用(通心式螺丝刀除外)，否则，会造成头部缩进手柄内或导致螺丝刀断裂和缺口。

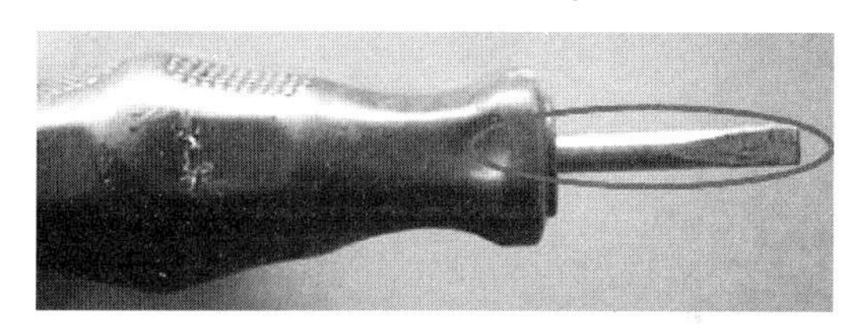

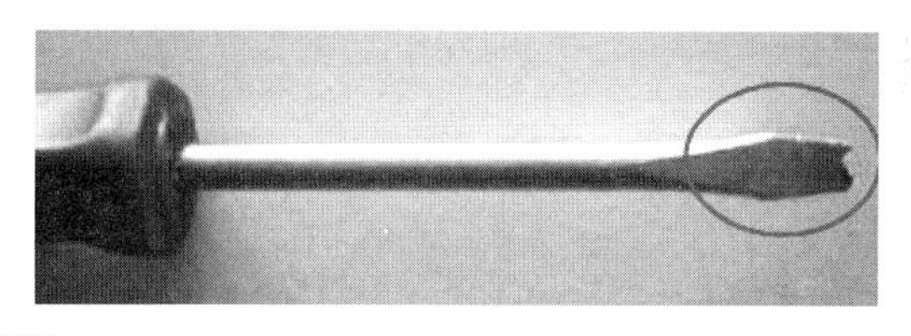

5 特殊螺丝刀的选用及使用

1)通心螺丝刀

通心螺丝刀的金属杆贯穿整个手柄，可通过对尾部的捶击，达到对螺钉的冲击效果。

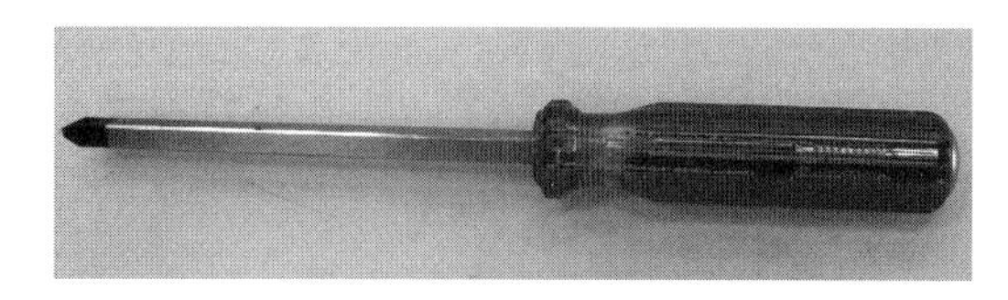

提示 只有通心螺丝刀可进行敲击，其他普通螺丝刀是绝对不可以的，因为这样会损坏普通螺丝刀。

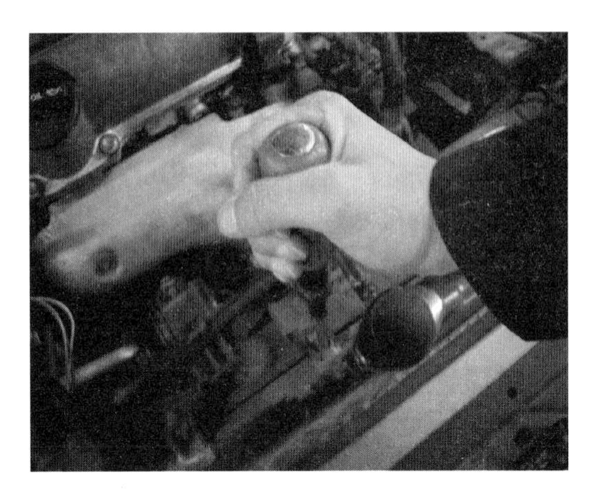

2)短柄螺丝刀

短柄螺丝刀便于在有限的空间内拆卸并更换螺钉,如拆卸仪表板及处于发动机舱的狭窄位置处的螺钉,使用短柄螺丝刀将更加方便。

3)方柄螺丝刀

可使用开口扳手进行辅助拧动,主要用在需要大力矩拆装的地方。

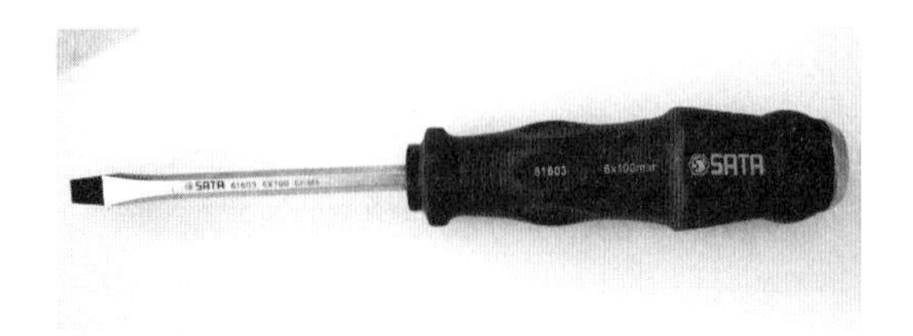

采用开口扳手辅助拧动时,应用右手压紧螺丝刀,使螺丝刀与螺钉完全配合,防止滑出后损坏螺钉槽口。

提示 切勿使用钢丝钳或鲤鱼钳夹住普通螺丝刀的杆身施加力矩,这样可能会损坏螺钉凹槽或螺丝刀本身。

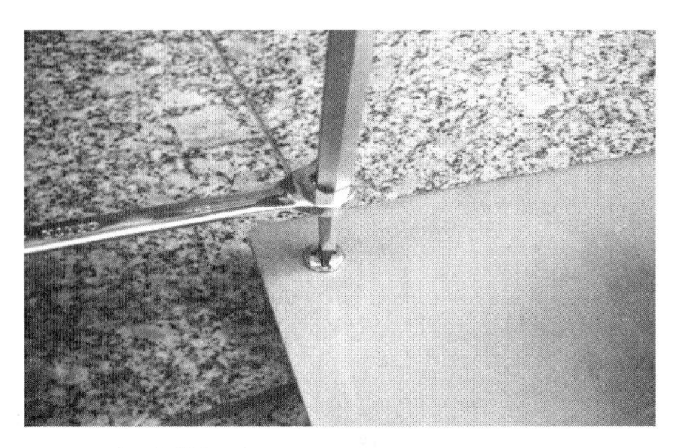

4)冲击螺丝刀

冲击螺丝刀也称锤击式加力螺丝刀。如果螺钉、螺栓生锈或拧得过紧,就需要施加较大的力矩才能把它旋动。冲击螺丝刀通过实施瞬间冲击力以达到拆卸目的。

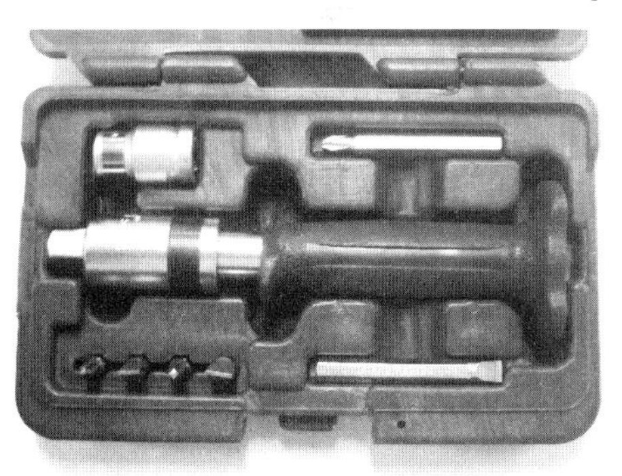

使用前,应先把冲击螺丝刀的旋转方向调整好,刀口对准螺钉螺栓头部,只需要用锤子击打冲击螺丝刀后部,冲击螺丝刀即可对螺钉、螺栓实施冲击力,达到松动螺钉、螺栓的目的。

提示 冲击螺丝刀的头部各不相同,使用时应选用合适的型号。

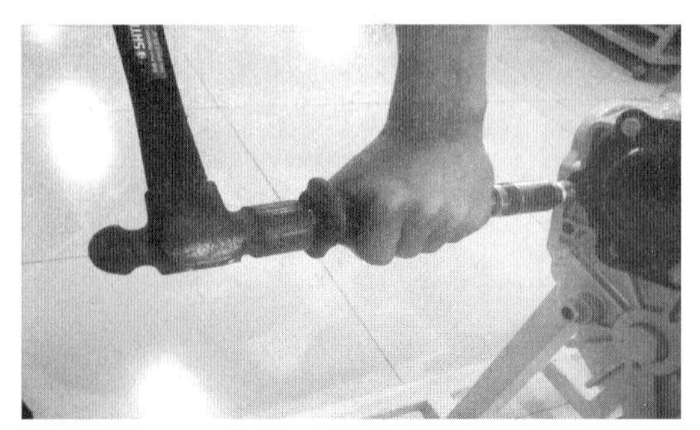

在使用冲击螺丝刀时,一定要注意在锤击时的旋转方向。冲击螺丝刀头部可进行旋转,把冲击螺丝刀手柄顺时针旋到底,锤

击时螺丝刀的旋转方向为逆时针，反之，则为顺时针。

5）精密螺丝刀

精密螺丝刀是一种型号非常小的螺丝刀，主要用于维修电子设备，可用来拆卸并更换精密零件。在汽车维修中，如维修汽车音响、CD等，就需要精密螺丝刀。

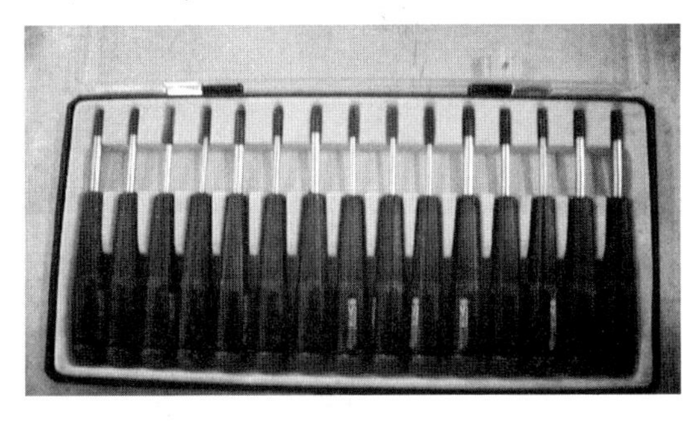

实训活动五 电动工具及气动工具的选用及使用

1 概述

在汽车维修工作中，仅靠手工工具是不够的，这就会用到很多电动工具及气动工具。汽车维修中常见的电动工具及气动工具有手电钻、砂轮机、气动扳手、气动棘轮扳手等。

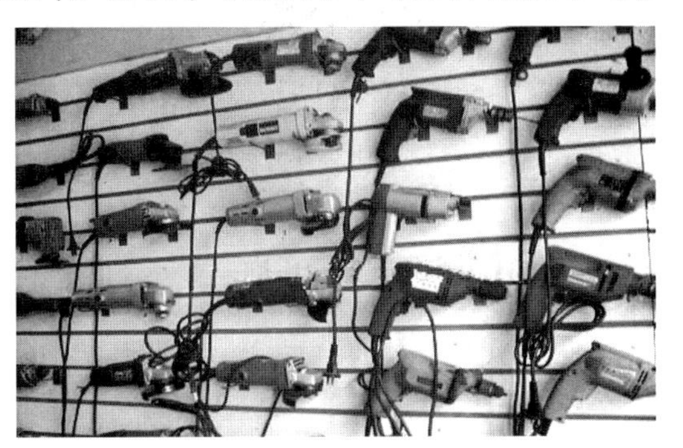

2 电动工具使用安全注意事项

在使用电动工具过程中，安全应放在第一位，如果稍一疏忽，不但会造成伤害，还可能会因漏电造成触电乃至人身伤亡事故。

首先要确保电动工具使用的电线或插头完好无损，绝缘层无脱落，无金属丝外露。电动工具的外接线长度和直径应符合标准，否则，会因为电压降过大造成导线过热。

在使用电动工具时，应确保工作环境干燥无积水，从而避免电动工具及其连接线与水接触。

电动工具要使用三相插头，并确保插座已连接好保护零线。在操作电动工具时最好穿橡胶底鞋。

要使用电动工具开关来开关电源,不能采用插上或拔下电源插头的方式来代替开关,在工具通电之前要确保电动工具开关处于关闭状态。

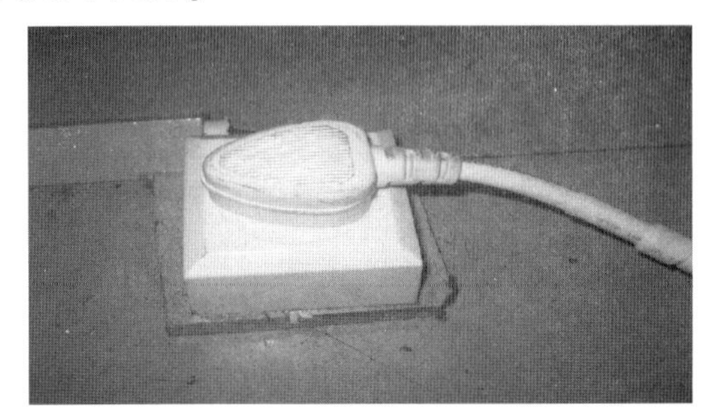

要严格按照使用说明书和安全操作规程操作电动工具,应定期对电动工具进行安全检查。

提示 电动工具日常维护及安全检查项目为:

①导线是否损坏;

②电源插头是否损坏;

③工具是否干净,工作时是否有异响产生。

3 常见电动工具的使用方法及注意事项

1)电钻

常见的电钻有台式钻床(简称台钻)和手电钻两种,主要用于金属钻孔工作。手电钻便于携带但加工精度不高;台式钻床易于控制,钻孔精度高,但移动困难。手电钻在汽车维修中使用得更加广泛。

手电钻有手提式和手枪式两种,电钻内部由电动机和两级减速齿轮组成。

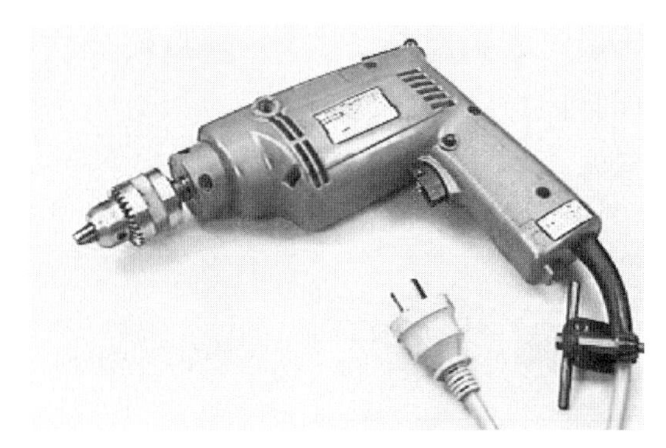

手电钻有用外电源驱动和内置蓄电池驱动两种形式,其最高转速和能使用的最大钻头都标在手电钻的铭牌上面。

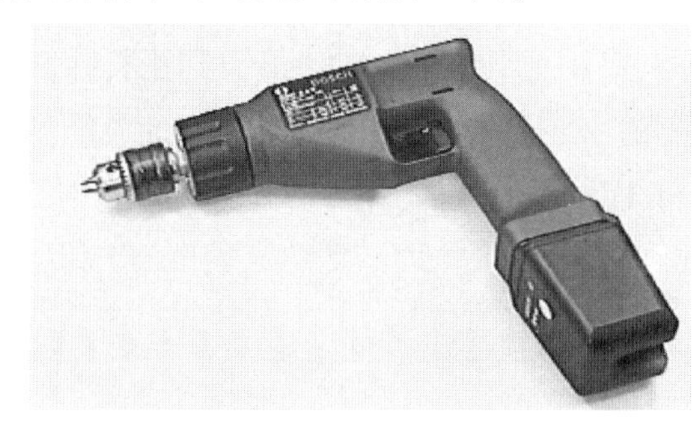

提示 很多手电钻都设有2种转速,但有些手电钻转速在任意范围内可调。

使用手电钻必须要注意安全,操作时要戴上绝缘手套。

提示 禁止戴普通手套,因为高速旋转的电钻可能会把手套拧到钻头中,造成人身伤害。

使用时要用体力压紧,且用力不得过猛,发现电钻转速降低时,应立即减轻压力,否则,会造成刃口退火或损坏手电钻。

使用手电钻时,工件松动或手电钻把持不稳等因素都会造成钻头折断,所以,钻孔时要保持钻头与工件相对固定,并控制好走刀量。

提示 如在使用中电钻突然停止转动,应立即切断电源并检查原因。

有了电钻就需要钻头,常用的钻头为标准麻花钻,主要由柄部和工作部分组成。

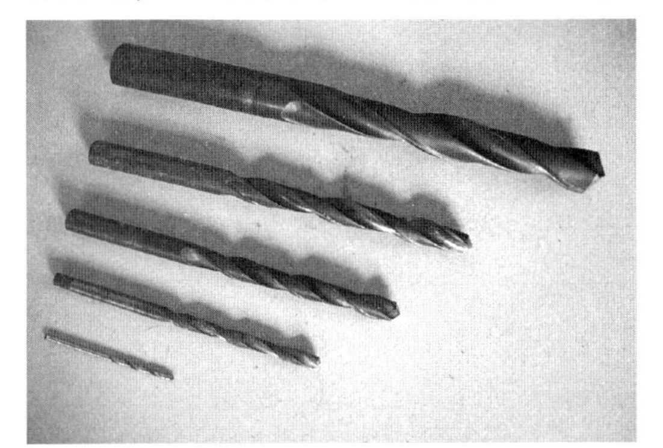

柄部用来装夹钻头、传递动力和扭矩,并且在柄部都标有此钻头的规格型号(钻头直径)。

工作部分由切削部分和导向部分组成。切削部分包括横刃和2个主刀刃,起切削作用;导向部分为2条对称的螺旋槽,起排屑和输送冷却液的作用。

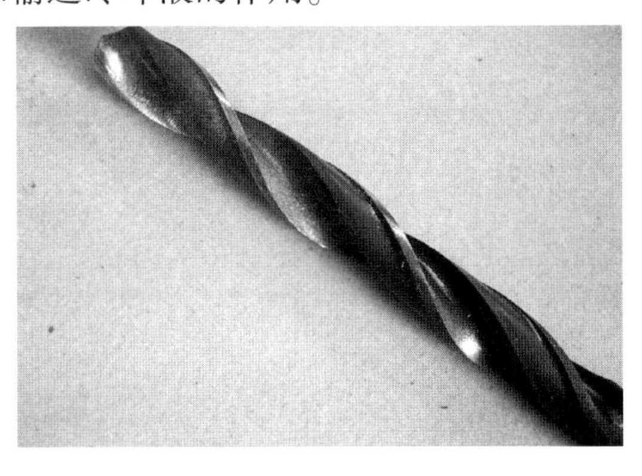

提示 如果钻孔较深或加工时间过长,必须加注冷却切削液。加注冷却切削液,是为了使钻头散热冷却,减少钻削时的阻力,提高钻头的使用寿命。

2)砂轮机

砂轮机主要用于磨削金属、工件等。常见的砂轮机有台架砂轮机和手持砂轮机两种。另外,根据所采用的材料不同,砂轮可分为粗粒砂轮和细粒砂轮。

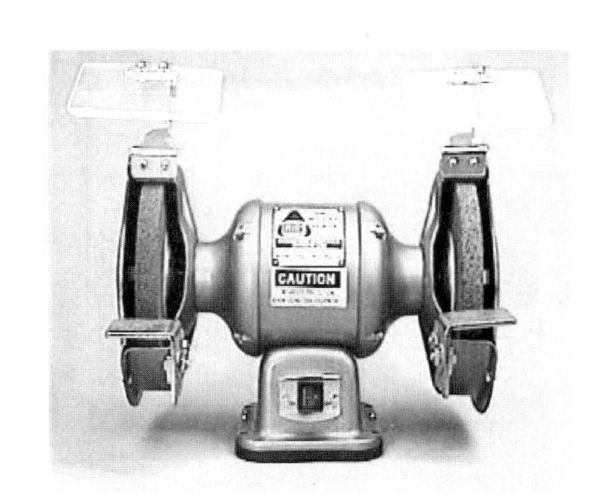

电动砂轮机的尺寸和转速各不相同。砂轮机的尺寸是指它所能带动的最大砂轮的直径。砂轮上标有最大安全转速。

提示 砂轮工作时,绝不能超过其最大转速,否则,高速转动的砂轮会破损飞出进而造成事故。

提示 砂轮损坏后,仍然继续使用它,损坏部分则会飞离主体砂轮,造成人员伤亡。

磨削前,要先让砂轮以一定的工作速度空转一段时间,使其达到最高转速。打磨工件时,不可用力太大,以防损坏砂轮或工件从手中滑脱。

提示 在使用砂轮时,应确保其被防护体遮盖一半以上,操作时必须戴上防护眼镜或面罩。

磨削时,手要适当地靠近砂轮,并把工件放置成正确的角度。磨削小工件时,不能直接用手抓工件,而需用手钳夹住,这样可避免把手磨伤或是砂轮把工件卡住。

其次,还要注意使用砂轮磨工件时,不能只使用砂轮的一侧,否则,可能会导致砂轮损坏。

提示 使用砂轮时,人不要与砂轮平面站在同一条线上,应有一定夹角,以防砂轮破裂飞出伤人。

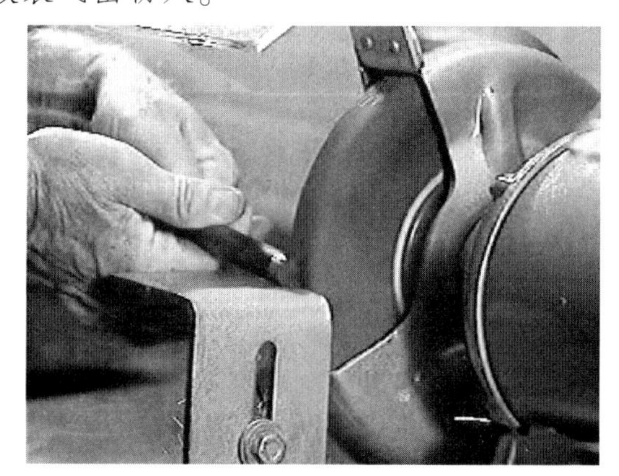

台式砂轮机无法磨削的特殊工件或特殊部件处,就要使用手持式砂轮机。手持式砂轮机使用的砂轮最大直径为125mm。

提示 手持式砂轮机的砂轮圆面起切削作用,如果不能使用钢锯,也可使用专用的砂轮来切断金属,这时起磨削作用的是砂轮边缘。

4 气动扳手的使用方法及注意事项

气动扳手是一种用于快速拆装螺栓或螺母的操作工具。根据所拆卸的螺栓力矩大小不同,所采用的气动工具也不相同。常见的气动扳手有冲击扳手和气动棘轮扳手两种。

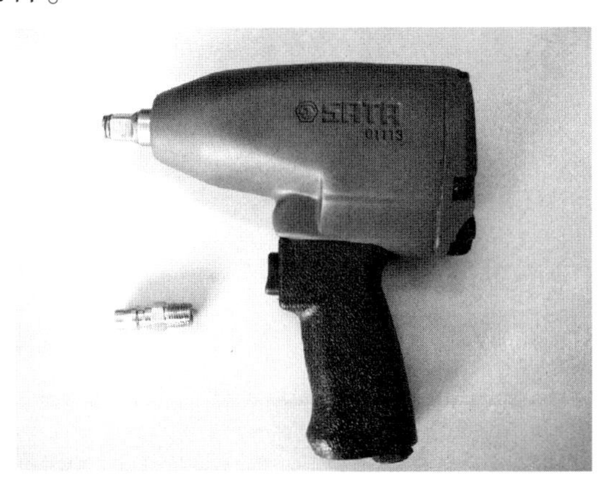

使用气动扳手时,一定要握紧,并站在一个安全舒适且容易施力的位置,用手按动气源开关,在气压的作用下,使套筒带动螺栓、螺母自动旋拧。

提示 气动工具使用的压缩空气压力不能高于允许压力。

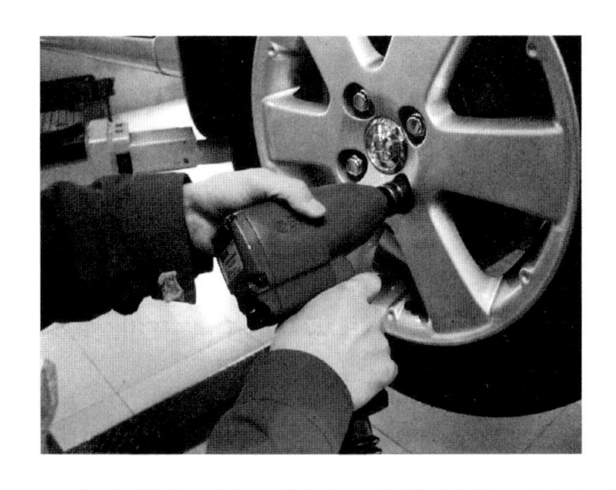

大多数气动扳手都设有高低挡,使用过程中一定要注意力矩的大小,如果力矩过大,可能会拧断螺栓。

提示 使用气动工具紧固轮胎螺栓时,要先用手拧上部分螺纹后,再使用最小功率挡紧固。

使用气动扳手紧固完螺栓后,要使用专用扭力扳手进行复查,以确保达到正常力矩。

在使用完毕气动工具后,应及时关闭空气源,并分离气动工具及空气源,收起供气管路。

提示 现在很多维修车间都采用"气葫芦"管路供气,使用起来相当方便。

使用过程中,要定期对气动工具进行维护,加注专用气动工具油为气动扳手进行润滑,并经常检查排气管是否清洁,同时检查外形是否损坏。

提示 使用所有高速旋转的电动工具或气动工具时,不允许戴围巾、领带及手套;如果头发过长,应戴安全帽,以避免头发卷入高

速旋转的工具中,造成严重的人身伤害。

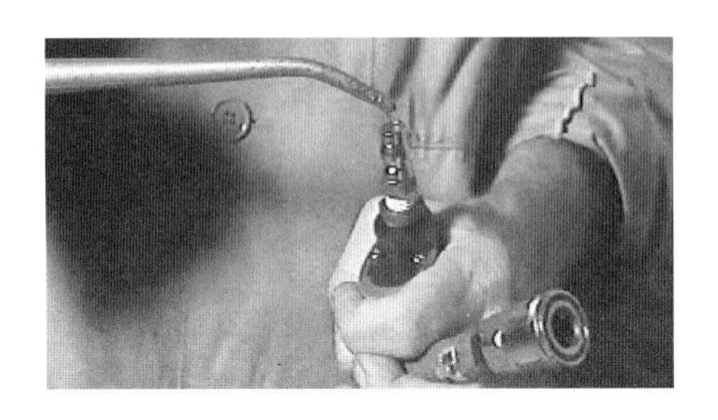

实训活动六 其他通用工具的选用及使用

1 滑脂枪

滑脂枪俗称黄油枪,是用来加注润滑脂的工具,其结构如下图所示,其原理是通过杠杆手柄反复压动,通过内部的压油阀经出油嘴把润滑脂加注到需要润滑的部位。

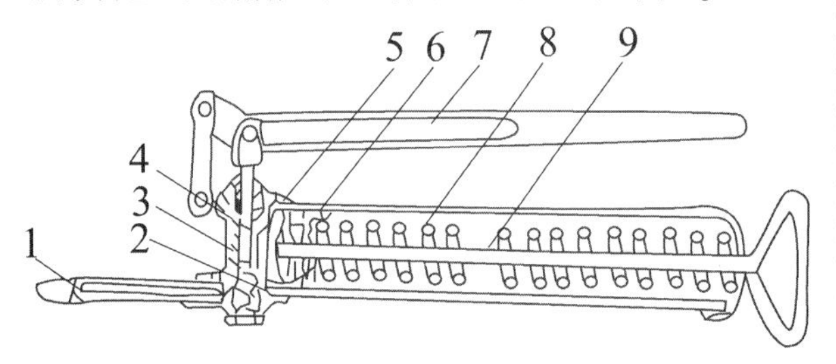

1-出油嘴;2-压油阀;3-压油机构缸筒;4-柱塞;5-进油孔;6-活塞;7-杠杆;8-弹簧;9-活塞杆

使用时,首先旋下枪筒,拉出后端拉杆,从前部将润滑脂装入枪筒内。

提示 向滑脂枪内装润滑脂时,应一小团一小团地装,油团相互之间要贴近,以避免将空气混入黄油中。

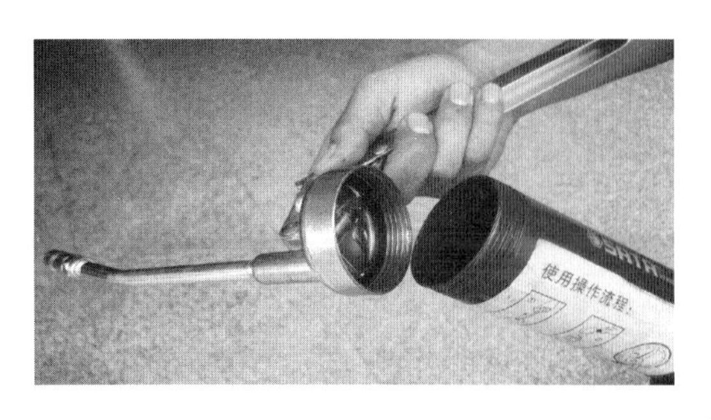

加满润滑脂后,拧上枪盖,拧松排气螺栓后,按下后端锁片,并推入拉杆到底,当排气螺栓内有润滑脂排出后,拧紧螺栓。

反复压动杠杆手柄,直至出油嘴能排出润滑脂,方可使用。

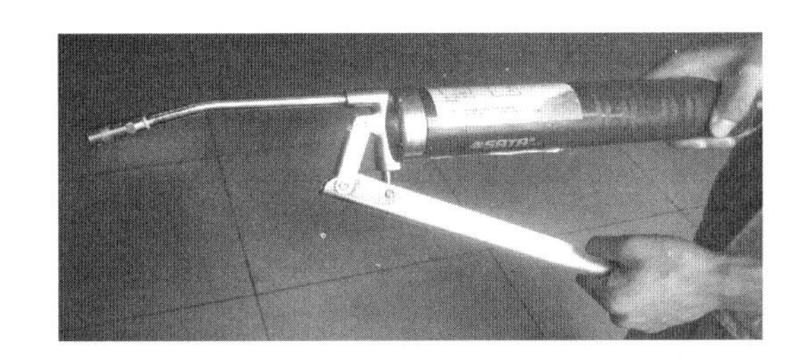

使用时将出油嘴对准加油嘴,压动杠杆手柄,使润滑脂在压力的作用下进入润滑部位,直至新润滑脂将旧润滑脂挤出。

提示 请勿使用含有杂质、泥沙或其他杂物的润滑脂。过于黏稠以及搁置很久已干的黄油不宜使用。

2 拉拔器

拉拔器也称拉卸器或扒马,俗称扒子,主要用于汽车维修中静配合副和轴承部位的拆装,常见的拉拔器有两爪和三爪两种类型。

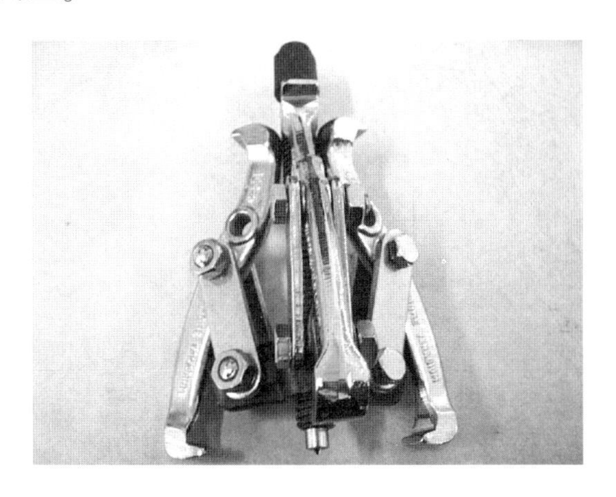

拉拔器的结构由拉臂和中心螺杆组成，螺杆前端加工为锥形，后端有供扳手拧动的内六角。

提示 三爪拉拔器的三根拉臂互为120°错开，两爪拉拔器的两根拉臂与螺杆在同一平面内。

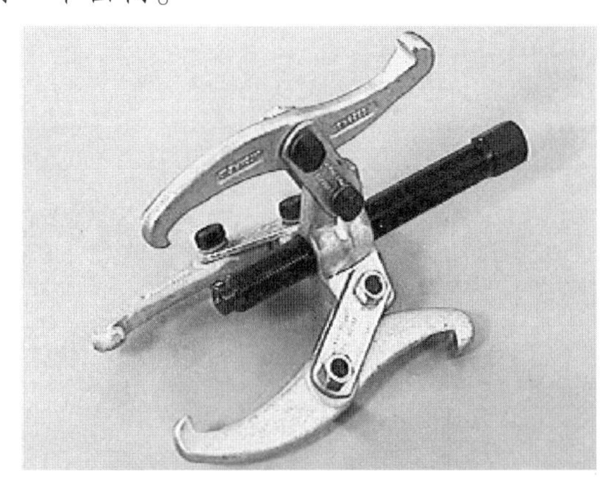

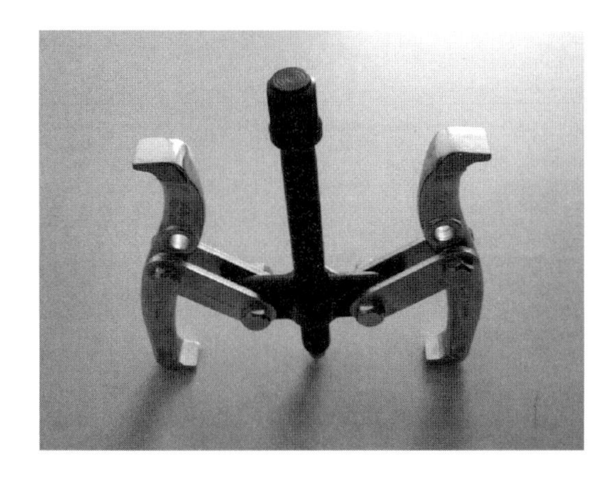

使用拉拔器拆卸不会破坏工件配合性质和工作表面，如拆卸曲轴皮带轮、齿轮等零件应选用三爪拉拔器，而拆卸轴承等零件最好使用两爪拔拉器。

提示 使用拉拔器时，还要视拆卸对象选用适合尺寸和拉力限制范围的拔拉器。

使用时，拉臂能抓住所要拆卸的部件，使用扳手旋进中心螺杆，随着中心螺杆的旋入，拉臂上就会产生很大的拉力，直到把部件拆下。

提示 操作时，手柄转动要均匀，拉爪装夹要平衡，不要歪斜，不要硬拉；另外，拆卸轴承时，两侧的拉臂尖应钩在其内套平面上，不能外撇。

3 工具箱及工具车

工具使用完毕后一般要存放在工具箱或工具车中，特别是扳手、螺丝刀、钳子、锤子等易丢失的手工工具。

常见的工具箱多为手提式,适合于野外作业;工具车能保存更多的工具,并能更好地将工具分类存放,适用于维修车间。

现在常见的手提式工具箱有金属制和树脂制两类,材料不同,结构也有很大区别。树脂制工具箱不能盛放较重的工具,但质量小,便于整理,工具是否缺少、是否损坏,一目了然。

金属制工具箱多采用抽屉式、托盘式或翻斗式,长期使用也很难损坏,但质量很大,放在车内时,容易损伤内饰。

工具车多数带有抽屉,工具车顶部设有工作台,操作时可在其工作台上临时放置工具,相当方便。

有些多用途工具车的作用不是保存工具,而是把大量工具、零件或材料从供料区运送到工作区。

提示 工具车顶部的工作台是临时放置工具用的,而不是供拆装零件使用的。

七 课后测试

1. 选择题

(1)下面关于工作安全的叙述,错误的是(　　)。

A. 操作气动扳手时必须戴手套

B. 要使用电动工具开关来开关电源,而不能采用断开电源插头的方式来代替开关

C. 使用扳手紧固或拧松螺栓时,应向里拉动扳手,而尽量避免向外推

D. 使用气动工具紧固轮胎螺栓时，要使用最小功率挡紧固

(2)在拧松螺栓的作业中，应首选的工具是(　　)。

A. 开口扳手

B. 梅花扳手

C. 套筒扳手

D. 活动扳手

(3)下列说法中，正确的是(　　)。

A. 电动工具要使用三相插头，并确保插座已连接好保护零线

B. 当需要更大的力量时，可用一根管子将扳手的手柄延长

C. 使用两用扳手紧固螺栓时，先用开口端，然后再用梅花端

D. 使用活动扳手时，可向任何一个方向转动、用力

(4)紧固或拆卸制动等液压管路时应选用的工具是(　　)。

A. 开口扳手

B. 专用扳手

C. 套筒扳手

D. 活动扳手

(5)下列示范工具使用的图片中，操作正确的是(　　)。

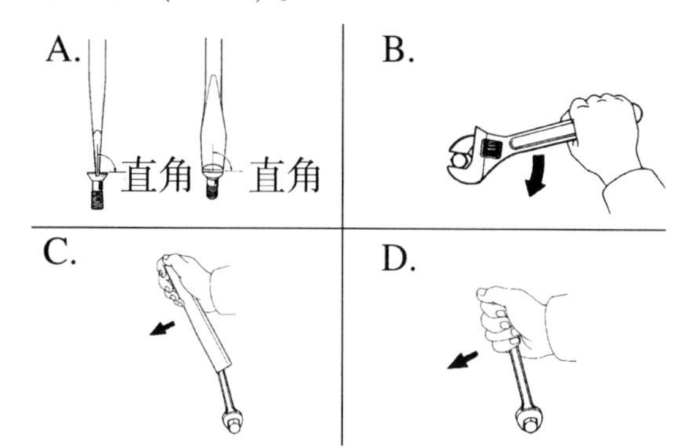

2. 判断题(对的打√，错的打×)

(1)使用气动工具时，在没有风动套筒的情况下，可以使用普通套筒代替，但必须为六角。(　　)

(2)在没有合适工具的情况下，可使用钢丝钳代替扳手旋拧螺栓、螺母。(　　)

(3)可以使用锤子锤击通心螺丝刀，振动螺钉，达到便于拆卸的目的。(　　)

(4)工具车顶部设有工作台，操作时可在其工作台上临时放置工具。(　　)

(5)斜口钳也称剪钳，可用于剪切较细的铁丝、钢丝等金属丝及车上的各类导线。(　　)

项目二　钳工工具的选用及使用

一　项目说明

钳工操作主要是在台虎钳上用手工工具进行的,所以叫钳工。

钳工的主要任务是:手工加工各种零件,装配各种部件、组合件,维修各种机械设备,制作各种工具、量具、夹具、模具及一些专用设备等。

钳工要完成以上任务需要的工具主要有手锤、锉刀、錾子、冲子、锯等。本项目中我们将逐一介绍在汽车维修中常用的钳工工具。

二　实训时间:共5课时

实训活动一:锤击类工具的选用及使用(1课时)。

实训活动二:锉刀的选用及使用(1课时)。

实训活动三:錾、冲类工具的选用及使用(1课时)。

实训活动四:手锯的选用及使用(1课时)。

实训活动五:其他钳工工具的选用及使用(1课时)。

三　实训教学目标

(1)了解钳工工具在汽车维修工作中的作用;

(2)了解钳工实习场地、有关机具设备和汽车维修、钳工操作中常用工、量、刃、夹具和仪表等;

(3)掌握各类钳工工具的类型和正确的使用方法;

(4)遵守实习场地的有关规章制度,安全操作注意事项;

(5)培养节约生产成本的好品质,弘扬勤俭节约精神。

四 教学器材

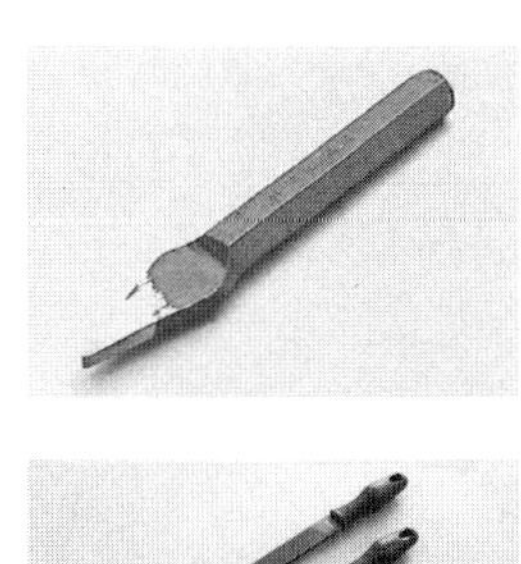 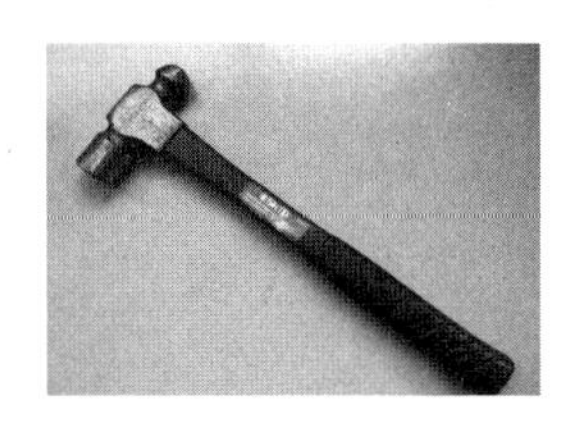 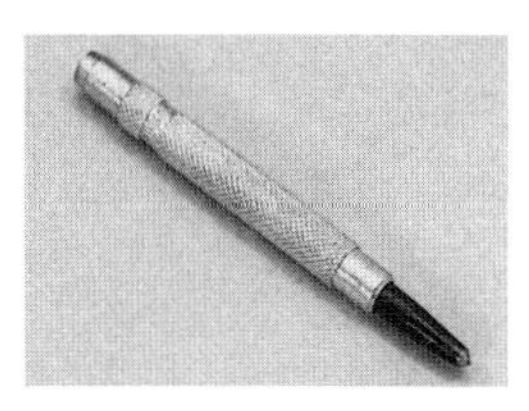

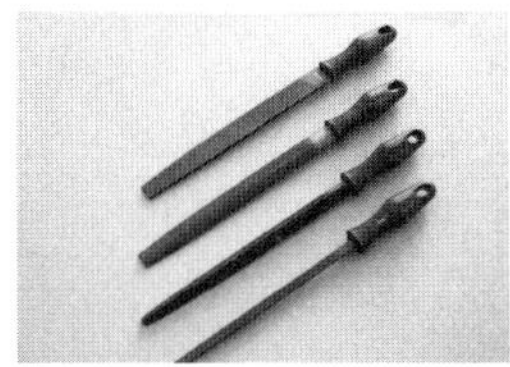 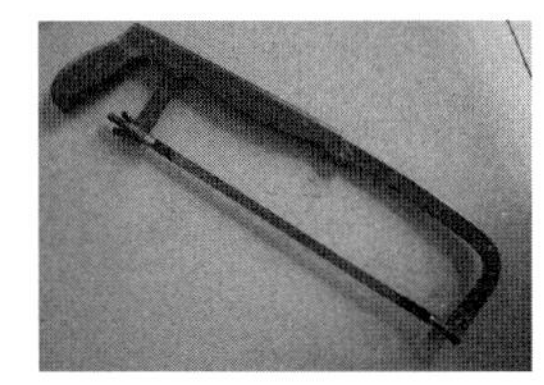 

五 教学组织

1 教学组织形式

此实训教学项目为实训示范课，由实训教师或2～3名学生操作，其他学生观察学习。掌握各类工具的使用方法及注意事项后，学生进行分组练习，教师进行指导。

2 实训教学场地

实训场地应配套钳工实训工作台1个。

3 实训教师职责

讲解各类工具的作用、使用方法及注意事项，演示各类工具的使用方法；指导部分学生进行操作练习，并纠正学生操作错误。

六 实训教学内容

实训活动一 锤击类工具的选用及使用

1 概述

锤子也称榔头或手锤，属于捶击类工具。主要用于捶击錾子、冲子等工具或用来敲击工件，使工件变形、产生位移、振动，从而达到校正、整形等目的。

锤子按锤头形状不同可分为圆头锤、方锤、钣金锤等，按锤头材料不同可分为铁锤、软面锤（木锤、橡胶锤、塑料锤）等。

提示 铁锤的规格一般用其质量表示，常用的有0.25kg、0.5kg和1kg等。

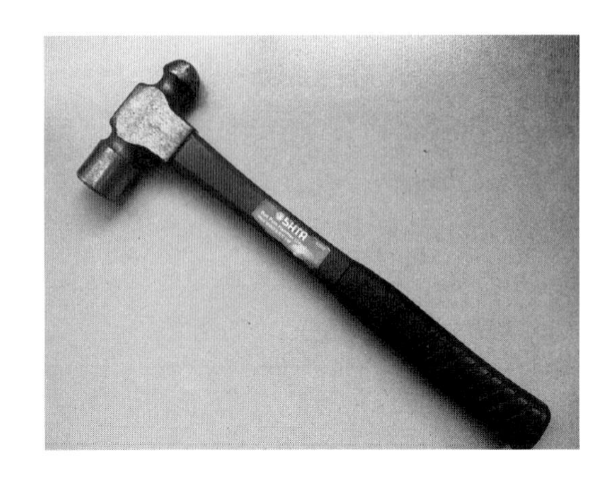

2 对各类锤子的认知

1)铁锤

铁锤锤头的材料多由碳素工具钢锻制而成,在汽车维修中经常用到的铁锤有圆头锤、方锤、钣金锤等。

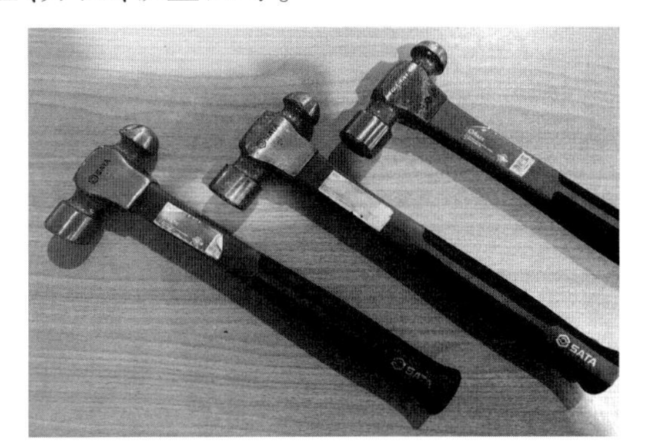

圆头锤是最常用的一种锤子,它一头为平头,另一头为圆头。平头用来锤击冲子和錾子等工具,而圆头用来铆接和锤击垫片。

方锤又称大锤,制造材料为高碳钢,主要用于重型击打,在汽车维修中并不常用;钣金锤的头部为楔形,主要用于钣金整形或圆头锤不便接近的角落。

提示 严禁使用铁锤直接锤击配合表面及易损部位,因为铁锤会损坏低硬度材料制成的部件,例如铝制外壳部件、汽缸盖等。

2)软面锤(软头锤)

软面锤主要用来击打不允许留下痕迹或易损坏的部位。

根据软面锤头部使用材料的不同,可分为橡胶锤、塑料锤和木锤。

很多软面锤为增加惯性在内部装有铅或铜等金属。

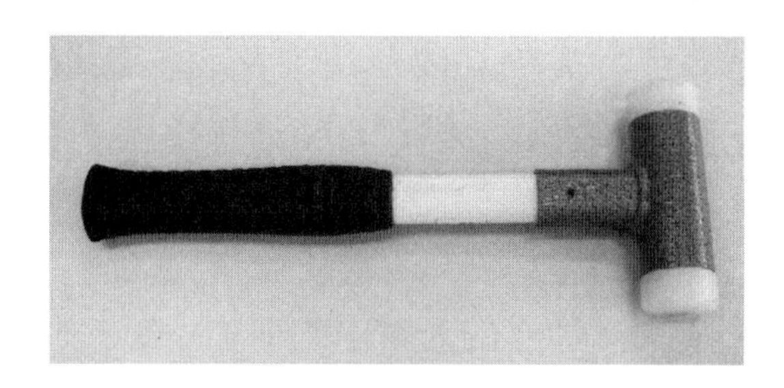

提示 软面锤主要应用在汽车装配过程中,用于敲击零部件,从而使零件之间形成更好的配合。

3 锤子的使用方法

1)锤子手柄的选择

多数锤子在购买时就已安装了手柄,如自己选择并安装手柄,应注意手柄的粗细要和锤头的大小相适应,锤头中心线要与锤柄中心线垂直,并且锤柄的最大椭圆直径方向要与锤头中心线方向一致。

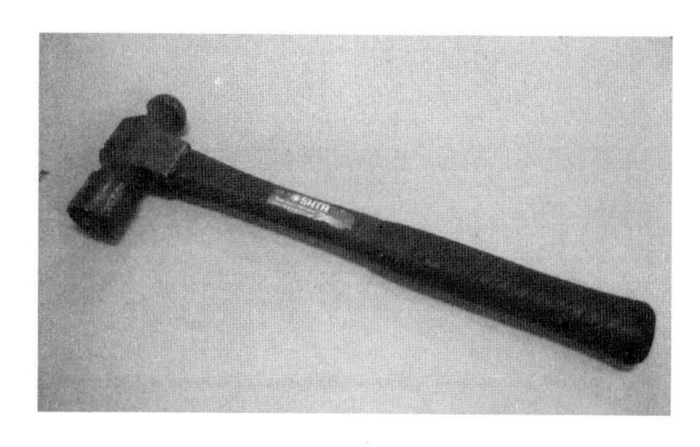

2)锤子的握法

(1)紧握法:右手五指紧握锤柄,大拇指合在食指上,虎口对准锤头方向(木柄椭圆的长轴方向),木柄尾端留出 15 ~ 30mm 距离。在敲击和挥锤过程中,五指始终紧握锤柄。

(2)松握法:只有大拇指和食指始终握紧锤柄,其余三个手指在挥锤时,按小指、无名指、中指顺序依次放松;在敲击时,又以相反的次序收拢握紧,这种方法的优点是手不易疲劳,且产生的敲击力较大。

提示 手握锤柄的位置不要太靠近锤头,而要尽量靠近手柄的末端,因为这样打击时才会更省力、更灵活。

3)挥锤方法

在实际操作中,根据对加工工件捶击力量的不同要求,挥锤方法有 3 种。

(1)腕挥:挥锤时,仅用手腕的动作来进行捶击运动,捶击力小。采用紧握法握锤,一般应用于需求捶击力较小的加工工作。

(2)肘挥:挥锤时,手腕与肘部一起挥动完成捶击运动,敲击力较大。采用松握法握锤,这是一种常用的挥锤方法。

(3)臂挥:挥锤时,腕、肘和臂联合动作,锤头要过耳背,捶击力最大。它适用于需要大捶击力的工作。这种方法费力大,较难掌握,但只要掌握了臂挥,其他两种方法也就容易掌握了。

提示 使用锤子时,眼睛要注视工作物,锤头面要和工作面平行,以确保锤面平整地打在工件上,不得歪斜,避免破坏工件表面形状,也防止锤子击偏,造成人员受伤和设备受损。

4 使用锤子时的注意事项

(1)使用前,要保证锤面及手柄上无油污,以防止在使用过程中锤子自手中滑脱,造成伤人损物事故的发生。

(2)使用前,要检查手柄安装是否牢固,有无开裂现象,以防锤头脱出造成事故。

提示 如锤头松动,可用楔子塞牢,如手柄开裂或断裂,应立即换用新手柄,禁止继续使用。

(3)使用外表已损坏了的锤子非常危险,当击打时,锤子上的金属可能会飞出并造成事故。

提示 使用锤子锤击錾子、冲子等工具时,一定要带防护眼镜。

5 使用锤子时的其他辅助工具

黄铜棒是使用锤子时常用的辅助工具。

黄铜棒用于协助锤子敲击不允许直接捶击工件表面的工件,是防止锤子损坏零件的支撑工具。

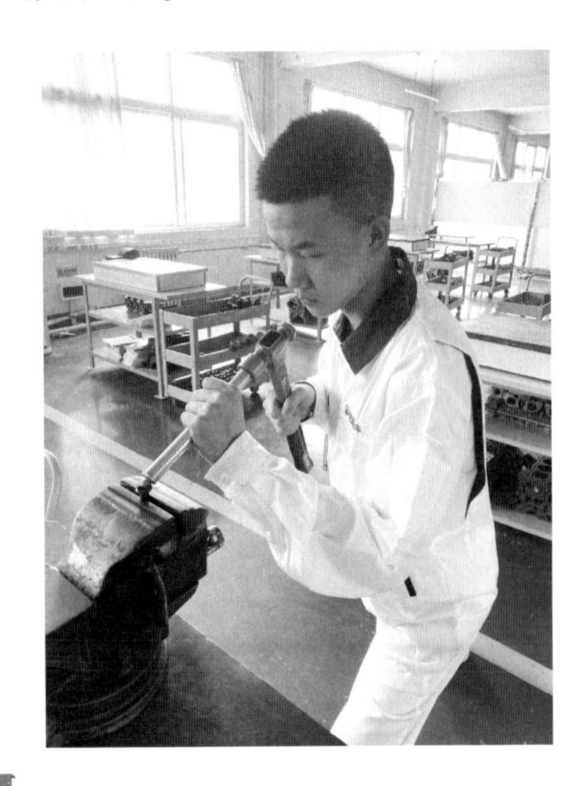

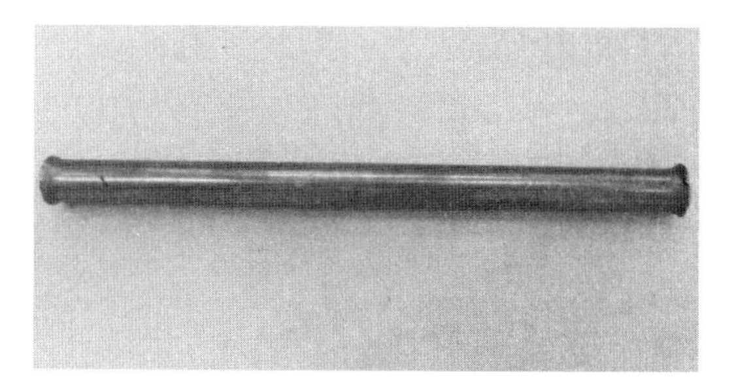

黄铜棒由黄铜制成,因为黄铜是低硬度材料,在零件还未变形前黄铜就已先变形。

使用时一手握铜棒,将其一端置于工件表面,另一手用锤子锤击铜棒另一端。

提示 如果黄铜棒尖头变形,可用磨床研磨。

实训活动二 锉刀的选用及使用

1 概述

锉刀是锉削的主要工具,由碳素工具钢制成,锉刀的主要部分是锉面上特制的锉齿纹。

提示 锉削就是对工件表面进行切削加工,使其尺寸、形状、位置和表面粗糙度都达到要求的加工方法。

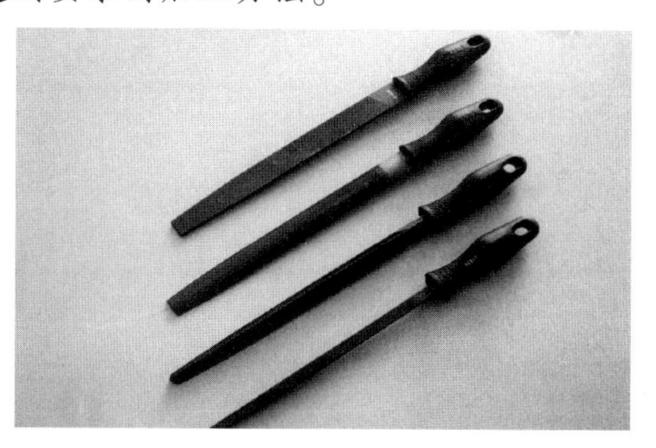

2 锉刀的分类

锉刀按10mm长度范围内齿纹条数多少,可分为粗锉、中锉、细锉和油光锉等。齿纹条数越多,则齿纹越细。

常用锉刀可分为普通锉刀和整形锉刀(什锦锉)两类。普通锉刀根据截面形状不同,又分为平锉、方锉、半圆锉、三角锉和圆锉。

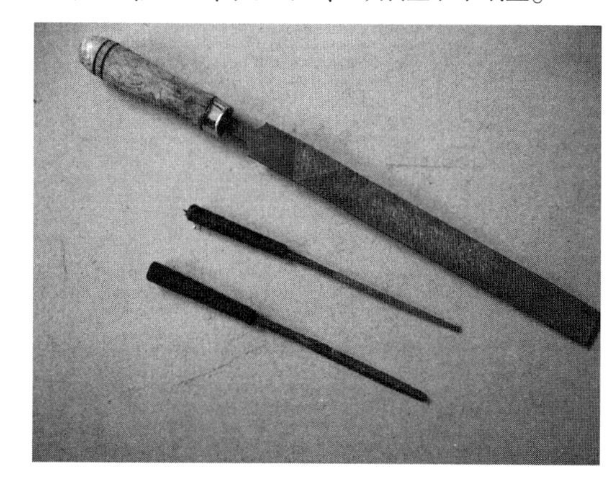

提示 汽车维修中还经常用到螺纹锉,它主要用来修复受损的螺纹。

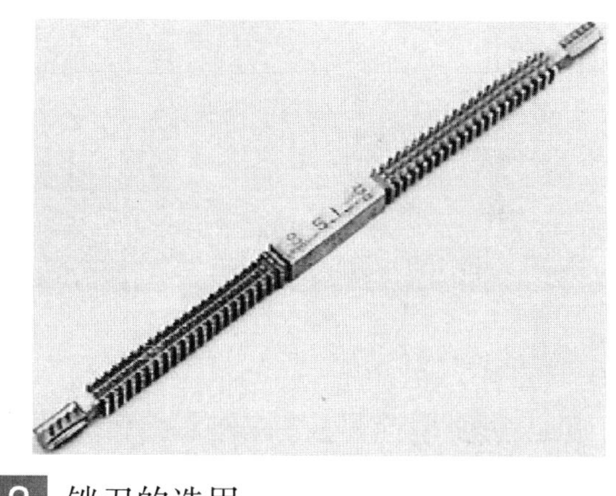

3 锉刀的选用

选择锉刀的粗细时,应根据被锉削材料的性质、加工余量的大小、加工精度的高低和表面粗糙度等情况综合考虑。粗锉刀用于粗加工或锉有色金属;中锉刀用于粗加工后的加工;细锉刀用于锉削加工余量小、要求表面粗糙度低的工件,油光锉刀只用于对工件最后表面修光。

另外,还要根据所要加工零件的形状选用不同截面的锉刀。

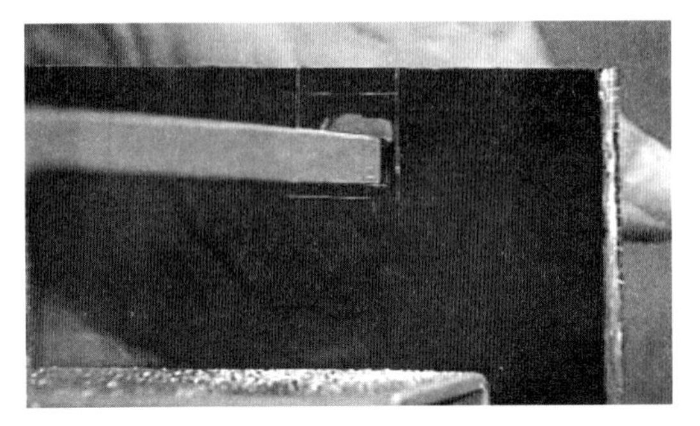

方锉四面都有锉齿,可锉方形孔,另外还可加工直角形状的工件。

半圆锉可用来锉内凹的弧面。

圆锉可用来锉圆弧面工件,还可把圆孔锉大。

提示 选用锉刀时,锉刀的硬度必须高于所要锉削材料的硬度;而且普通的锉刀不能用来锉如铜、铝等低硬度的材料,因为铜、铝会把锉齿堵塞。

4 锉刀的正确使用

(1)在使用锉刀前,首先要给锉刀安装大小合适的手柄,并检查手柄是否松动。

提示 有些锉刀,如世达工具的新锉自带手柄。

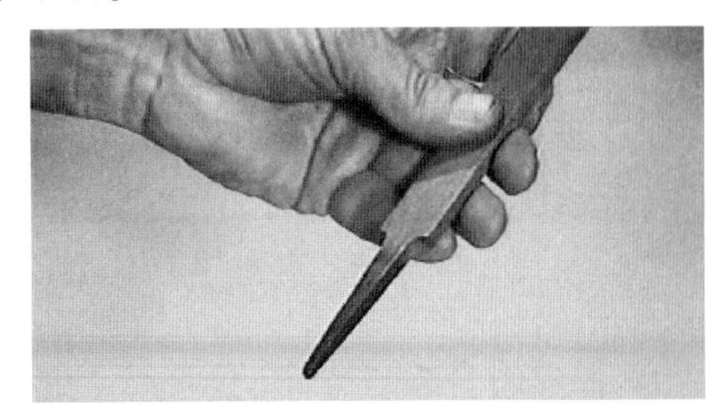

(2)锉刀的4种握法。

①使用大型锉刀时的握锉方法:右手握柄,柄端抵在拇指根部的手掌上,大拇指放在手柄上部,其余手指由上而下地握着锉刀柄,左手拇指根部肌肉压在锉刀上,拇指自然伸直,其余四指弯向掌心,用中指、无名指捏住锉刀前端,锉削时右手小臂要与搓身水平,右手肘部要提起。

②使用中型锉刀时的握锉方法:右手与握大锉一样,左手的拇指与食指轻轻捏住锉身前端。

③使用小型锉刀时的握锉方法:右手拇指放在刀柄的上方,食指放在刀柄的侧面,其余手指则从下面稳住锉柄;用左手的食指、中指、无名指压在锉身中部,以防锉身弯曲。

④使用整形锉时，只用右手握住，拇指放在锉柄的侧面，食指放在上面，其余手指由上而下握住锉刀柄。

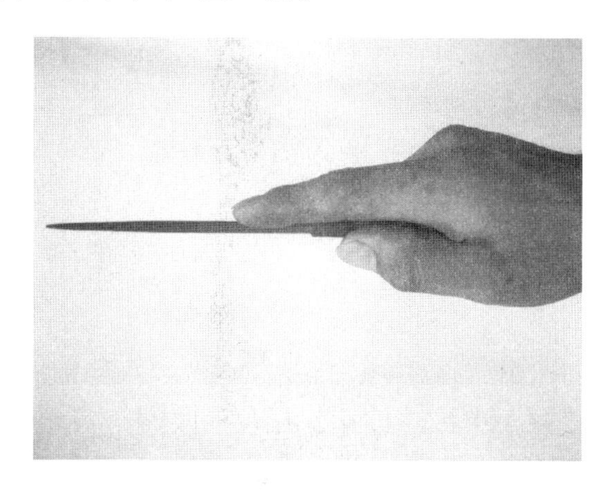

提示 在锉削过程中，不可用手擦摸锉削表面、锉屑及锉刀，因为锉削时产生的金属粉沾在手上后很难去除，会造成手部打滑。

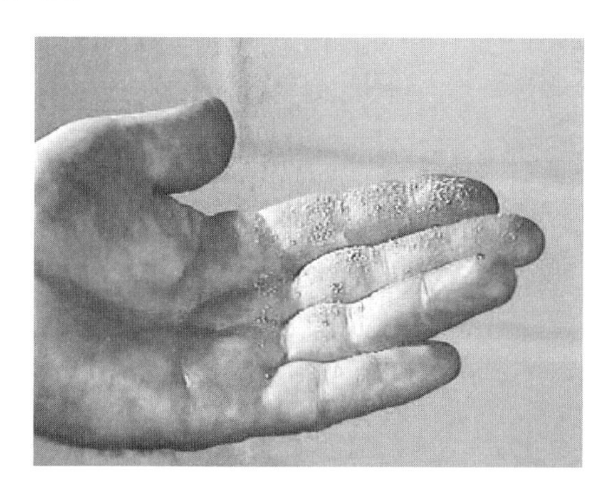

(3)锉削时的站立姿势如下图所示：两手握住锉刀，放在工件上面；左臂弯曲，小臂与工件锉削前面的左右方向保持基本平行；右小臂自然地与工件锉削的前后方向保持基本平行。右脚尖到左脚跟的距离约等于锉刀长，左脚与锉削工件中线约呈30°角，右脚与锉削工件中线约呈75°角。

(4)锉削时的动作按以下步骤进行。

①开始锉削时，身体前倾约10°角，右脚后伸，以充分利用锉身有效的长度。

②当锉刀推到1/3行程时，身体前倾约15°角，使左腿稍弯曲。

③右肘再向前推至2/3行程时，身体逐渐前倾18°左右。

④锉削最后1/3行程时，用手腕推锉至尽头，身体随着锉刀的反作用力自然退回到前倾15°左右的位置。

⑤锉削终了时，两手按住锉刀，取消压力，抽回锉刀，身体恢复到原来位置。

提示 如要锉出平直的平面，必须使锉刀保持直线锉削运动。在锉刀回程时两手不要加压，以减少锉刀磨损。

5 锉刀的使用注意事项及维护

(1)不能使用无柄锉刀、裂柄锉刀和无柄箍锉刀。

(2)新锉要先使用一面,用钝后再使用另一面。另外,锉刀在使用时应充分利用有效全长,这样既可提高锉削效率,又可避免锉齿局部磨损。

(3)锉刀上不可沾水和油污。当锉刀槽齿被锉屑堵塞时,应使用专用铜丝刷顺其齿纹进行清除。

(4)不可锉毛坯件的硬皮及淬硬的工件。如铸件或毛坯表面有硬皮,应先用砂轮磨去或用旧锉刀锉去后,再进行正常锉削加工。

(5)不能把锉刀当作撬棒或手锤使用。

(6)锉刀硬而脆,无论在使用过程或存放过程中,不可与其他工具或工件堆放在一起,另外还要防止锉刀掉落在地上,以免损坏锉刀。

(7)锉刀使用完毕后,必须清刷干净,存放在干燥通风的地方,以免生锈。

实训活动三 錾、冲类工具的选用及使用

1 錾子

錾子是錾削时需要使用的主要工具,常配合于手锤一起使用,一般由工具钢锻制,其刃部经刃磨和热处理而成。

提示 用锤子锤击錾子对金属进行切削加工的操作叫錾削,又称齿削。在汽车维修工作中,錾子主要用于剔下不能拆卸的旧螺栓。

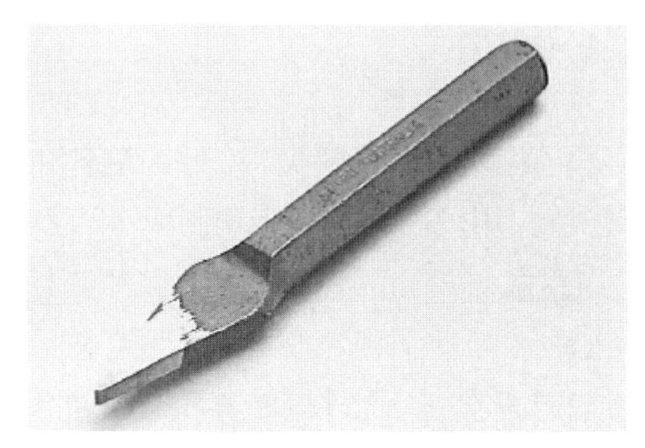

1)錾子的类型

常见的錾子有扁錾、狭錾、油槽錾和扁冲錾等。

提示 扁錾用于錾削平面,切割和去除毛刺;狭錾用于开槽;油槽錾用于錾削润滑油槽;扁冲錾用于打通两个钻孔之间的间隔。

2)錾子的正确使用

錾子的握法随錾削工件不同而不同,一般有3种握法。

(1)正握法:手的腕部伸直,拇指和食指自然接触,松紧适当,用中指、无名指握住錾子,小指自然合拢,錾子头部伸出约20mm。

提示 这种握法适合于錾削平面。

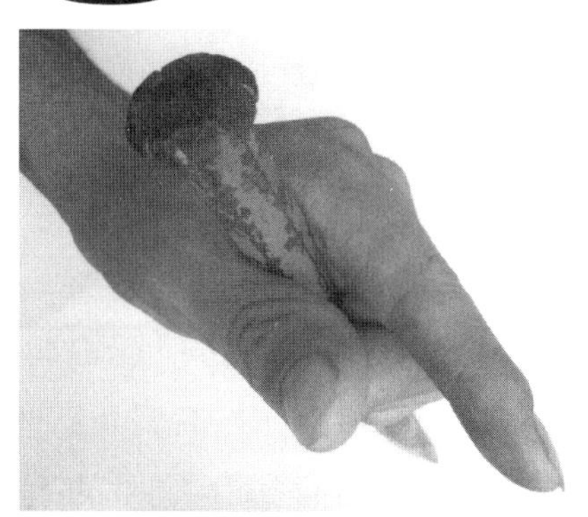

(2)反握法:手心向上,左手拇指、中指握住錾子,食指抵住錾身,无名指、中指自然接触。

提示 这种握法适合于錾削小平面和侧面。

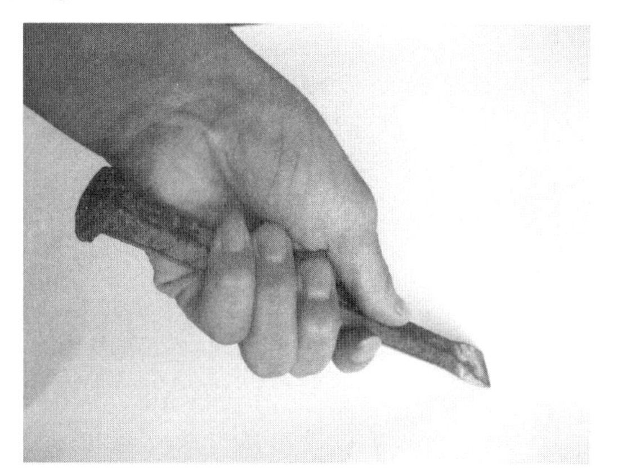

(3)立握法:左手拇指与食指捏住錾子,中指、无名指和小指轻轻扶持錾子。

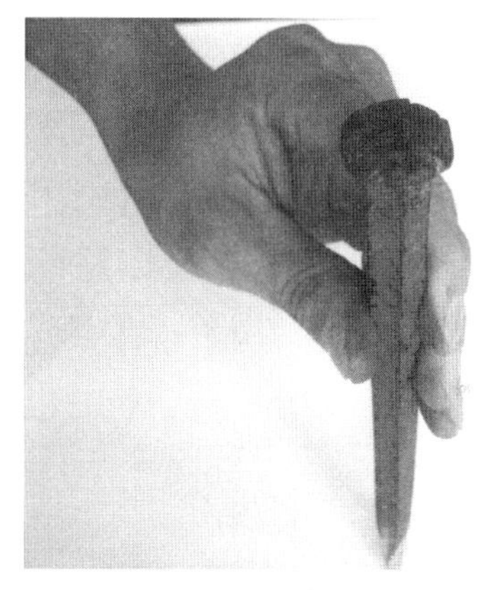

提示 这种握法适合于垂直錾削,如在铁砧上錾断材料等。

3)使用錾子时的注意事项

錾子使用时要握稳握平,使用锤子锤击时,防止锤子击在手上,造成人身伤害。

錾削将要完工时,应轻轻敲击锤子,以免阻力突然消失时手及錾子冲出去,碰在工件上把手划破。

4)錾子的刃磨

新锻制或使用钝了的錾子,要及时修磨锋利,修磨方法可在砂轮机上进行。

刃磨时,两手要拿稳錾身,一手在上,一手在下,使刃口向上倾斜靠在砂轮上,轻加压

力同时要注意刃口要高于砂轮水平中心线，在砂轮全宽上平稳均匀地左右移动錾身。

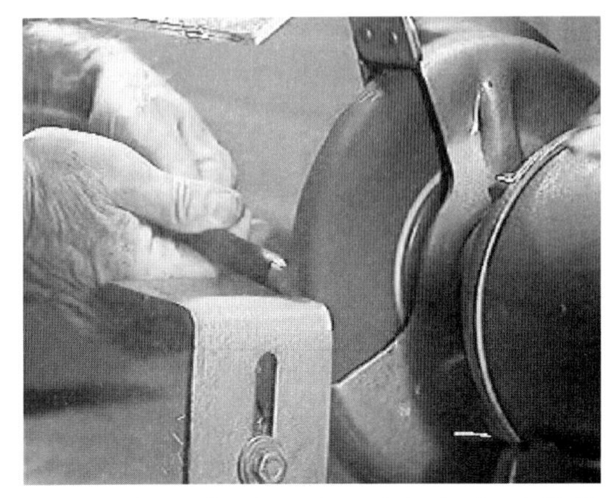

錾子在刃磨过程中，要注意磨后的楔角大小要适宜，两刃面要对称，刃口要平直，刃面宽2～3mm。

提示 錾子头部未经过热处理，在使用过程中易卷边，如出现这种现象应及时磨掉。

2 冲子

冲子俗称冲头，主要用来冲出铆钉和销子，也可用来标示钻孔的位置及标注记号等。常见的种类有中心冲、销冲、数字号码冲、空心冲等。它们的结构不同，作用也大不一样。

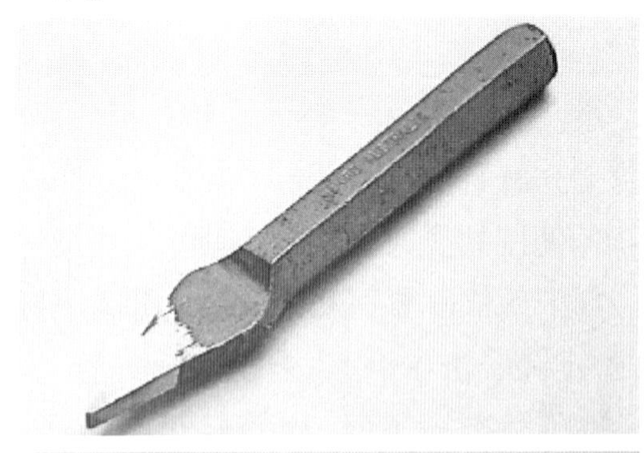

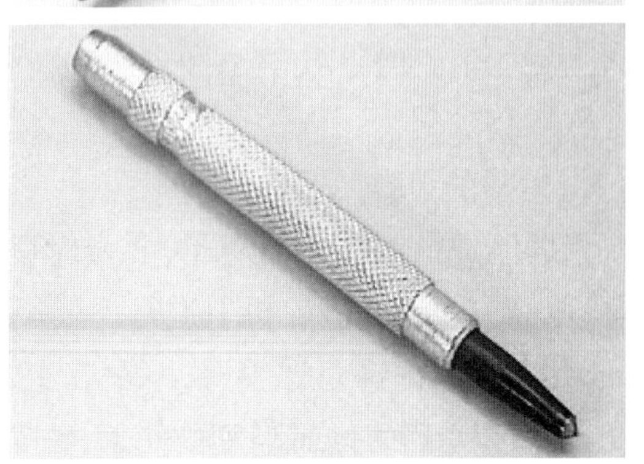

1）中心冲

这种冲子主要用于标示要钻孔的位置及导向，一端用软材料做成，另一端比中心冲更尖锐，用硬度大的高碳钢制成。

提示 也可用于零件拆卸前对其标注记号，通过对拆下的零件标示记号，防止安装时造成装配错误，例如对曲轴轴承盖制作标记。

2）销冲

这种冲子有各种不同的直径，可用来冲出铆钉或销钉，销冲的头部为圆柱体，柄部为六角形，也有圆形的。在汽车维修工作中，常用的销冲头部直径范围为3～12mm。

提示 如果使用锥冲取销子，则会越冲越紧，一定要选择合适尺寸的销冲。

3）数字号码冲

发动机缸体上的数字、字母通常采用数字号码冲冲出。它的使用和其他所有冲子的使用方法一样，冲头平面应和待冲表面平行放置，不能有夹角，而且锤子应垂直平击冲头。

4)空心冲

它最适于在薄钢板、塑料板、皮革以及垫圈上冲孔,但它只能冲软材料,冲头应保持锋利,用钝的冲头可能会把材料冲坏。

提示 在汽车维修工作中经常用空心冲制作密封垫。

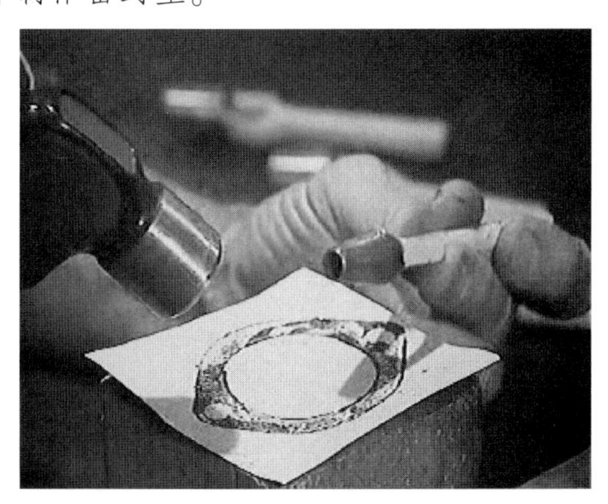

实训活动四 手锯的选用及使用

1 概述

锯也称手锯或机械锯,属于切割类工具,主要用于在工件上锯出沟槽,锯断各种形体原材料或半成品,以及锯掉加工工件多余部分。

提示 手锯主要由锯弓和锯条两部分组成。

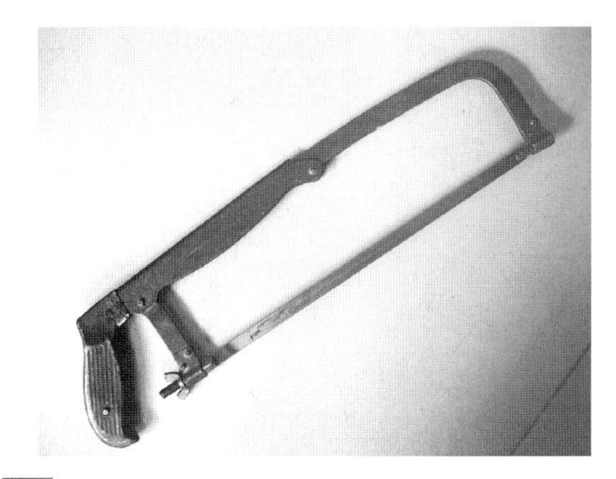

2 锯条的正确选用

手用钢锯条一般用碳素工具钢和合金工具钢制作,应经过热处理淬硬。常见钢锯条的长度为300mm。

提示 钢锯条的长度是以两端安装孔的中心距来表示的。

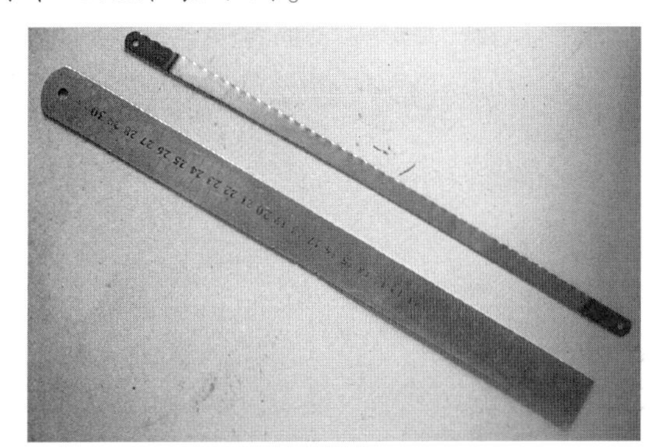

钢锯条的锯齿分为粗齿(齿距1.8mm)、中齿(齿距1.4mm)、细齿(齿距1.1mm)。锯齿粗细的选择应根据所锯割材料的厚薄和材料的硬度来决定。

粗齿锯条用于切割软材料(如铜、铝、铸铁、中碳钢和低碳钢)和厚实的材料。

细齿锯条用于锯割硬件料(如工具钢、合金钢)或薄的材料(如各种管子、薄板料和角铁等)。

提示 当选择粗、细锯齿时,还应考虑在锯割截面上至少有3个锯齿同时参与锯割。

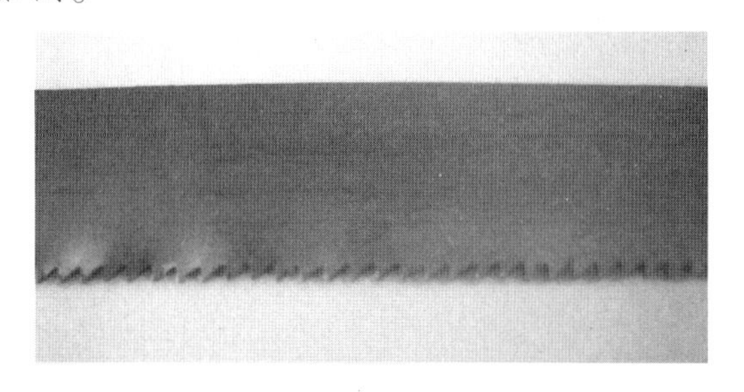

3 锯条的正确安装

钢锯条安装时,锯齿的齿尖要朝前,这样会使操作用力方便且工作平稳,因为在实际锯割操作中是推锯时起锯割作用。

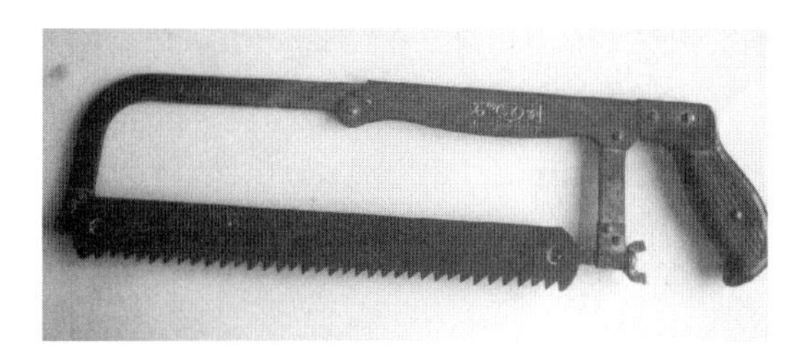

安装锯条时不宜装得过紧或过松:太紧则受力大,若用力不当易折断;过松则锯条易扭曲折断,且锯缝易偏斜。

提示 安装锯条后,要保证锯条平面与锯弓中心平面平行,不得倾斜和扭曲,否则锯割时极易歪斜。

4 手锯的使用

1)手锯的握法

右手满握锯柄,左手轻扶锯弓前端。

2)锯割姿势

锯割姿势与锉削姿势基本相似。

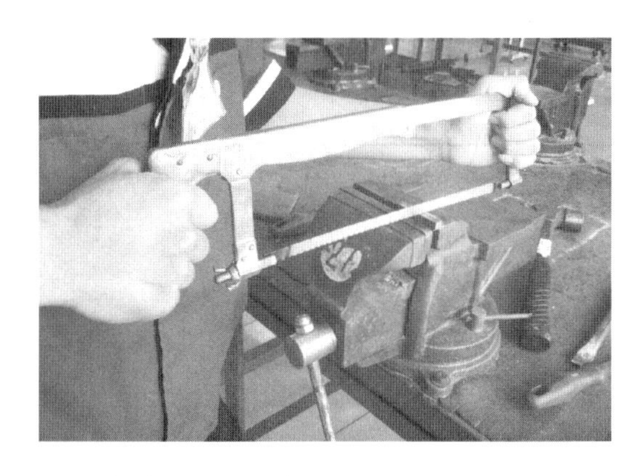

3)锯割时的起锯

起锯很重要,一般用左手拇指指甲靠稳锯条,以防止锯条滑动。同时,起锯角度小于15°,若起锯角度过大,锯齿易崩碎,但起锯角也不宜太小,否则不宜切入材料。

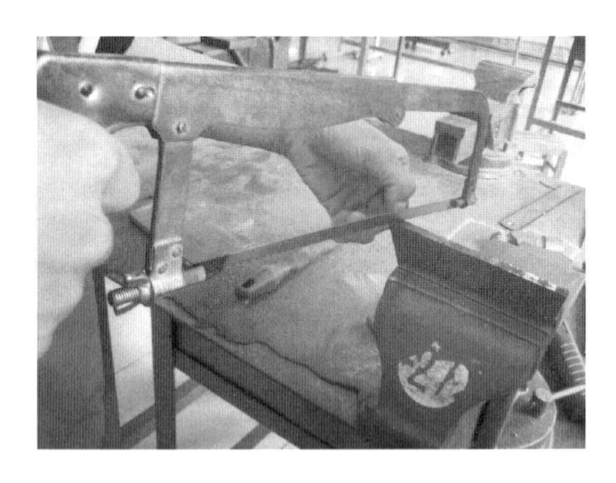

4)各种材料的锯割方法

(1)薄板料的锯割:锯割薄板料时易发生弯曲和抖动。锯割时应尽可能从宽面上锯下去。

提示 当只能在板料的窄面上锯下去时,可用两块木板把板料夹在中间,连同木板一起锯开。这样可以增加板料刚度不抖动,又可防止锯齿钩住断落。

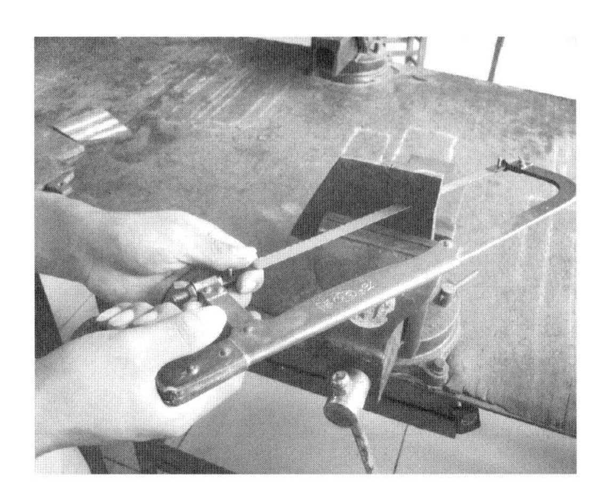

(2)管子的锯割:锯割时必须把管子夹正,锯割时不能在一个方向上一次锯断,而应多次转动管子沿不同方向锯割,而每次只锯透管壁,直至锯断为止。这样可防止一下子锯断,也可防止管子边棱钩住锯齿使其崩裂或锯条折断。

(3)深缝的锯割:当锯缝的深度超过锯弓高度时,应将锯条转过90°重新安装,使锯弓转到工件的一侧。当锯弓高度横下来,其高度仍不够时,也可把锯条安装成使锯齿在锯弓内的形式,进行锯割。

5)锯割过程

锯弓作直线往复运动,推锯时右手推进,左手施压,返回时不加压力,从加工面上轻轻滑过。锯割过程中压力小而均匀,锯割行程一般往复长度不小于锯条全长的2/3。

当工件快要锯断时,握锯施压要轻,速度要慢,行程要小,并用手扶住即将落下的部分工件。

提示 锯割速度一般不宜太快,控制在40次/min左右为宜。锯割硬材料应慢些,锯割软材料应快些。同时,锯割行程应保持均匀,返回行程的速度应相对快些。

5 手锯使用的注意事项

(1)使用手锯锯割工件时,一定要保证工件固定牢固且锯条安装必须正确,防止折断锯条或锯缝线歪斜。

(2)起锯角度要正确,姿势要自然正确。

(3)锯割刚制件时,可以加些机油,以减少摩擦并冷却锯条,从而延长锯条使用寿命。

(4)当快要锯断工件时,速度要慢,压力要轻,并用左手扶住即将落下的被锯断部分。

(5)锯割时,思想要集中,防止锯条折断,从锯弓中弹出伤人。

实训活动五 其他钳工工具的选用及使用

1 台虎钳

台式虎钳俗称台虎钳,主要用于夹持需要拆解或装配的部件,也可以用它来夹持需进行锯、锉、錾等加工的零件。

钳口的夹紧力很大,而且钳口的硬度很高。当钳口夹紧工件时,钳口会在硬度较软的零件上留下夹装的痕迹,为防止这种情况的出现,可在虎钳上加装硬度小的钳口,它们通常由铝或铜等材料构成。

2 刮刀

刮刀是刮削工艺的主要工具之一。根据刮削的工件表面不同,刮刀可分为平面刮刀和曲面刮刀两大类。

平面刮刀主要用于刮削平面。汽车维修中使用最多的平面刮刀为密封垫刮刀,用于清除零件接合面上的旧垫子及密封胶等杂物。

提示 密封垫刮刀形状类似于錾子,但它的刀刃硬度高,可清除零件接合面上的垫子及密封胶等杂物,却不会损坏到零件的密封面。

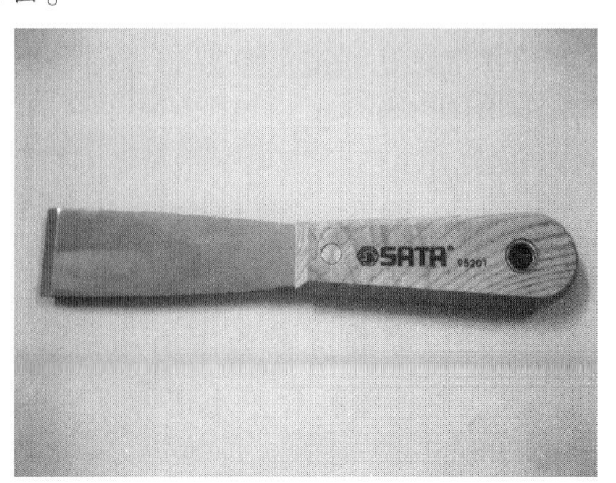

3 丝锥及板牙

丝锥是加工内螺纹的工具，汽车维修中最常用的为普通三角螺纹丝锥。根据所起作用以及结构不同，一套丝锥又分为头锥、二锥、三锥。

提示 其中 M6 ~ M24 的丝锥为 2 支一套，小于 M6 或大于 M24 的丝锥为 3 支一套。

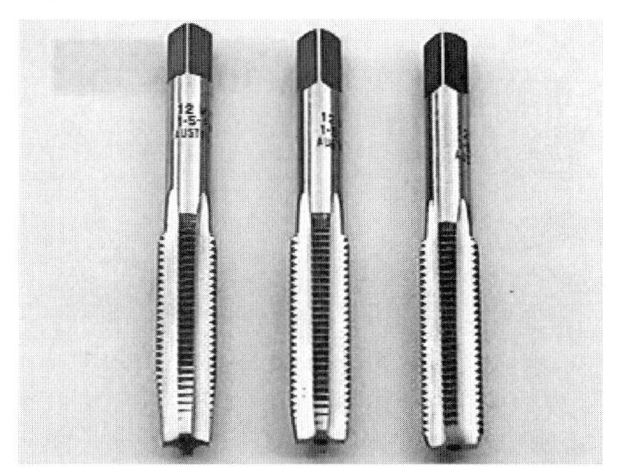

丝锥由切削部分和标准部分组成。切削部分端头成锥形，由几个刀齿起切削作用；标准部分具有完整的齿形，用于校准和修光切出螺纹，并引导丝锥沿轴向运动。丝锥有 3 ~4 条容屑槽，用以排屑。丝锥柄部有方头，用于攻丝时传递扭矩。

只有丝锥还不够，还需配套攻丝扳手，常用攻丝扳手是可调的，使用时转动调节手柄即可调节方孔大小，以便适应各种不同规格大小尺寸的丝锥。

攻丝时，首先使用头锥起攻，将头锥装夹于扳手方孔内，并要确保丝锥与被攻丝的工件表面垂直。

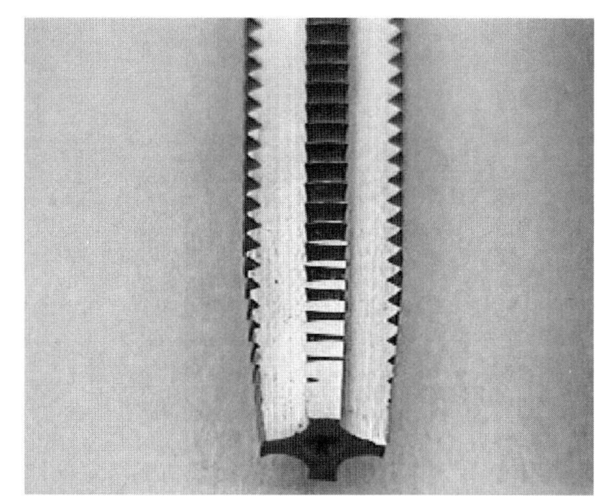

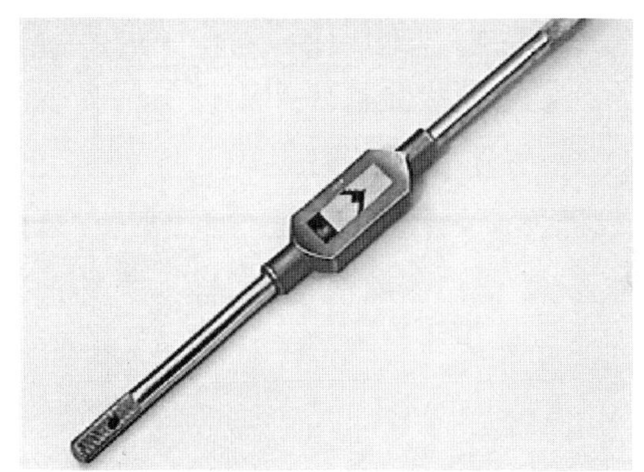

提示 攻丝时，必须按头锥、二锥、三锥顺序攻削至标准尺寸。

板牙是加工外螺纹的工具，汽车维修工作中最常用的为圆板牙和六角板牙。

提示 六角板牙主要用于修复损坏的螺纹，可直接用扳手加装在其头部。

圆板牙的结构由切削部分、中间部分、排屑孔部分组成。板牙两端 50°的锥角起切削作用，中间部分起校准、导向、修光作用。

外圆上有两个锥坑和一条 V 形槽，其中

锥坑主要用于将板牙夹在板牙架内，以传递扭矩。

板牙的正常工作还需要板牙架配合，常见的圆板牙安装在板牙架中间的圆孔内，并且周围还配有固定螺钉。

提示 无论套丝还是攻丝，当加工材料较硬时，要加切削液润滑，以减少摩擦，延长板牙或丝锥的使用寿命并提高加工精度。

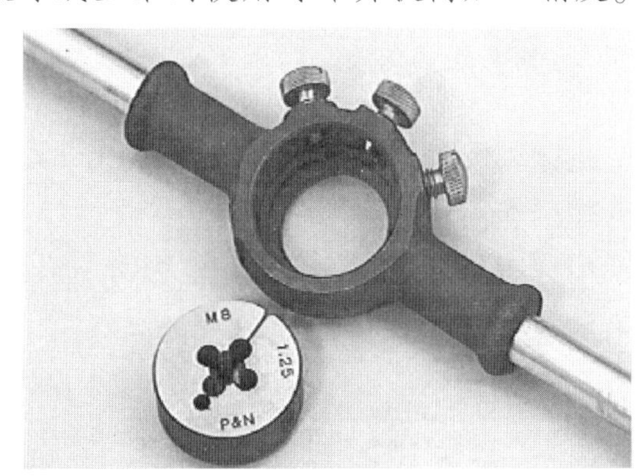

4 断螺栓取出器

如果螺钉螺栓折断在螺纹孔里，可使用断螺栓取出器将其取出。最常见的断螺栓取出器上有粗牙左旋螺纹。

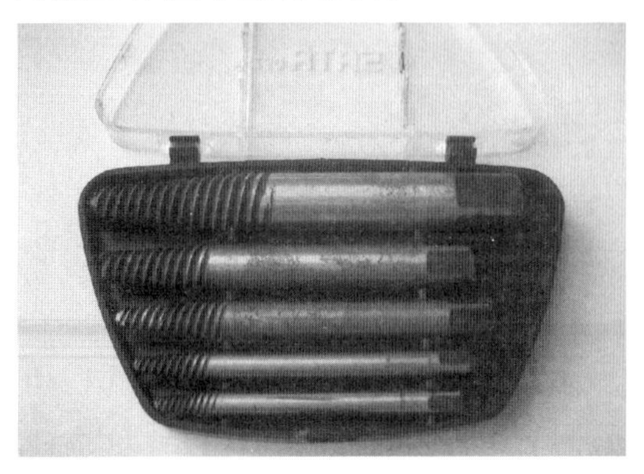

取断螺栓时，先在折断螺栓的中央钻一小孔，然后把断螺栓取出器旋入小孔中，左旋螺纹能紧咬住断螺栓。

提示 取出器上标有它能取出螺栓的尺寸，以及要钻孔的直径。

5 管子铆口器

管子铆口器也称管口锥形扩张工具，主要用于铆扩汽车汽油管（铜或铝制）两端的管口锥形面。

提示 常见的形状为单锥形口和双锥形口。

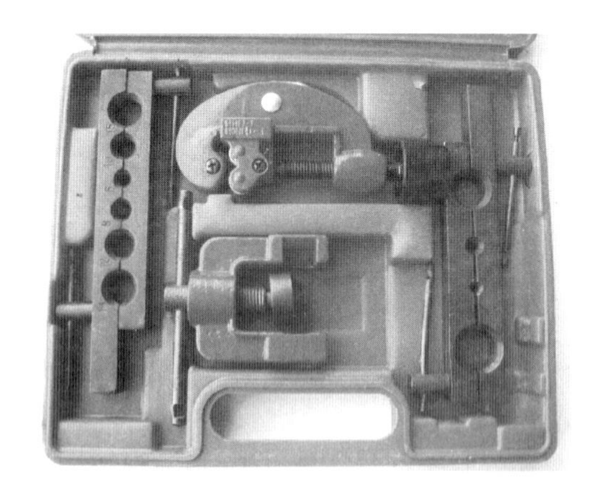

正确的使用方法如下：

(1)先将损坏的管端喇叭口割掉整平，或将新的管口端头整平。

(2)将待铆的管段头（紫铜）一端加热至暗红色，并及时插入冷水中软化处理。

(3)锉平待铆扩管端头，并套上油管或气管接头螺母。

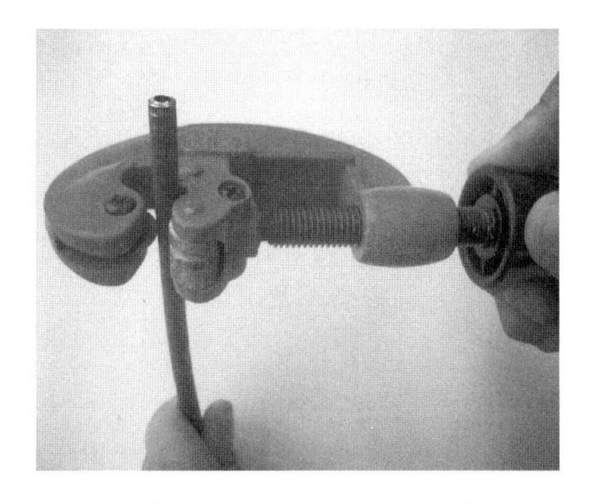

(4)用铆口器选择一个适合管外径的孔座将管夹紧,并使管端头露出孔座平面2～5mm。

(5)将锥形压具套在铆口器上,使圆锥头涂上机油,再对正管中心,顺时针旋转手柄,旋进半圈后再退回1/4圈,如此连续数次直至管口与夹具座斜面密合符合要求为止。

提示 操作时,一定要旋进半圈后再退回1/4圈,以免管端头破裂。

七 课后测试

1.选择题

(1)平面锉削时,左小臂与工件锉削面的(　　)方向保持基本平行。

A.左右

B.前后

C.上下

D.东西

(2)台虎钳是用来夹持工件的夹具,其规格用钳口的(　　)表示。

A.厚度

B.硬度

C.长度

D.平面度

(3)锯削管子和薄板时,必须使用(　　)锯条。

A.粗齿

B.中齿

C.细齿

D.无齿

(4)攻螺纹时,应先用(　　)进行攻制。

A.头锥

B.二锥

C.三锥

(5)断螺栓取出器的螺纹为(　　),只有这样才能紧咬住断螺栓。

A.右旋螺纹

B. 左旋螺纹

C. 圆形螺纹

D. 斜形螺纹

2. 判断题(对的打√,错的打×)

(1)新锉刀可以锉硬皮或淬火材料。 (　　)

(2)锯削时尽可能从窄面上锯下去。 (　　)

(3)铁锤可以直接锤击铝制汽缸盖,但锤击力度一定要轻。 (　　)

(4)锯条的安装应松紧适当,齿尖朝前。 (　　)

(5)取出销子时,无论样冲、销冲都可以,但一定要选择合适尺寸。 (　　)

项目三　常用测量工具的选用及使用

一　项目说明

在从事测定作业当中,应尽可能采用精密的测量仪器,但不论何种测量仪器在测量过程中总是会存在测定误差。而误差包括测量仪器的误差(制造和磨损产生的误差)以及测量者本身的误差(因测量者习惯以及视觉因素产生的误差)。

因此,测定时应该注意以下事项,方能保持测量仪器的精度。

(1)进行测量时,应使测量仪器温度和握持的方法保持在一定的测定状态。

(2)保持固定的测定动作。

(3)使用后应注意仪器的清理和维护,并存放在不受灰尘和气体污染的场所。

(4)要定期地检查仪器精度。

二　实训时间:共3课时

实训活动一:简单测量工具的选用及使用(1课时)。

实训活动二:千分尺的选用及使用(0.5课时)。

实训活动三:游标卡尺的选用及使用(0.5课时)。

实训活动四:百分表及量缸表的选用及使用(1课时)。

三　实训教学目标

(1)熟悉汽车维修中常用量具的名称、规格和工作原理;

(2)掌握汽车维修过程中常用量具的正确使用方法和读数方法;

(3)了解汽车维修中常用量具的维护和存放方法;

(4)培养良好的工作态度,坚持科技创新是第一动力。

四 教学器材

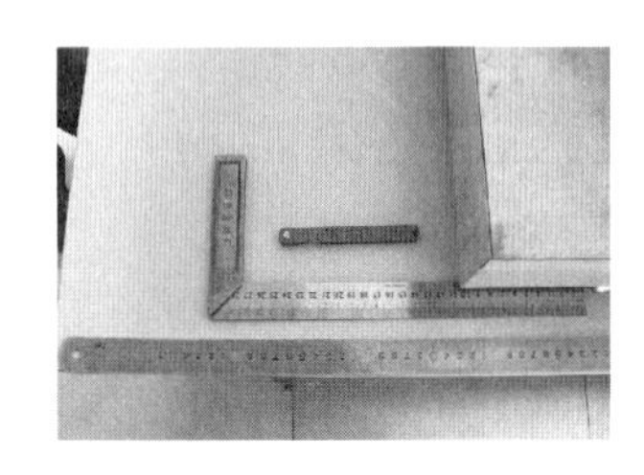
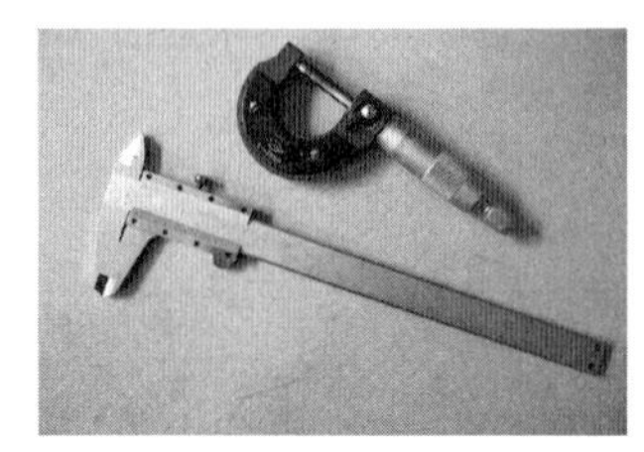
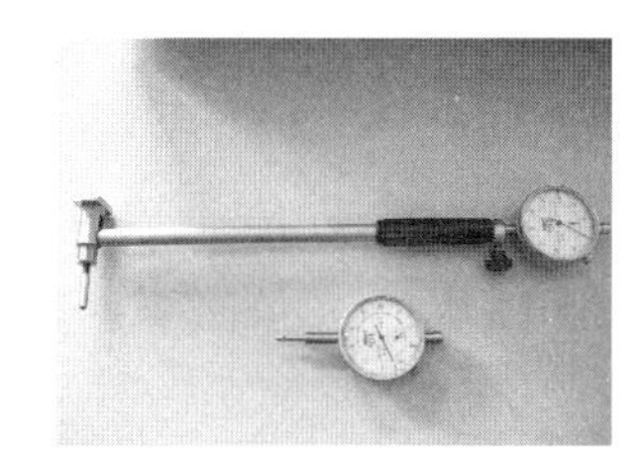

五 教学组织

1 教学组织形式

此实训教学项目为实训示范课，由实训教师或2～3名学生操作，其他学生观察学习。掌握各类工具的使用方法及注意事项后，再由学生分组操作，教师进行指导和答疑。

2 实训教学场地

实训现场应配套实训用工作台1个，待测量零件若干及配套测量工具。

3 实训教师职责

讲解各类量具的使用方法及注意事项，演示正确使用方法；指导部分学生进行操作练习，并纠正学生操作中的错误。

六 实训教学内容

汽缸筒的测量

实训活动一 简单测量工具的选用及使用

1 钢直尺

钢直尺是最基本的测量工具，它一般用于精度要求不高的测量，它是用薄钢板制成的尺子，可以直接测量出工件的尺寸。钢尺一般有钢直尺、钢卷尺等。

提示 在所有的测量工具中，钢直尺的精确度最差。

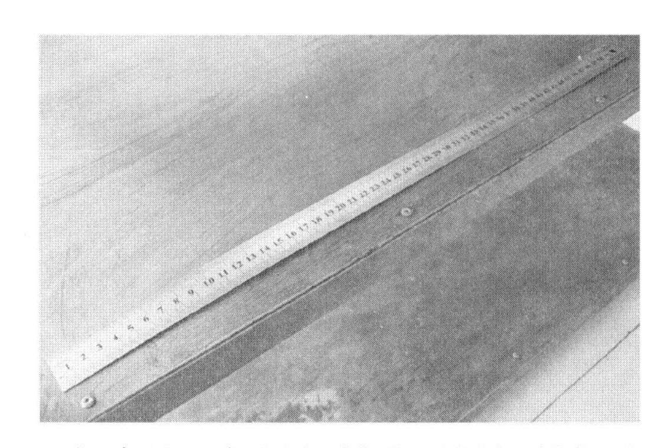

钢直尺一般用钢材或不锈钢材打造而成,长度分为150mm、200mm、300mm三种,最小刻度是0.5mm,汽修厂使用150mm和300mm这两种较多。

使用钢直尺时,要以端边的“0”刻线作为测量基准。这样,在测量时不仅容易找到测量基准,而且便于读数和计数。

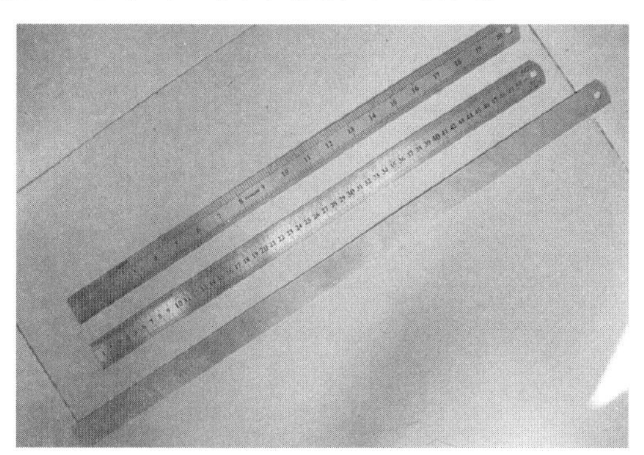

提示 为了稳妥,最好用拇指将钢直尺按住,使其贴靠在工件上,如下图所示。

测量时,钢直尺要放平、放正,刻度面朝上、朝外,不得前后、左右歪斜,否则,从尺上读得的数与被测得实际尺寸不相符。

提示 读数时,视线必须与尺面相垂直,以免读数产生误差;被测平面要平,否则测出的数也不是被测件的实际尺寸。

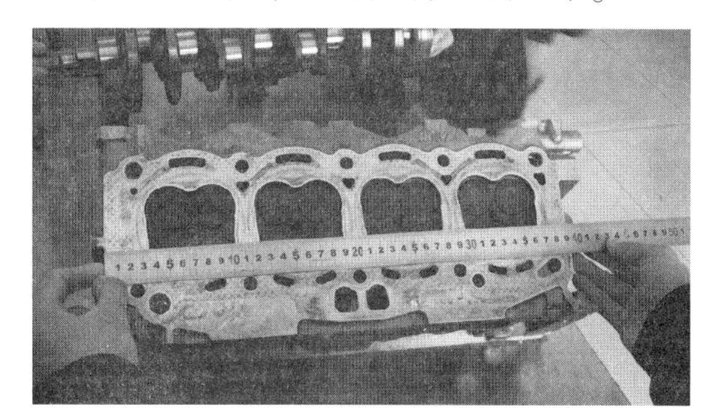

用钢直尺测量圆柱形的圆形截面直径时,钢直尺的端边要与被测面的边缘相切,然后左右摆动钢直尺,找出最大尺寸,即为所测圆形直径尺寸。

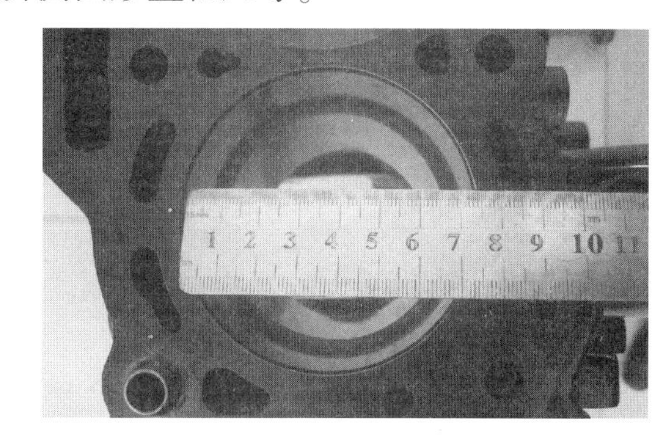

使用钢直尺前应先检查钢直尺各部位有无损伤,不允许有影响使用性能的外观缺陷,如碰弯、划痕、刻度断线或看不清刻度线等。

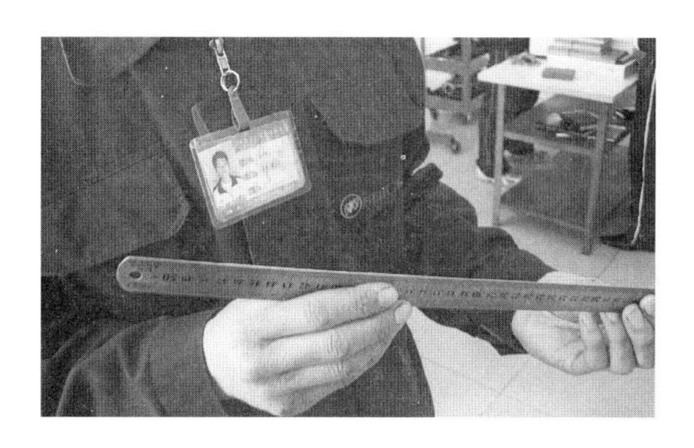

有悬挂孔的钢直尺,使用后必须用干净的棉丝擦干净,然后悬挂起来,使其自然下垂。如果没有悬挂孔,则将钢直尺擦净后平放在平板、平台或平尺上,防止其受压变形。如果较长时间不用,则应将钢直尺涂上防锈油。存放地点应选择温度低、湿度低的地点。

2 钢卷尺

一般来讲,钢卷尺的刻度单位与钢直尺刻度单位相同。

钢卷尺按其结构可分为自卷式卷尺和制动式卷尺两种。

钢卷尺由一条薄的富有弹性的钢带制成,其整条钢带上刻有长度标志。

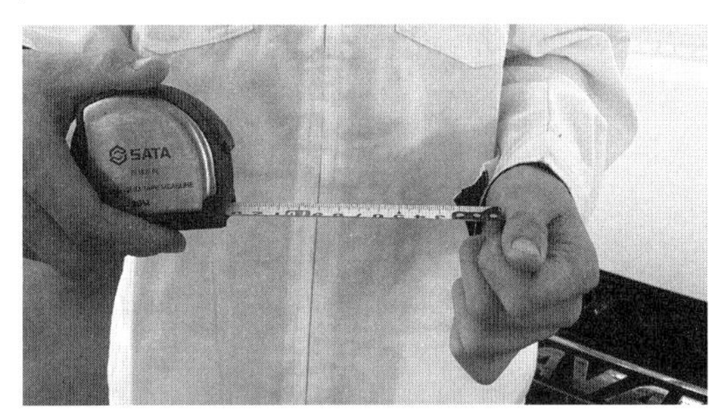

钢带两边最小刻度为毫米(mm),总长度有 2m、3m、5m、10m、15m 等类型。

钢卷尺通常用来测量长度超过 1m 的零部件。

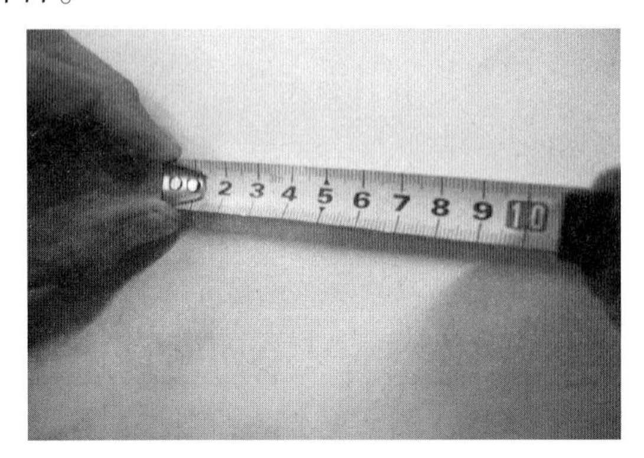

使用前,首先要检查卷尺的各个部位:对自卷式和制动式卷尺来说,拉出和收入卷尺时,应轻便、灵活、无卡住现象;制动时,卷尺的按钮装置应能有效地控制尺带收卷,不得有阻滞失灵现象。

尺带表面不得有锈迹和明显的斑点、划痕,线纹应十分清晰。尺带只能卷不能折。

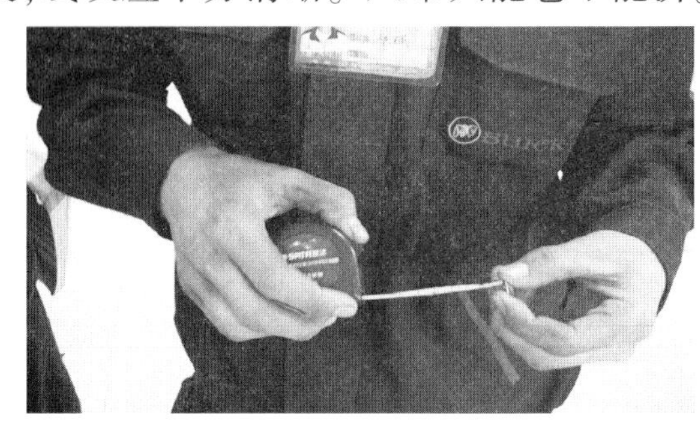

使用卷尺应以“0”点端为测量基准,这样便于读数。当以非“0”点端为基准测量物品时,要特别注意起始端的数字,不然在读数时易读错。

提示 使用卷尺和使用钢直尺一样,不得前后左右歪斜,而且要拉紧尺带后再进行测量。

使用自卷式或制动式卷尺时,拉出尺带不得用力过猛,而应徐徐拉出,用完后也应让它徐徐退回。对于制动式卷尺,应先按下制动按钮,然后徐徐拉出尺带,用完后按下制动按钮,尺带自动收卷。尺带自动收卷时,应防止尺带伤人。

3 直角尺

直角尺一般用来检查工件的内外角或直角度研磨加工核算,不论何种形式的直角尺都是由一个短边和一个长边构成,下图是在平面板上用直角尺进行气门弹簧的倾斜度测试。

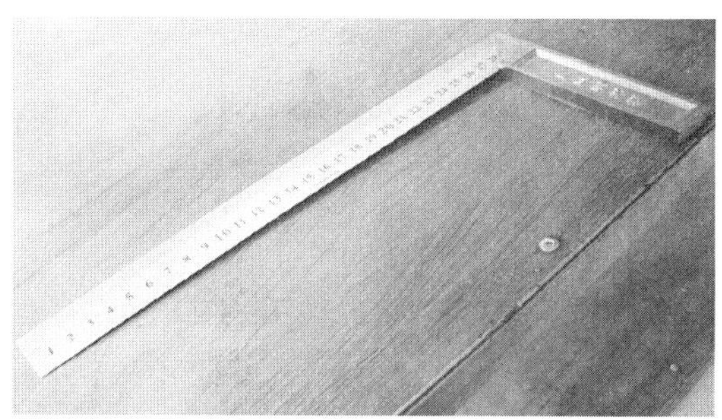

直角尺使用时,将尺座一面紧靠工件基准面,尺杆向工件另一面靠拢。

观看尺杆与工件贴合处,其透过光线是否均匀:透过光线均匀,工件两邻面垂直;透过光线不均匀,两邻面不垂直,即不成直角。

使用和维护直角尺的注意事项:注意避免在高温或潮湿的场所从事测量作业以及维护。由于钢制品容易生锈,在使用后一般应涂上一层凡士林或机油。

4 厚薄规

厚薄规又称塞尺或间隙片,是一组淬硬的钢条或刀片,这些淬硬钢条或刀片被研磨或滚压成为精确的厚度,它们通常都是成套供应。在汽车维修工作中主要用于测量气门间隙、触点间隙和一些接触面的平直度等。

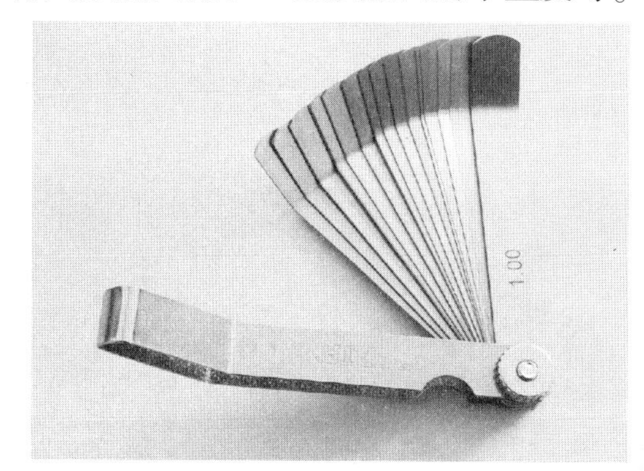

每条钢片标出了厚度(单位为 mm),它们可以单独使用,也可以将两片或多片组合在一起使用,以便获得所要求的厚度,最薄的一片可以达到0.02mm。常用塞尺长度有 50mm、100mm、200mm 三种。

使用塞尺测量时,应根据间隙的大小,先用较薄片试插,逐步加厚,可以一片或数片重叠在一起插入间隙内,插入深度应在20mm 左右。

例如,用0.2 mm 的塞尺片刚好能插入两工件的缝隙中,而0.3mm的塞尺片插不进,则说明两工件的接合间隙为0.2mm。

提示 使用前必须将钢片擦净,还应尽量减少重叠使用的片数,因为片数重叠过多会增加测量误差。

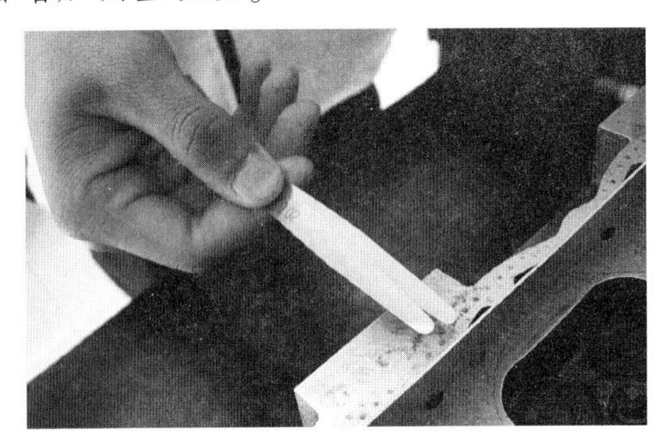

测量时,必须平整插入,松紧适度,所插入的钢片厚度即为间隙尺寸。严禁用大力将钢片强硬插入缝隙测量。

提示 插入时应特别注意前端,不要用力过猛,否则容易折损或弯曲塞尺。

当塞尺同一把直尺一起使用时,塞尺可用来检查零件的平直度,如汽缸盖的平直度。

由于塞尺很薄,容易弯曲或折断,所以测量时不能用力太大。测量时应在接合面的全长上多处检查,取其最大值,即为两接合面的最大间隙量。测量后及时将测量片合到夹板中去,以免损伤各金属薄片。

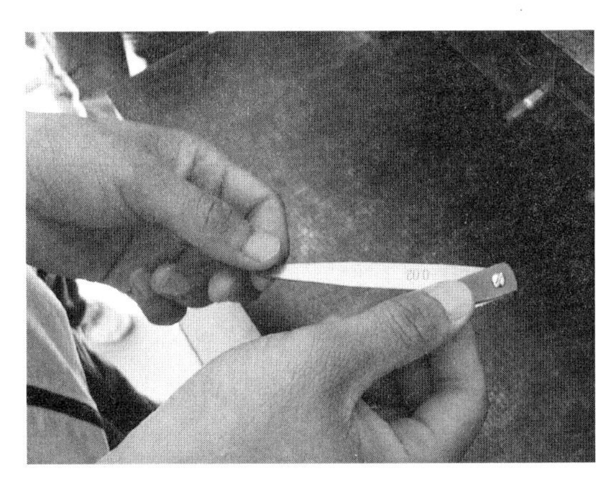

塞尺上不得有污垢、锈蚀及杂物;塞尺使用完毕后要将测量面擦拭干净,并涂油。

提示 已发现有折损或标示刻度已经模糊不清的塞尺应立即予以更新。

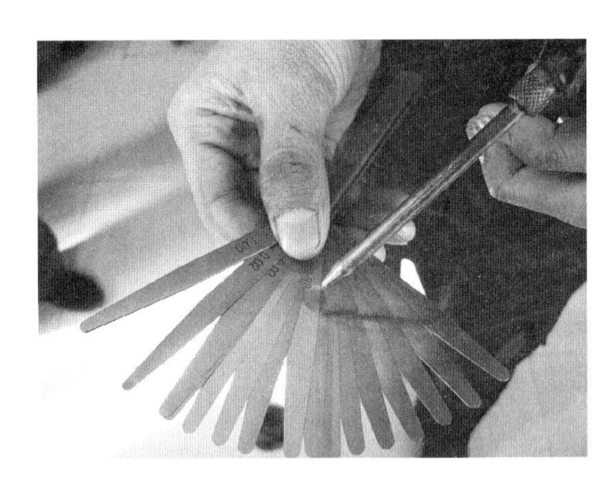

实训活动二 千分尺的选用及使用

1 概述

千分尺也称为螺旋测微器,它是利用螺纹节距来测量长度的精密测量仪器,是一种用于测量加工精度要求较高的零部件,汽车维修工作中一般使用可以测至1/100mm的千分尺,其测量精度可达到0.01mm。

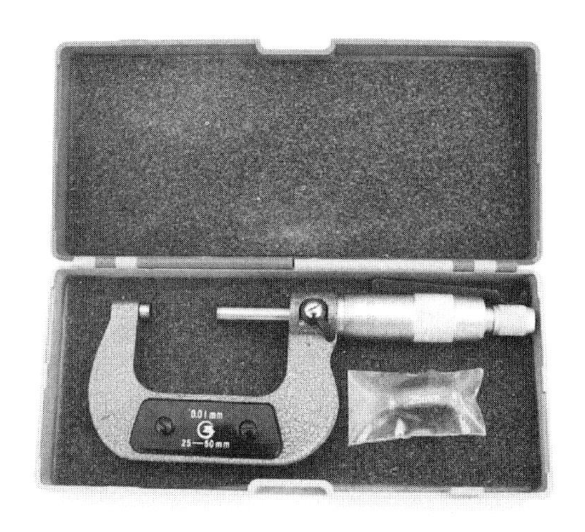

外径千分尺是用于外径宽度测量的千分尺，测量范围一般为0～25mm。

根据所测零部件外径粗细，可选用测量范围为0～25mm、25～50mm、50～75mm、75～100mm等多种规格的千分尺。

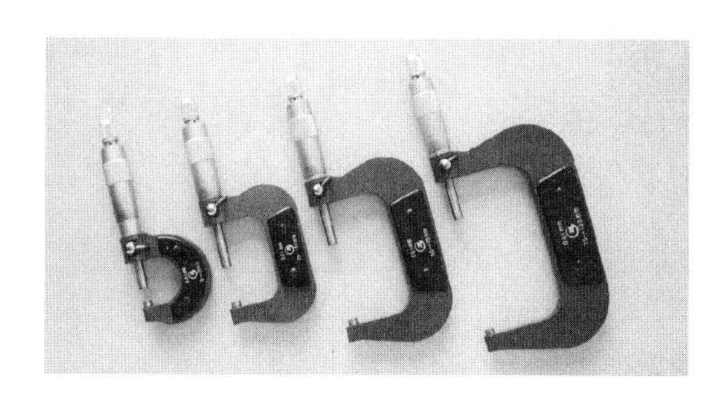

外径千分尺的构造如下图所示，主要由测砧、测微螺杆、尺架、固定套筒、套管、棘轮旋钮及锁紧装置等部件组成。

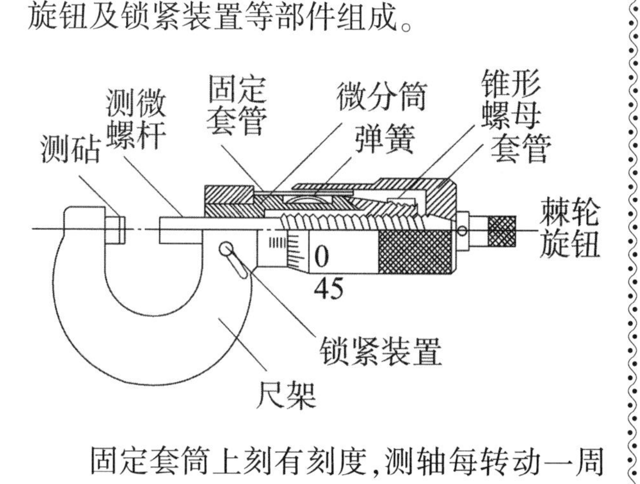

固定套筒上刻有刻度，测轴每转动一周即可沿轴方向前进或后退0.5mm。

活动套管的外圆上刻有50等份的刻度，在读数时每等份为0.01mm。

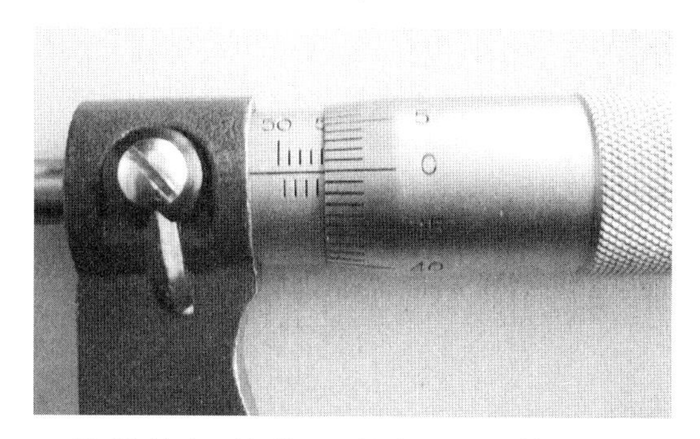

棘轮旋钮的作用是保证测轴的测定压力，当测定压力达到一定值时，限荷棘轮即会空转。如果测定压力不固定则无法测得正确尺寸。

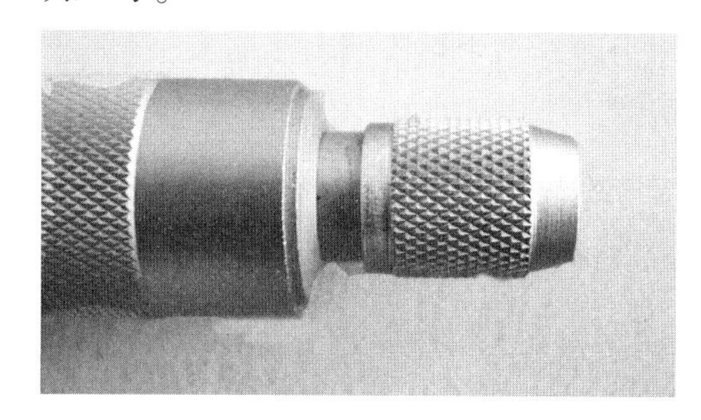

2 外径千分尺的读数

套筒刻度可以精确到0.5mm(可以读至0.5mm)，由此以下的刻度则要根据套筒基准线和套管刻度的对齐线来读取读数。

如下图所示，套筒上的读数为55mm，套管上的0.01mm的刻度线对齐基准线，因此读数是：

$$55\text{mm} + 0.01\text{mm} = 55.01\text{mm}$$

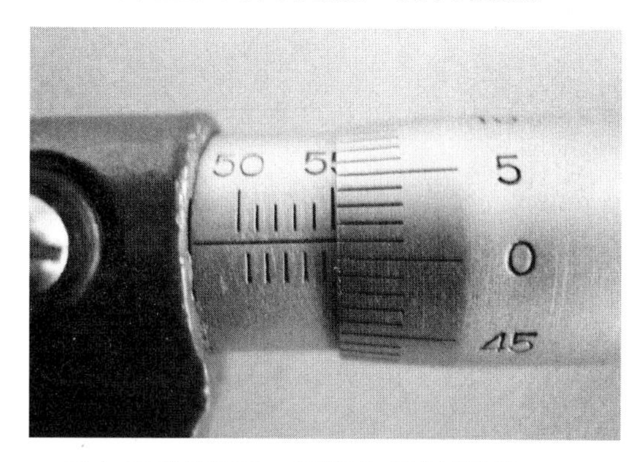

又如下图所示，套筒上的读数为55.5mm，套管上的0.45mm的刻度线对齐基准线，因此读数是：

55.5mm + 0.45mm = 55.95mm

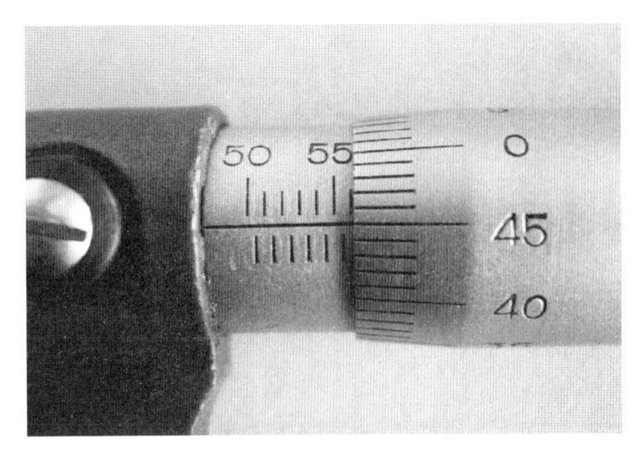

提示 为便于读取套筒上的读数，基准线的上下两方各刻有刻度。

千分尺属于精密的测量仪器，在测量时应注意以下事项：

(1)使用前确保零点校正，若有误差请用调整扳手调整或由测定值减去误差。

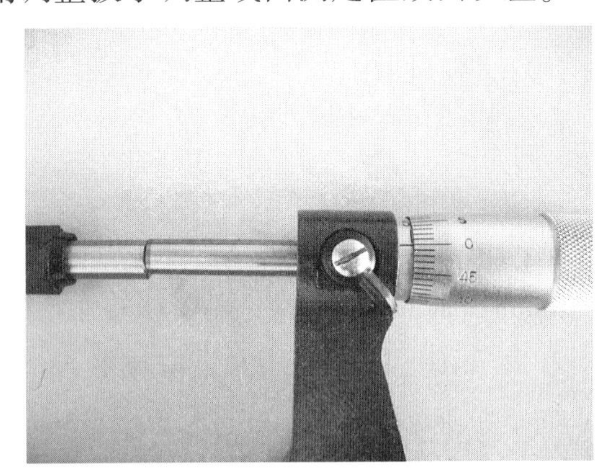

(2)被测部位及千分尺必须保持清洁，若有油污或灰尘须立即擦拭干净。

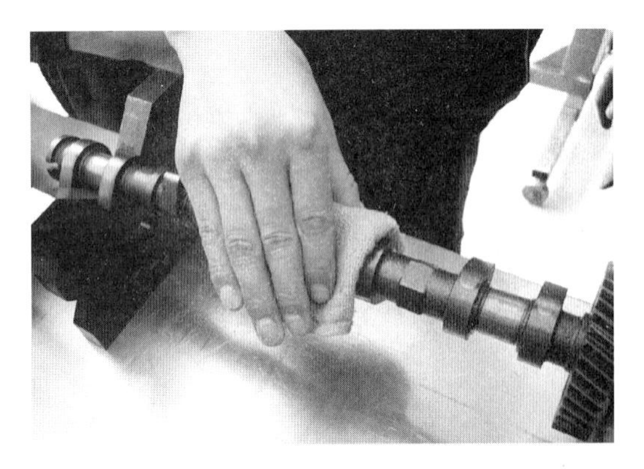

(3)测量时，请将被测面轻轻顶住砧子，转动限荷棘轮及套筒使测轴前进。

提示 不能直接转动活动套管。

(4)测定时，尽可能握住千分尺的弓架部分，同时要注意不可碰及砧子。

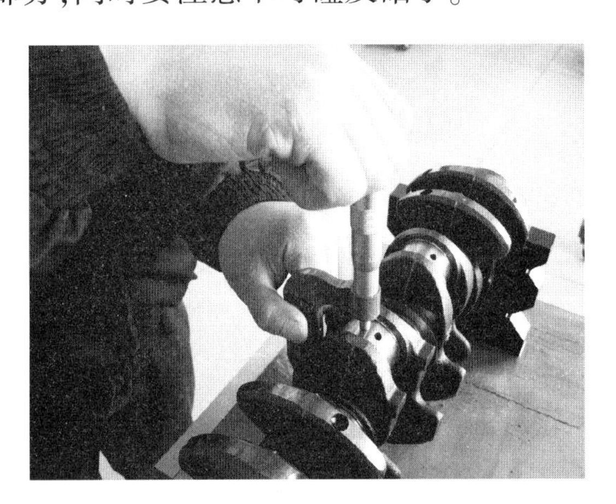

(5)旋转后端限荷棘轮，使两个砧端夹住被测部件，然后再旋转限荷棘轮一圈左右，当听到发出两三响“咔咔”声后，就会产生适当的测定压力。

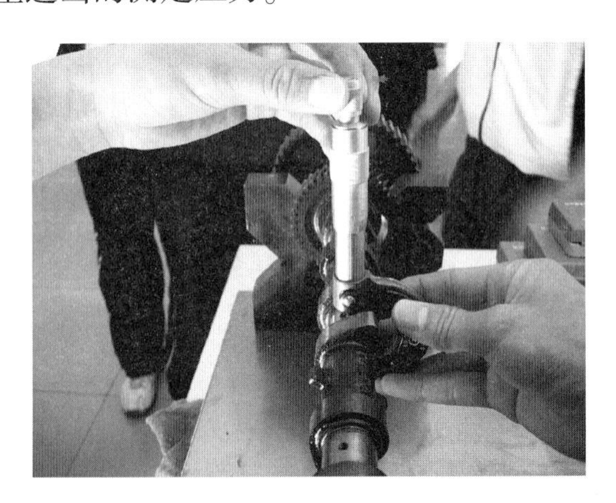

(6)为防止因视差而产生误读，最好让眼睛视线与基准线成直角后再读取读数。

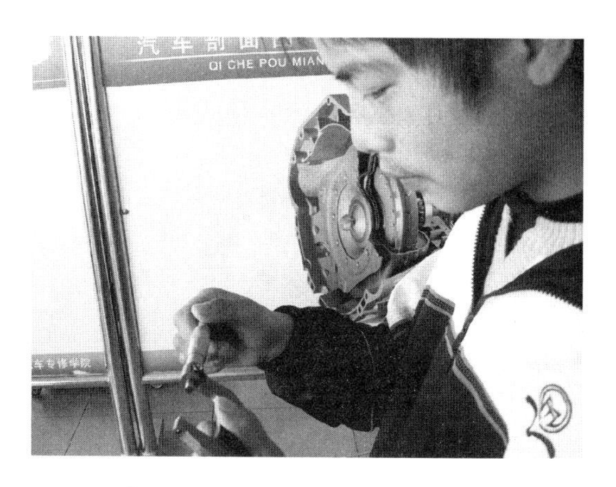

(7)当测量活塞、曲轴轴径之类的圆周直径时,必须保证测轴轴线与最大轴径保持一致(即测试处为轴径最大处)。若从横向来看,测轴应与检测部件中心线垂直,只有这样才能保证测试数据正确无误。

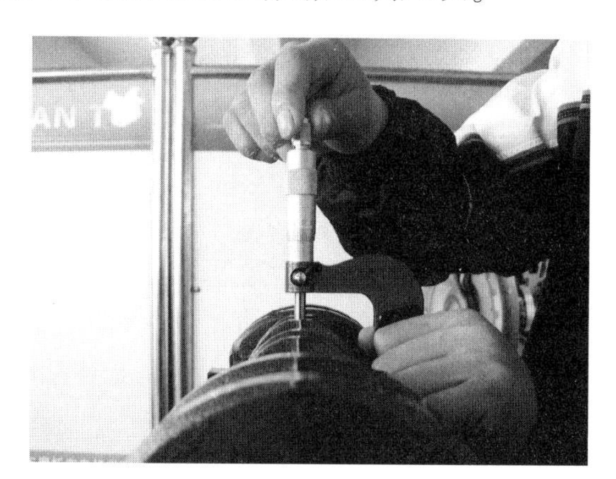

测量器的零点校正应按下列程序操作:

(1)仔细清理测定面后,将标准量规夹在测轴和砧子之间,慢慢转动限荷棘轮,当棘轮转动一圈半并发出2~3次"咔咔"声后,即能产生正确的测定压力,检视指示值。

提示 0~25mm量程的千分尺可直接校零。

(2)活动套管前端面应在固定套筒的"0"刻线位置,且活动套管上的"0"刻线要与固定套筒的基准线对齐。若两者中有一个"0"刻线不能对齐,则该千分尺有误差,应检查调整后才能继续测量。

(3)根据以上方法进行校正后,如果零点有偏差,应先检查测定面接触状况是否良好,然后再根据误差的大小进行调整。

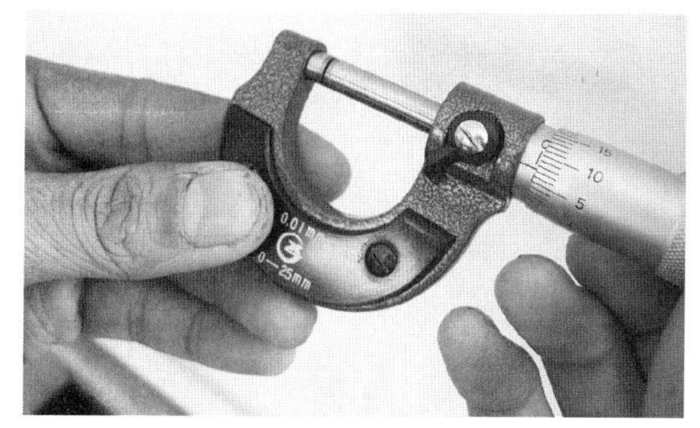

(4)当误差在0.02mm以下时,把调整扳手的前端插入固定套筒内,转动套筒使活动套管的"0"刻线和套筒上的基准线对齐,经几次调整后,再进行零点检查,若还有偏差则根据上述方法再次调整。

提示 当误差在0.02mm以上时,如只调整套筒,则会因套筒基准线的移动导致不易读取刻度。

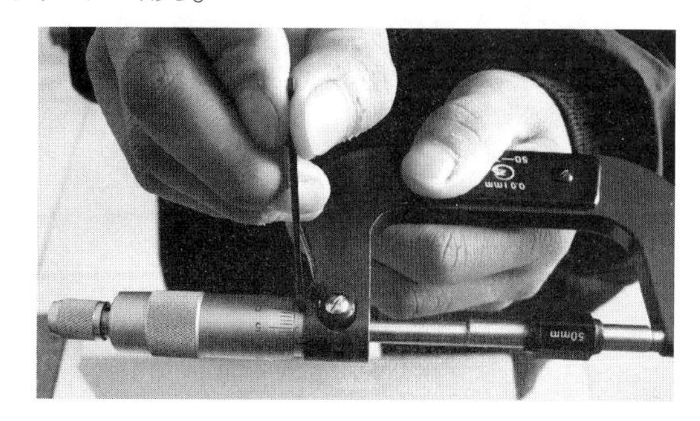

当误差在0.02mm以上时的调整步骤如下。

(1)如下图所示,使用调整扳手紧固活动套管和测轴。

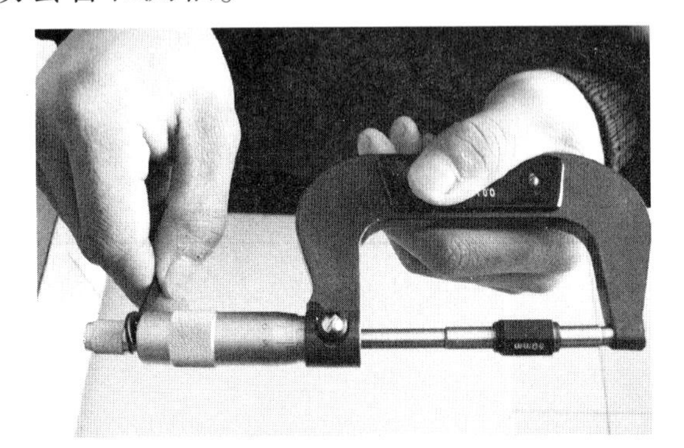

(2)松解棘轮螺钉,转动套管大致调整零点的偏差在0.02mm以下后,紧固棘轮螺钉。

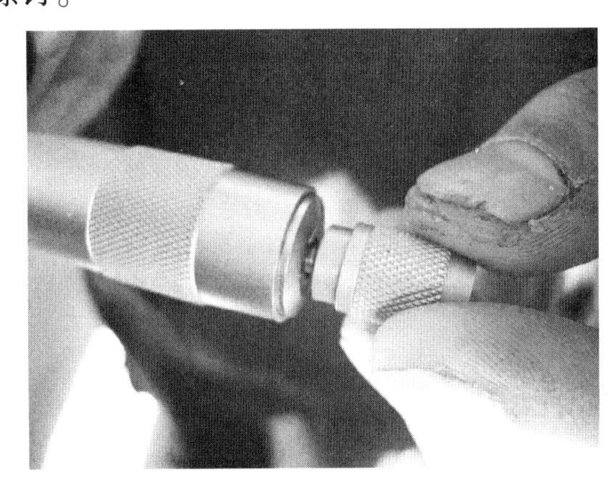

(3)再次进行零点校正,确定误差在0.02mm以下后,再按前项利用固定套筒进行微调。

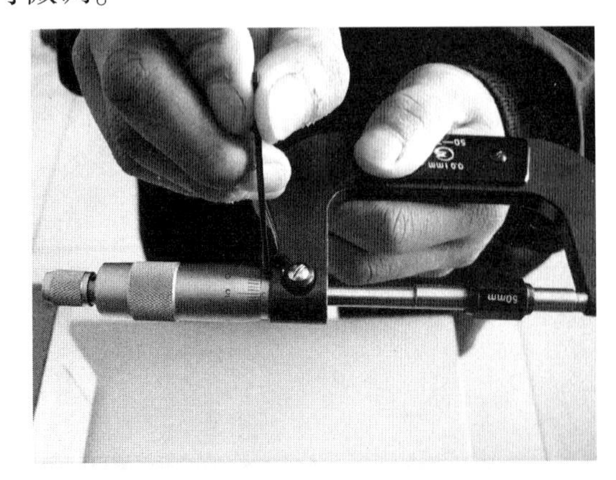

3 外径千分尺的使用及维护注意事项

使用时应避免掉落地面或遭受撞击,如果不小心落地,应立刻检查并作适当处理。

请不要放置在污垢或灰尘很多的地点,并且要在使用后将测砧和测轴的测定面分离后再放置。

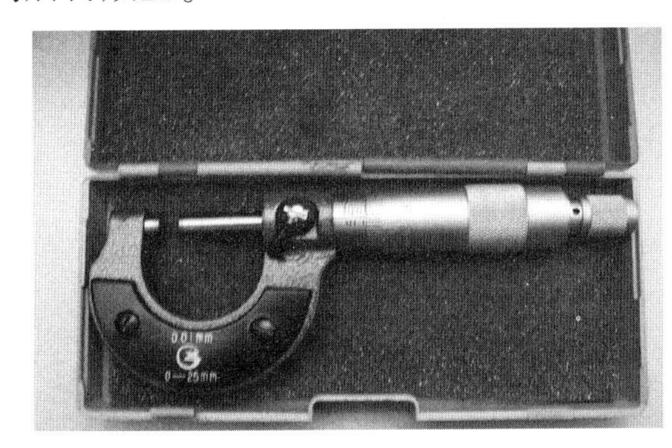

为防止生锈,使用后须立即擦拭并涂上一层防锈油。保存时应先放置于储存盒内,再置于湿度低、无振动的地方保存。

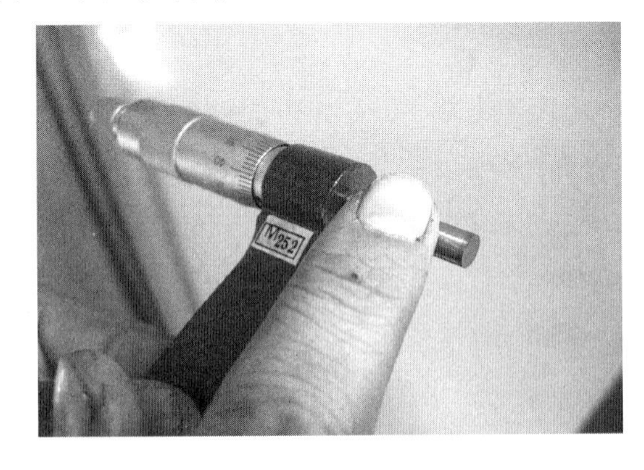

实训活动三 游标卡尺的选用及使用

1 概述

游标卡尺又称为四用游标卡尺,简称卡

尺，是由刻度尺和卡尺制造而成的精密测量仪器，能够正确且简单地从事长度、外径、内径及深度的测量。在汽车维修工作中，0.02mm 精度的游标卡尺使用最多。

游标卡尺根据最小刻度的不同分为 0.05mm和 0.02mm 两种。

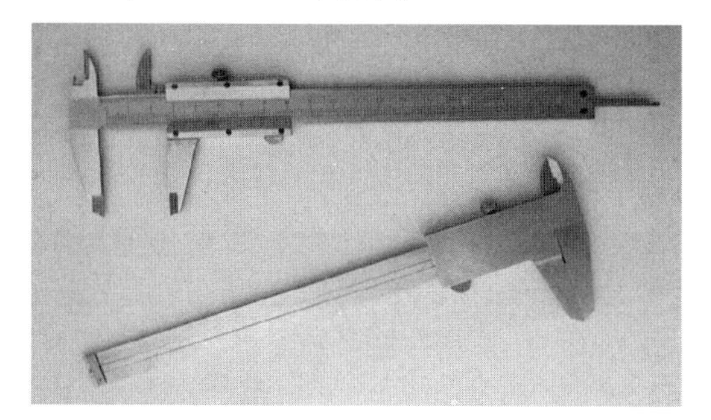

提示 若游标卡尺上有 50 个刻度，每刻度表示 0.02mm；若游标尺上有 20 个刻度，每刻度表示 0.05mm。

有些游标卡尺使用电子读数显示小数部分，这种标尺的测量精度可达到 0.005mm 或 0.001mm。

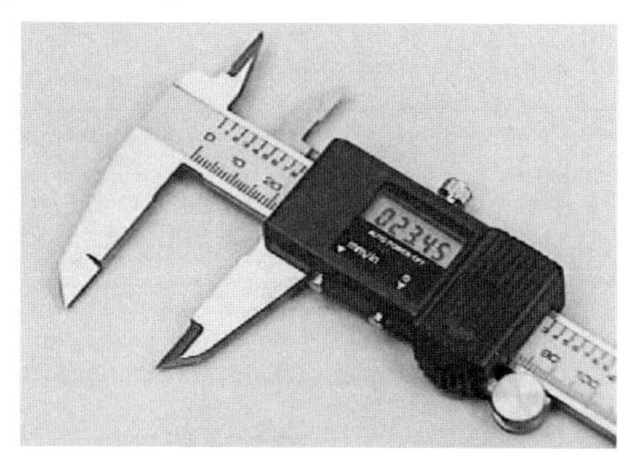

还有一些游标卡尺是专门用来测量内径的，如汽车制动鼓的测量等，其量爪结构如下图所示，这种游标卡尺的好处是不受被测物体内径边缘凸起的影响。

游标卡尺的测量范围一般是 0 ~ 150mm，应根据所测零部件的精度要求选用合适规格的游标卡尺。

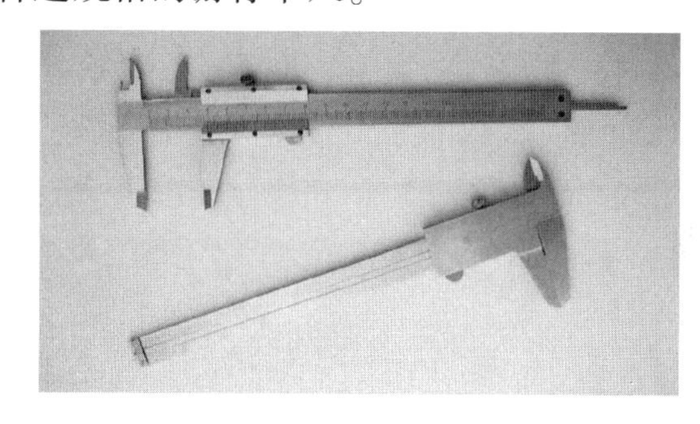

游标卡尺的主要部分由一个带有刻度杆的固定量爪和一个滑动量爪（包括外量爪和内量爪）组成。尺身上刻有主刻度线，滑动爪上刻有游标刻度。

提示 游标刻度是将 49mm 平均分为 50 等份。

主刻度尺是以毫米来划分刻度的，将 1cm 平均分为 10 个刻度，在厘米刻度线上标有数字 1、2、3 等，表示为 1cm、2cm、3cm 等。

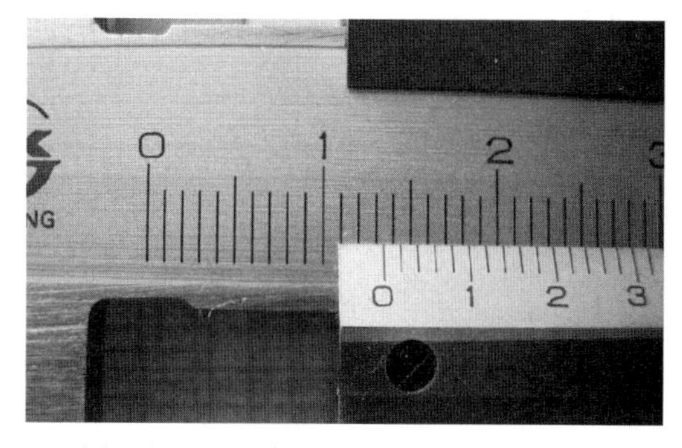

游标卡尺主刻度尺和游标刻度尺每个刻度差是 0.02mm，这就是此游标刻度尺的

测量精度。

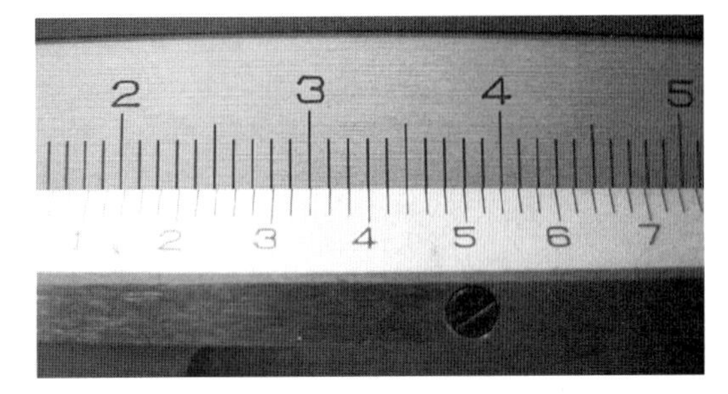

提示 主刻度尺每个刻度为1mm,游标刻度尺每个刻度为49mm ÷ 50 = 0.98mm,所以主刻度尺和游标刻度尺每一刻度尺差为0.02mm 。

读数时,首先读出游标零线左边与主刻度尺身相邻的第一条刻线的整毫米数,即测得尺寸的整数值,如下图所示,读数为13.00mm。

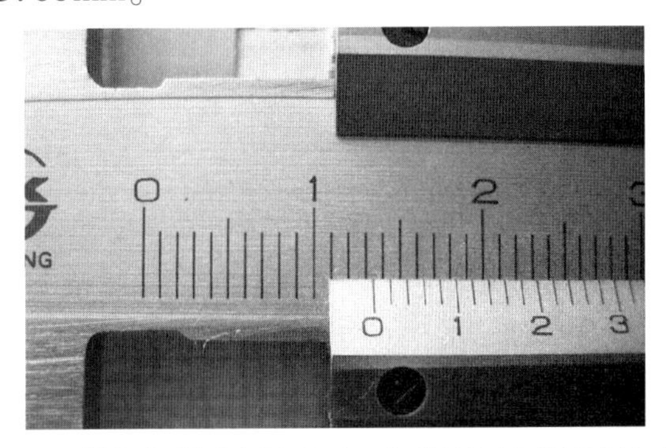

再读出游标尺上与主刻度尺刻度线对齐的那一条刻度线所表示的数值,即为测量值的小数,如下图所示为0.44mm。

把从尺身上读得的整毫米数和从游标尺上读得的毫米小数加起来即为测得的实际尺寸。

$$13 + (0.02 \times 22) = 13 + 0.44 = 13.44(\mathrm{mm})$$

提示 22为游标刻度尺的从左边数共22个格。

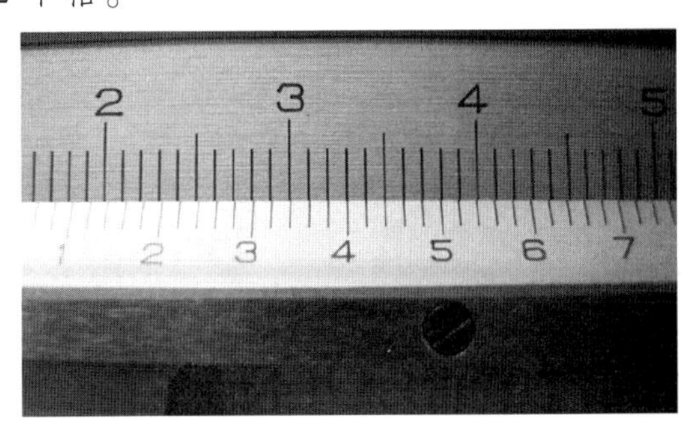

2 游标卡尺的使用

1)使用前的检查

使用游标卡尺时,先应依照下列事项逐一检查。

(1)测定量爪的密合状态:主、副尺的量爪必须完全密合。内径测定用量爪在密合状态下,能够看到少许光线表示密合良好;反之,如果穿透光线很多,则表示量爪密合不佳。

(2)零点校正:当量爪密切接合后,主副尺零点必须相互一致才是正确的。

(3)游标的移动状况:游标必须能够在主尺上轻轻地移动而不会发出声音才行。

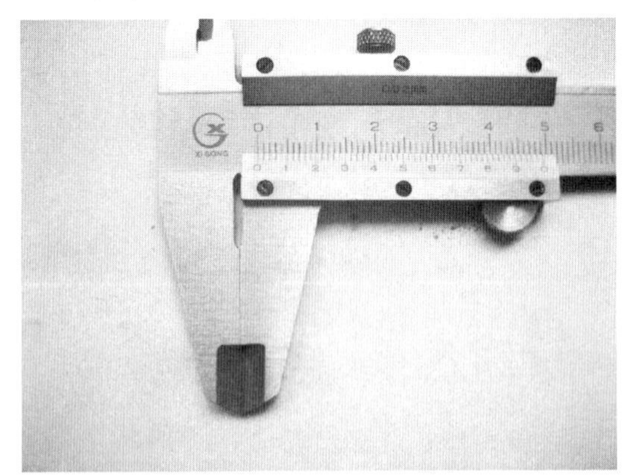

2)测量操作

在从事测量作业之前,必须事先清理测量零件及游标尺。在测量外径时,需要将零件深夹在量爪中,如下图所示,然后用右手拇指轻压游标卡尺,同时使测定工件和游标卡尺保持垂直状态。

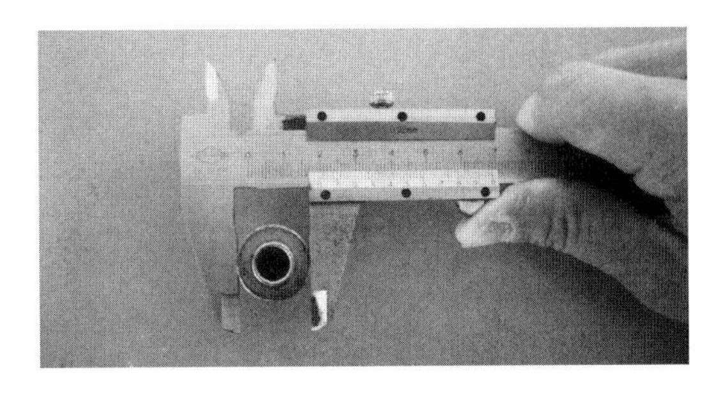

内径尺寸的测量按下图测定，首先是用拇指轻轻拉开副尺，并使主尺量爪与测定物件保持正确的接触，上下晃动，由指示的最大尺寸读取读数。

此外，用游标卡尺还可以测量汽车零部件的深度。

3 游标卡尺的维护注意事项

游标卡尺是一种精密的测量工具，要获得很好的精度应小心轻放和妥善保存。

测量前，应将游标卡尺清理干净，并将两量爪合并，检查游标卡尺的精度情况。在使用之后，应清除灰尘和杂物。读数时，要正对游标刻度，看准对齐的刻线，目光不能斜视，以减小读数误差。

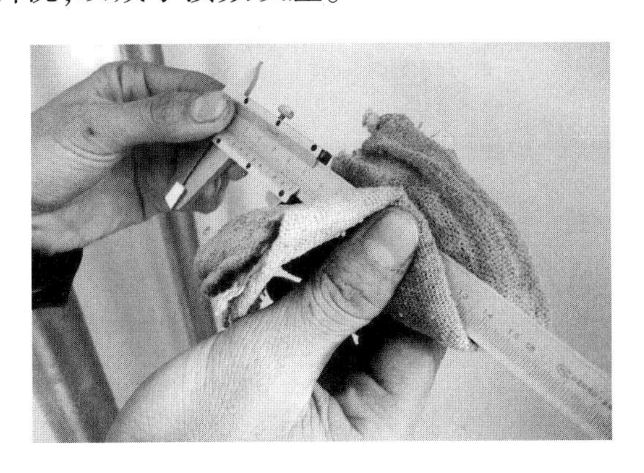

游标卡尺用完后，应清除污垢并涂上防锈油，将其放回盒子里并放在不受冲击及不易掉下的地方保存。

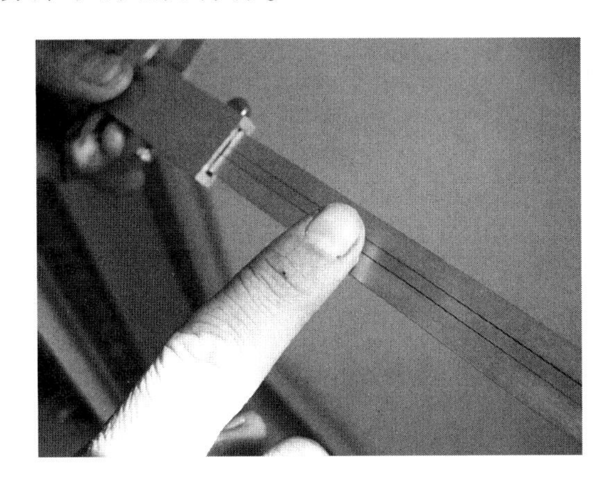

实训活动四 百分表及量缸表的选用及使用

1 百分表

汽缸盖的测量

百分表利用指针和刻度将心轴移动量放大来表示测量尺寸，主要用于测量工件的尺寸误差以及配合间隙。

提示 一般汽车修理厂是采用最小刻度为1/100mm的百分表的居多。同时百分表可以和夹具配合使用。

1）百分表的种类

百分表的测量头包括4种类型。

（1）长型，适合在有限空间中使用。

（2）辊子型，用于轮胎的凸面/凹面测量。

(3)杠杆型,用于测量不能直接接触的部件。

(4)平板型,用于测量活塞凸出部分等。

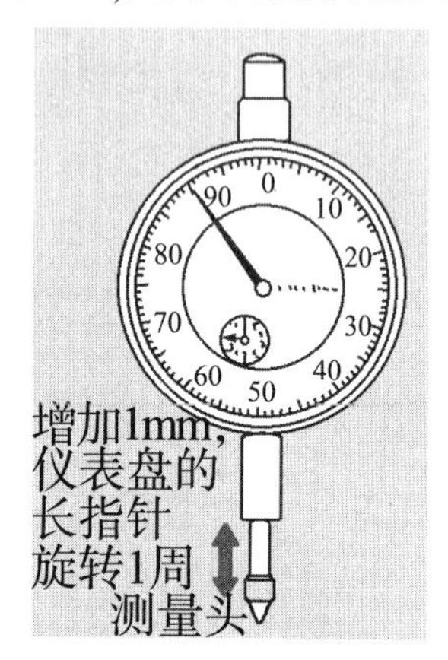

测量头的类型

长型　辊子型

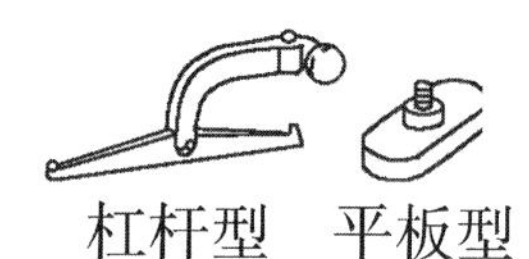

杠杆型　平板型

2)百分表的结构

百分表主要是由尺条和小齿轮装配而成的,其工作原理是:利用尺条和小齿轮将心轴的移动量放大,再由指针的转动来读取测定数值。下图为百分表的内部结构及原理示意图。

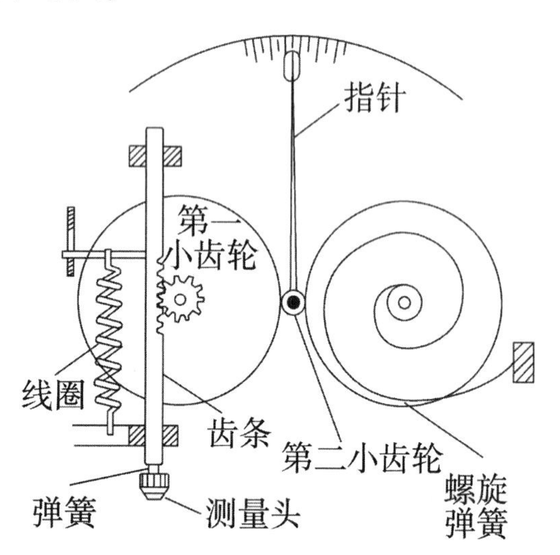

测量头和心轴的移动带动第一小齿轮转动,再利用同轴上的作动齿轮传递给第二小齿轮转动,于是装置在第二小齿轮上的指针即能放大心轴的移动量显示在刻度盘上。而由于长针每一个回转相当于1mm的移动量,将刻度盘分刻100等份,所以测定的移动量可精确到1/100mm。

3)百分表的读数

百分表表盘刻度分为100格,当量头每移动0.01mm时,大指针偏转1格;当量头每移动1.0mm时,大指针偏转1周。小指针偏转1格相当于1mm。

提示 百分表的表盘是可以转动的。

4)百分表的使用

百分表要装设在支座上才能使用,在支座内部设有磁铁,旋转支座上的旋钮使表座吸附在工具台上,因而又称磁性表座。此外,百分表还可以和夹具、V形槽、检测平板和顶心台合并使用,从事弯曲、振动及平面状态的测定或检查。

(1)曲轴圆跳动量测定:下图是利用百分表进行曲轴弯曲度测定的情形。先将曲轴的两端支撑在检测平板上的V形槽中,然后将百分表固定在磁性支架上,调整百分表测量头使其顶住中央的轴颈部,接着慢慢地转动曲轴,如果曲轴有微小的弯曲,百分表就会将它放大在刻度盘上显示出来,即可看见指针转动。

提示 测定时要注意的一点是,百分表的测量头顶住测定物时要保持垂直,并有一定的预压力,否则无法正确测定。

如果百分表的测量头部分及V形槽支撑部分有部分磨耗时,得到的测定值是不准确的,一定要注意这一点。

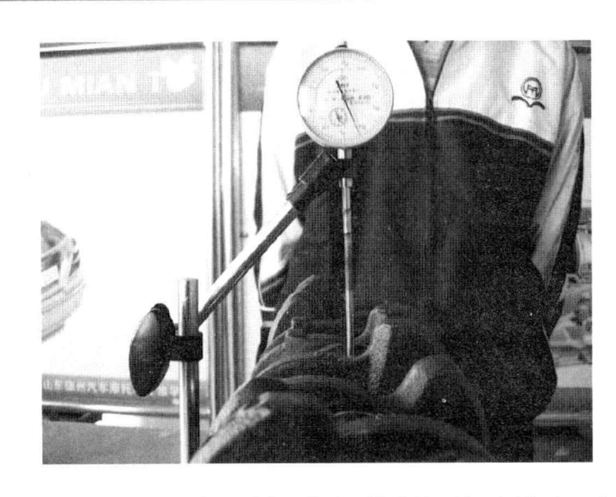

(2)平面与平行度的检测:虽然汽缸盖、制动后挡板的变形可以用直尺来测定,但若使用百分表来测定,则能更准确地求得各部位的尺寸差。

下图所示为制动后挡板在检测平板上进行变形检查的情形。测定时以装置面为基准面,由检测平板上各观测点所观测的数值即能发现各部位高低差,当然亦可了解变形的情形。

5)百分表的使用维护注意事项

使用百分表时要注意以下两点。

(1)百分表内部构造和钟表相类似,应避免摔落或遭受强烈撞击。

(2)心轴上不可涂抹机油或油脂。如果心轴上沾有油污或灰尘而导致心轴无法平滑移动时,请使百分表保持垂直状态,再将套筒浸泡在品质极佳的汽油内浸至中央部位,来回移动数次后再用干净的抹布擦拭,即能恢复至原来平滑的情况。

6)百分表的保存

(1)为防止生锈,使用后立即擦拭并涂上一层防锈油。

(2)定期检查百分表的精密度。

(3)收藏时先将百分表放在工具盒内,再放置在湿度低、无振动的库房内。

2 量缸表

量缸表也叫内径百分表,是利用百分表制成的测量仪器,也是用于测量孔径的比较性测量工具。在汽车维修中,量缸表通常用于测量汽缸的磨耗量及内径。

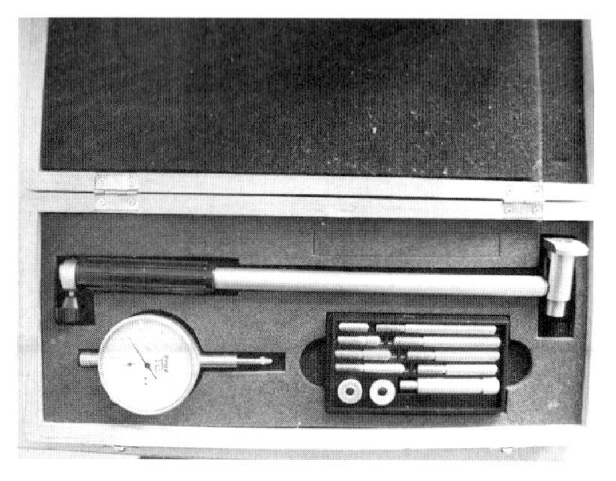

1)量缸表的结构

量缸表主要包括百分表、表杆、替换杆件和替换杆件紧固螺钉等。

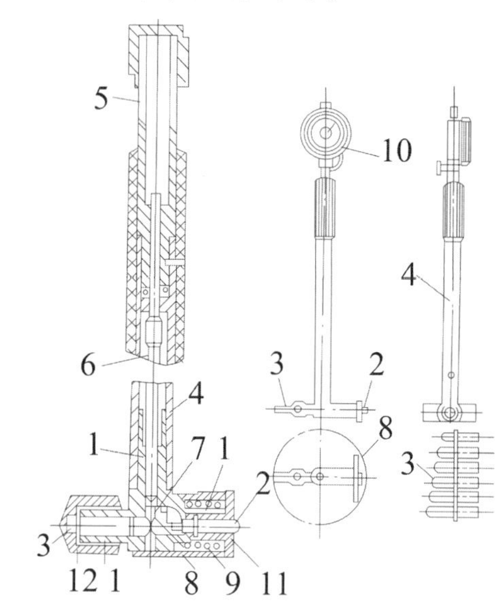

1-三通管;2-活动量杆;3-固定量杆;4-表管;5-插口;6-活动杆;7-杠杆;8-活动套;9-弹簧;10-百分表;11、12-锁紧螺母

2)量缸表的使用

使用游标卡尺测量缸径后获得基本尺寸,利用这些长度作为选择合适杆件的参考。

量缸表需要经过装配才能使用。首先根据所测缸径的基本尺寸选用合适的替换杆件和调整垫圈,使量杆长度比缸径大0.5~1mm。

提示 替换杆件和垫圈都标有尺寸,根据缸径尺寸可任意组合。

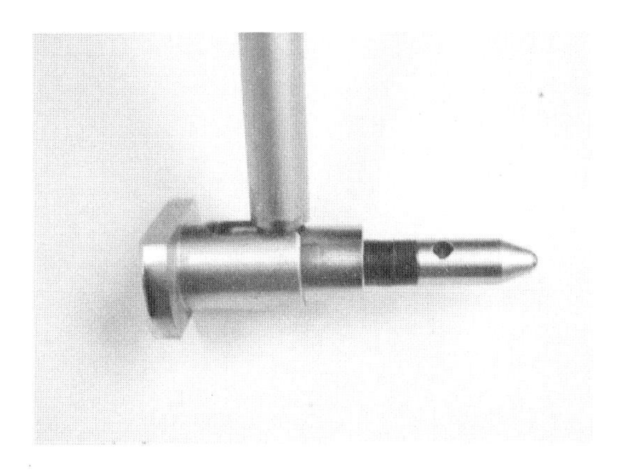

量缸表的杆件除垫片调整式，还有螺旋杆调整式。无论哪种类型，只要将杆件的总长度调整至比所测缸径大0.5～1mm即可。

将百分表插入表杆上部，预先压紧0.5～1mm后固定。

提示 为了便于读数，百分表表盘方向应与接杆方向平行或垂直。

将外径千分尺调至所测缸径尺寸，并将千分尺固定在专用固定夹上，对量缸表进行校零。

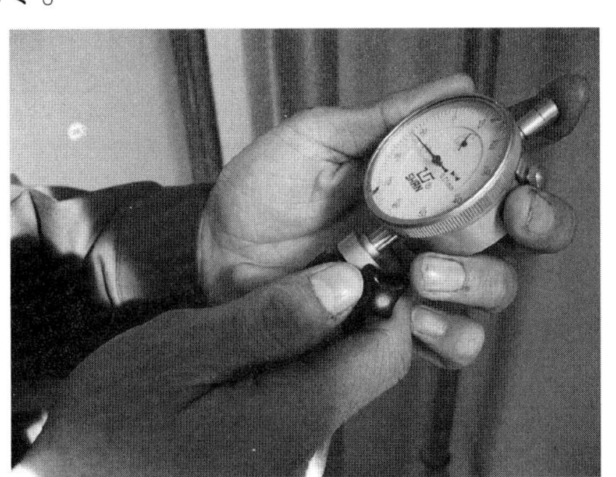

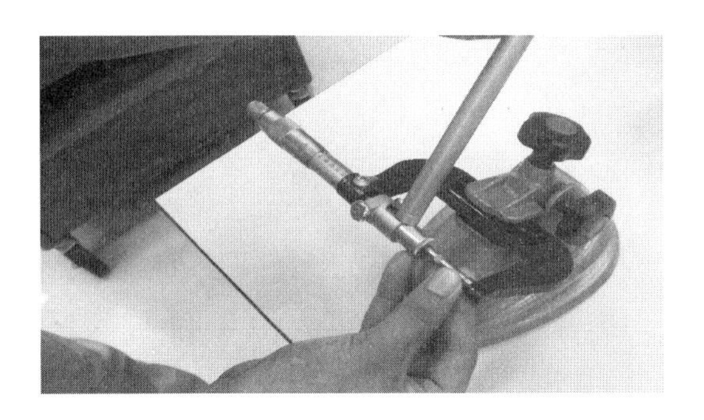

当大表针逆时针转动到最大值时，旋转百分表表盘使表盘上的零刻度线与其对齐。

3)缸径测量

(1)慢慢地将导向板端(活动端)倾斜，使其先进入汽缸内，而后再使替换杆件端进入。

提示 导向板的两个支脚要和汽缸壁紧密配合。

(2)在测定位置维持导向板不动，而使替换杆件的前端做上下移动并观测指针的移动量，当量缸表的读数最小且量缸表和汽缸成完全的直角位置关系时，再读取数据。

提示 读数最小即表针顺时针转至最大,在测量位置方面需参考维修手册。

3 卡规

在测量内径很小的配件时,如气门导管等部位,就需要另一种类似于量缸表的量具——卡规。

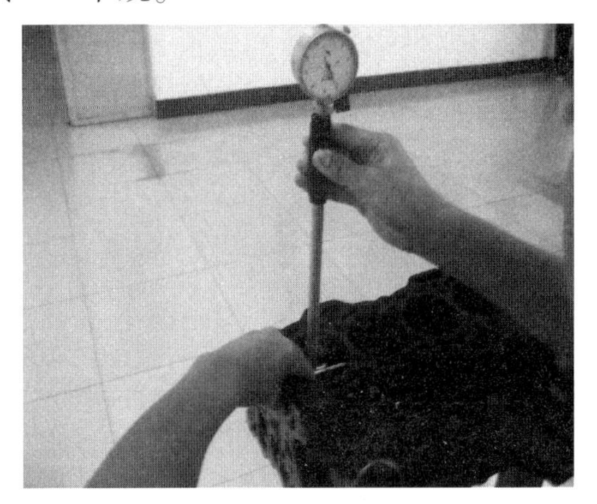

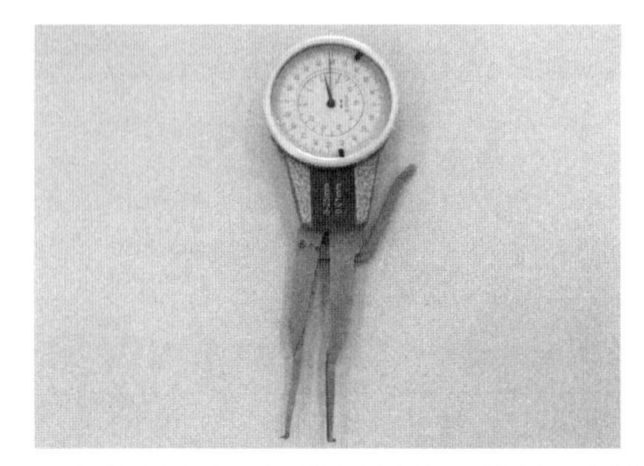

在使用卡规时,将测量端压缩放入被测物体内,读数与缸径表相同。

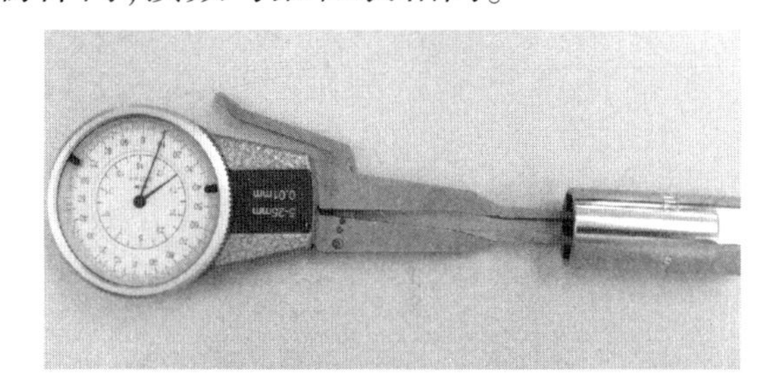

七 课后测试

1. 选择题

(1)在使用游标卡尺之前,应采取下列哪些步骤?(　　)

A. 在滑动部分涂上大量的润滑油

B. 检查钳口的端面是否变形,并对看得见的变形之处进行调整

C. 当钳口紧贴在一起时,检查零刻度是否对准

D. 检查游标是否松开,并通过拧紧止动螺钉进行必要的调整

(2)百分表长指针表示的长度单位是(　　)。

A. 1mm

B. 0.1mm

C. 0.01mm

D. 0.001mm

(3)下图所示外径千分尺的测量值哪一项正确?(　　)

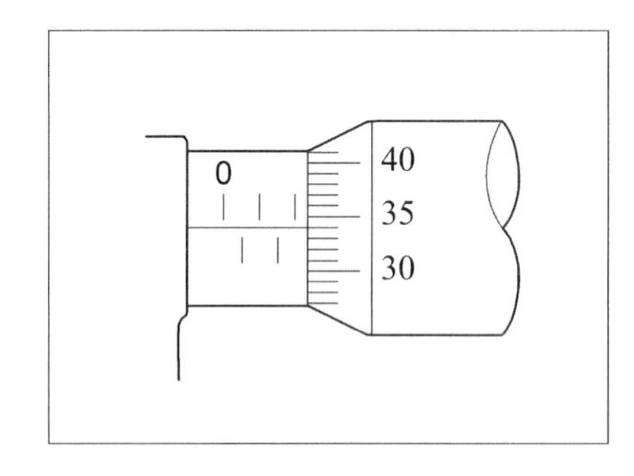

A. 2.84mm

B. 23.4mm

C. 2.34mm

D. 28.4mm

(4)哪一项说明正确地表述了间隙规已被设置到适当的厚度。(　　)

A. 尺片为当前最大厚度，从间隙中撤出尺片时并没有感到任何阻力

B. 尺片为当前最大厚度，从间隙中撤出尺片时感到稍微有一点阻滞力

C. 尺片厚度是所测量间隙能够容纳的最大厚度

D. 尺片为当前最大厚度，从间隙中撤出尺片时感到相当大的阻滞力

2. 判断题（对的打√，错的打×）

（1）游标卡尺是一种精密量具，能直接测量工件外径、内径、长度、深度等尺寸。（ ）

（2）温度过高的工件可选用精密量具测量。（ ）

（3）百分表的心轴过段时间就需要涂抹适量机油或润滑脂进行润滑。（ ）

项目四　汽车维修常见专用工具的选用及使用

一 项目说明

在汽车维修的过程中,有很多零件及螺栓螺母,通过普通工具无法进行拆装,这就需要专用工具。

专用工具是针对某些特殊零件或特殊部位的拆装而设计研发的,如活塞环压缩器、气门弹簧压缩钳、机油滤清器专用扳手、减振弹簧压缩器等。

二 实训时间:共 6 课时

实训活动一:发动机维修常见专用工具的选用及使用(3 课时)。

实训活动二:底盘维修常见专用工具的选用及使用(2 课时)。

实训活动三:电器维修常见专用工具的选用及使用(1 课时)。

三 实训教学目标

(1)了解汽车维修中常见专用工具的名称及作用;

(2)熟悉汽车维修中常见专用工具的规格和工作原理;

(3)掌握汽车维修过程中常见专用工具的正确使用方法及注意事项;

(4)培养学生科技强国的意识。

四 教学器材

各类汽车维修专用工具。

五 教学组织

1 教学组织形式

此实训教学项目为实训示范课，由实训教师或2～3名学生操作，其他学生观察学习。掌握各类汽车维修专用工具的使用方法及注意事项后，再由学生分组操作，教师进行指导和答疑。

2 实训教师职责

讲解并演示各类汽车维修专用工具的使用方法，强调注意事项；指导部分学生进行操作练习，并纠正学生操作错误。

六 实训教学内容

活塞环拆装钳和活塞环压缩器

实训活动一 发动机维修常见专用工具的选用及使用

1 活塞环装卸钳

活塞环装卸钳主要用于从活塞环槽中取出或装入活塞环。活塞环镶放在活塞环槽内，如果想取出或装入，必须克服活塞环的弹力，使活塞环内径要大于活塞直径，才能正常取出。

常用活塞环装卸钳的结构如下图所示。

如果不使用活塞环装卸钳而直接手工拆卸，很容易由于用力不均把活塞环折断，所以拆卸活塞环时必须采用专用装卸钳。

使用活塞环装卸钳时，用环卡卡住活塞环开口间隙，轻握手柄慢慢收缩，在杠杆力的作用下，活塞环会逐渐张开，当其略大于此活塞直径时，便可将活塞环从环槽内装入或取出。

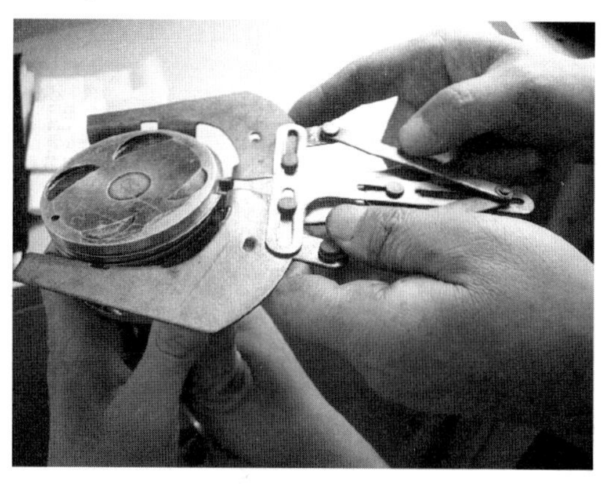

使用时，活塞环要与钳面紧贴，手柄要

轻握;张开活塞环时,不可用力过猛,以防滑脱;同时,张开开口不宜过大,以防折断。

2 活塞环压缩器

如果想将活塞及活塞环装入汽缸,必须将活塞环包紧在活塞环槽内,因为活塞环本身弹性的作用,活塞环在自由状态下的外圆直径将大于活塞直径及汽缸直径。

活塞环压缩工具一般用带有刚性的铁皮制成。活塞环压缩器的大小、型号有所不同,选用时要根据活塞的直径选择合适的压缩器。

安装活塞环之前,应按原厂规定检查每个活塞环的弹力、漏光度和各项间隙是否符合标准。安装时,要在活塞及活塞环四周涂好机油,按照要求进行装配,注意活塞环的正反方向等事项。

安装活塞环时,应先将各环口位置正确地分布后,将活塞环压缩器包裹在活塞的外面,然后使用配套扳手收缩压缩器,将活塞环压入环槽内。

将带压缩器的活塞下部放入汽缸内,并要求压缩器的下平面要和汽缸体的上平面接合好。

使用木棒等工具锤击活塞顶部,使活塞顺利进入汽缸内。

提示 严禁使用金属棒或金属锤击活塞顶部,防止对活塞造成损伤。

如下图所示的压缩器也不能全部包围活塞环。但无论使用哪种活塞环压缩器，都要注意防止活塞环环口随压缩器的旋转而改变位置。

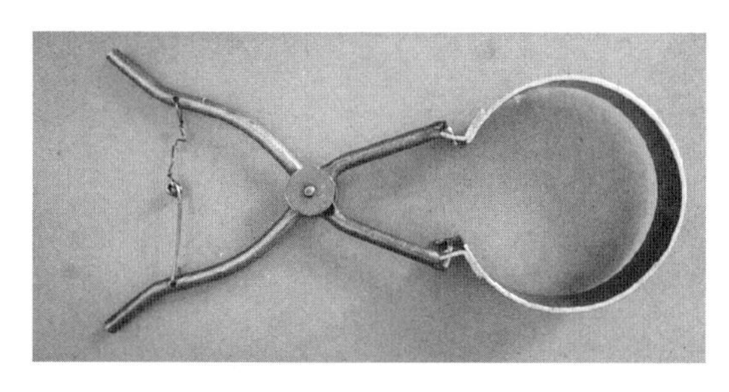

现在有些4S店中，维修车型比较单一，在安装活塞时经常使用压环器，其形状为锥形管状体，将装好活塞环的活塞及连杆放入压环器内，由于锥形结构将使活塞环自动压入活塞内，活塞连杆组就能很容易地进入汽缸了。

3 气门铰刀

如果维修配气机构时，气门与气门座密封不严，就需要进行铰削和研磨工艺，这就必须选用汽车维修专用气门铰刀。

提示 如果气门导管磨损严重，铰削和研磨工艺应在导管修配后进行。

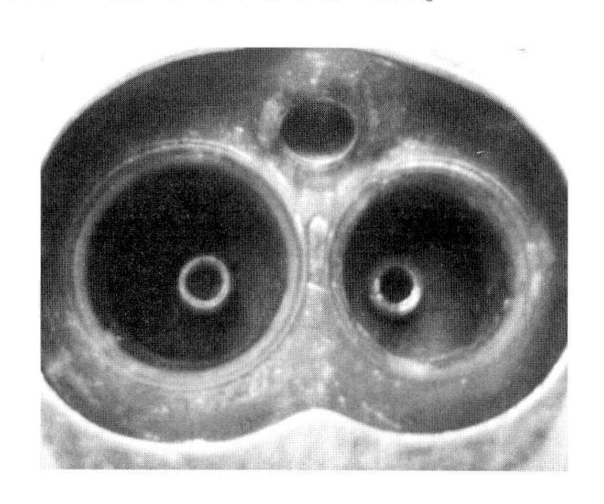

气门铰刀由导杆、手柄和不同角度的铰刀头组成。实际维修时应根据气门的直径和气门导管内径来选择铰刀和铰刀导杆。

根据作用不同，铰刀头可分为15°、30°、45°及75°等多种类型。

选择好导杆和铰刀头后进行组装，把导杆的下端置于气门导管内，起导向和定位作用。铰削气门座时，导杆要保持垂直，两手用力要均匀，转动要平稳，将气门工作面的烧蚀、斑点、凹陷等缺陷铰去。

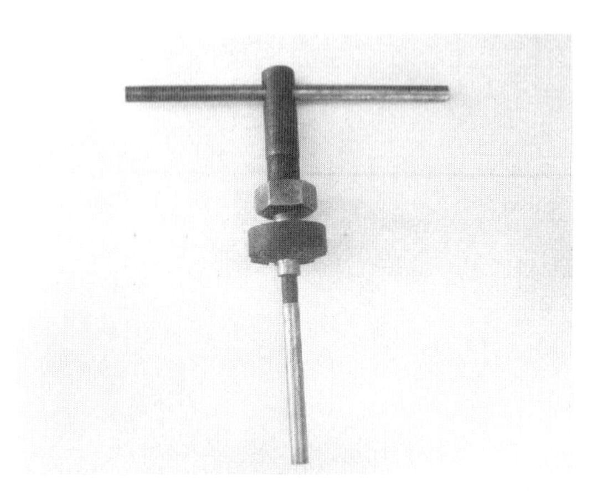

铰削时，用45°或30°铰刀铰削气门座的工作面，用75°铰刀铰削15°上斜面，用15°铰刀铰削75°下斜面。

提示 15°和75°铰刀主要用于修正工作面位置及接触面大小。接触面偏上时，用75°铰刀铰上口，使接触面下移；接触面偏下时，用15°铰刀铰下口，使接触面上移。

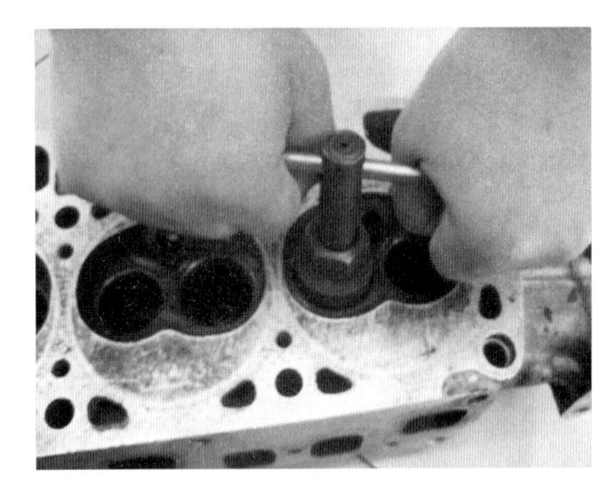

铰削结束后，应保证气门与气门座的接触面位于气门头部锥面的中下部，接触面宽度：进气门为1～2mm，排气门为1.5～2.5mm。如果接触面位置和尺寸不符合要求，可使用45°或30°铰刀进行修铰。

4 气门弹簧钳

气门弹簧钳是专门用于拆装气门的专用工具。在安装发动机气门时，气门弹簧处于预压缩状态，要想拆卸气门或气门锁片，必须对气门弹簧进行压缩。

气门弹簧钳的结构形式很多，最常见类型如下图所示。

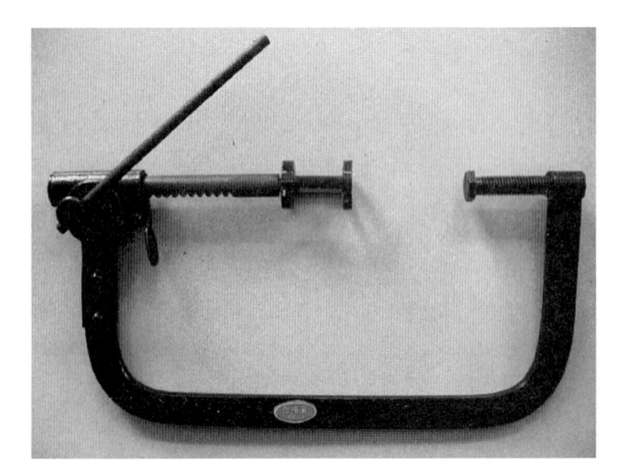

使用时将凸台顶住气门头部，压头贴住气门弹簧座，然后下压手柄带动压头和气门弹簧下行，使锁片脱落在压头的凹槽内。

使用磁棒取出气门锁片后,解除压头的锁止装置,轻轻复位下压手柄,使气门弹簧压力释放,这样就可以轻松地取下气门弹簧及气门了。

提示 气门弹簧钳的活动部分应保持良好的润滑。

5 机油滤清器扳手

通常,常见的一次性机油滤清器直径都在8cm以上,顶部被冲压成多棱面(就像一个大螺母),如要拆装需使用专用机油滤清器扳手。

常见的机油滤清器扳手类型很多,结构各异,但作用相同,使用操作方法也基本相似。

(1)杯式滤清器扳手:这种滤清器扳手类同一个大型套筒,拆卸不同车型的滤清器需要不同尺寸的扳手,在购买时多为组套形式配装。

使用时将杯式滤清器扳手套在机油滤清器顶部的多棱面上,使用方法同套筒扳手。

(2)钳式滤清器扳手:这是另外一种滤清器专用扳手,这种滤清器扳手可以说是钳子的改型产品,使用方法同鲤鱼钳。

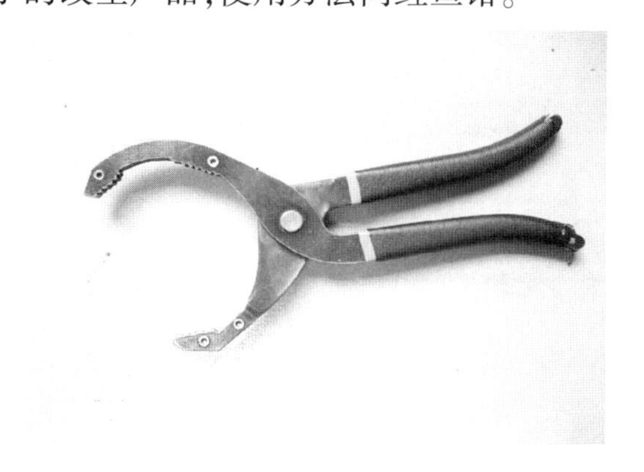

(3)环形滤清器扳手:结构为一个可调大小的环形,环形内侧设计为锯齿状 。使用时将其套在滤清器顶部的棱面上,扳动手柄,扳手的环形会根据滤清器大小合适地卡在棱面上,顺利地完成拆装工作。

(4)还有一种机油滤清器扳手叫三爪式滤清器扳手,需配套套筒手柄或扳手使用,其内部设计有行星排传递机构,可根据机油滤清器大小自动调节三爪的大小。

(5)在没有专用滤清器扳手的情况下,还可使用链条扳手替代专用扳手,以达到拆装的目的。

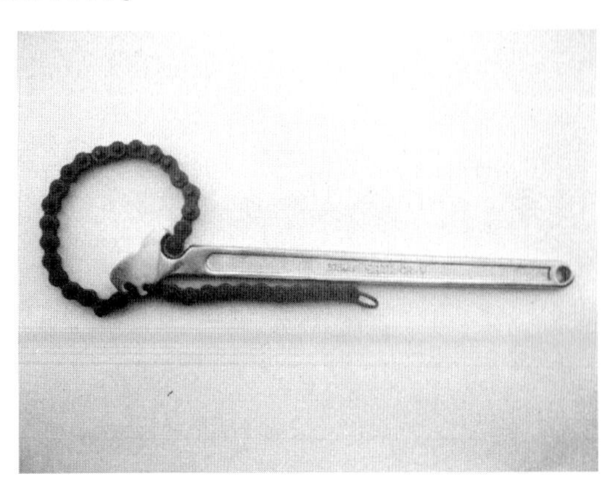

提示 安装滤清器时,必须检查并清洁机油滤清器安装面,另外,还应在密封圈的表面涂上一层机油,以保证密封可靠,并可防止损伤密封圈。

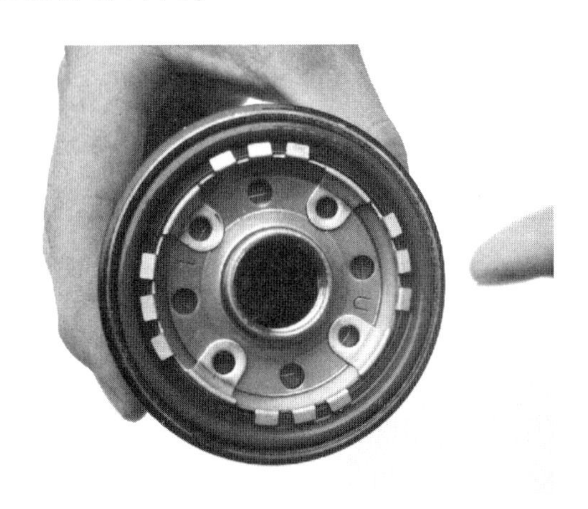

6 冷却系统压力测试器

现在多数发动机均采用封闭式冷却系统,冷却液温度升高后,会使系统内压力升高。在汽车维修时,如对系统进行检漏,需进行加压,加压工具为专用压力测试器。下面以世达工具中的冷却系统压力测试器为例介绍其使用方法。

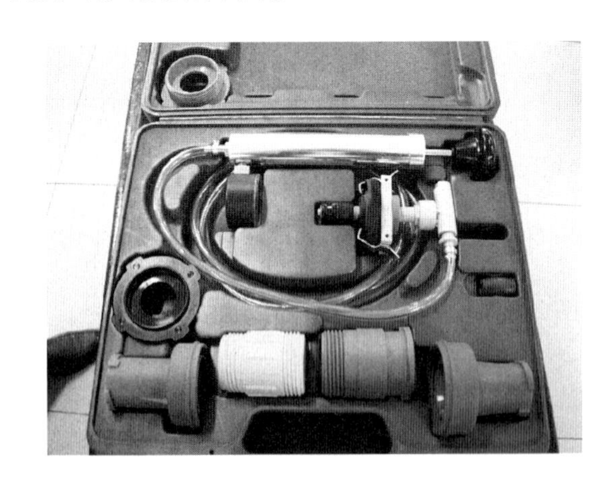

(1)测试前,拆下散热器盖,将测试仪固定夹安装在冷却液加注口上,如固定夹位置不合适,必须调节至合适位置。

提示 检测前应检查冷却液液位,不满时应将其注满。进行压力测试时,请勿起动发动机。

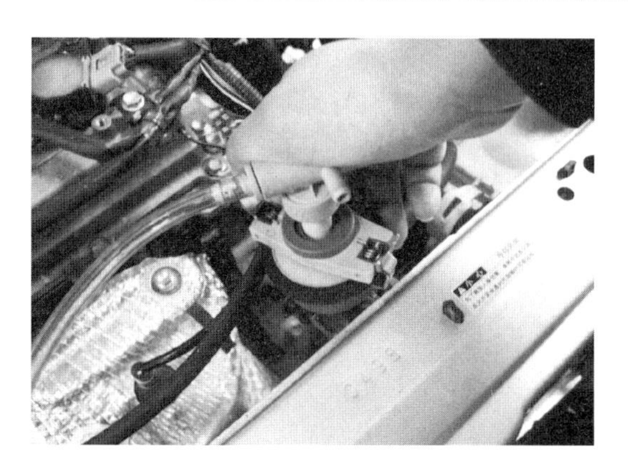

(2)为确保安装紧密和密封良好,应保证气囊的2/3位于散热器盖水箱管径的下翼凸缘以下。

提示 不可能总能将气囊调整至所要位置,在使用中,充气的气囊依靠其可变形特性进行密封。

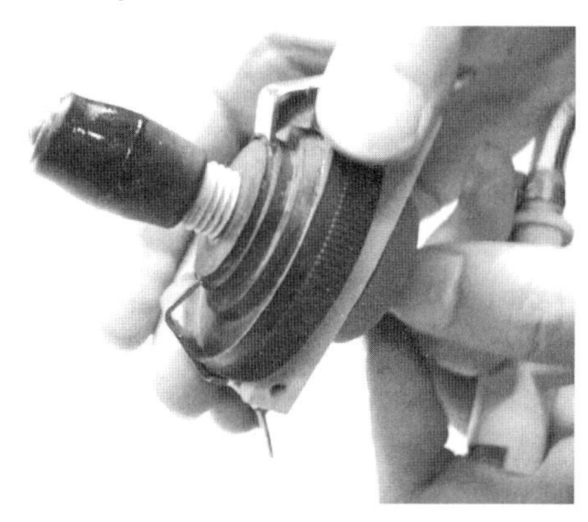

(3)顺时针拧紧压力泄放螺栓后,将滑阀移至“BLADDER”。

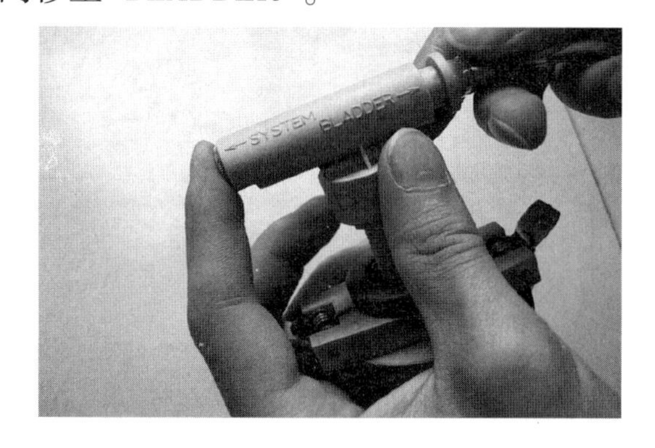

(4)反复推动真空泵手柄向气囊充气,直至压力达到25psi(172.375kPa),使气囊密封住冷却系统加注口。

提示 气囊压力绝不可超过25psi。

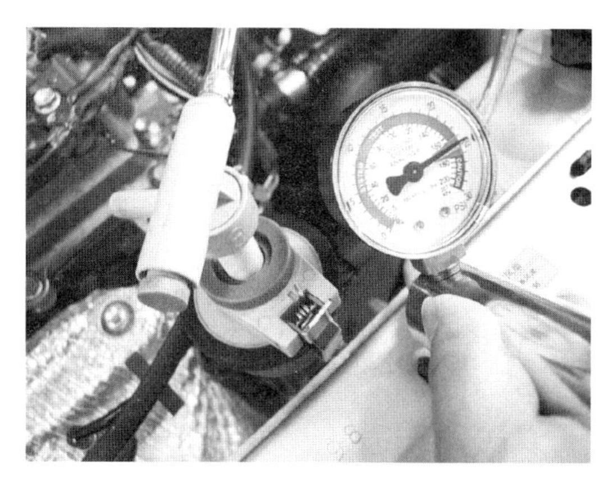

(5)推动滑移阀手柄至加压端(SYSTEM),再一次反复推动真空泵手柄,向冷却系统施加压力,在加压的同时,注意倾听冷却系统加注口有无漏气声,如有泄漏,排除后再继续加压。

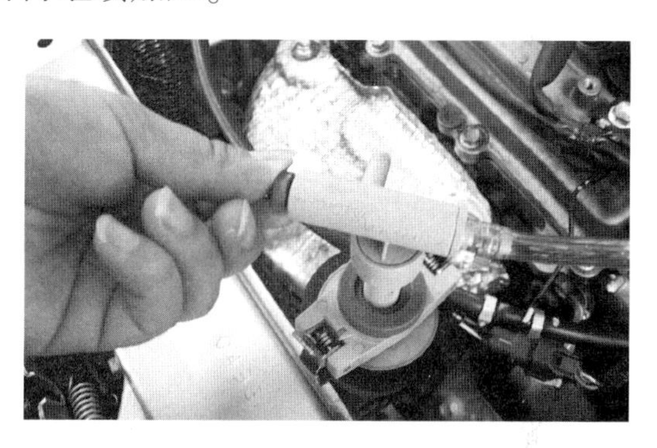

(6)当压力表指示数值达到规定压力时,应停止加压。观察检漏仪压力表上数值的变化。在5min内,没有变化说明系统没有泄漏;如下降过快,证明冷却系统存在严重泄漏。

提示 不同发动机的冷却系统检测时的压力不同,应参照相关资料。

(7)逆时针旋松压力排放螺栓,通过排放软管释放压力,直至压力表读数变为0。

提示 在压力表读数变为0之前,不可进行下一步操作。

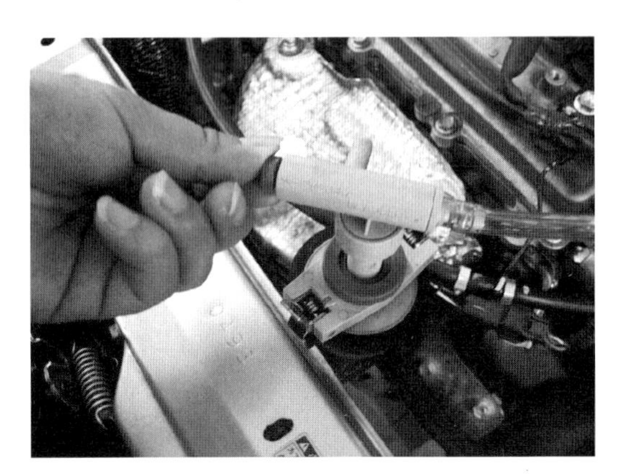

(8)将滑移阀移至气囊"BLADDER"位置,将气囊内空气排空。

(9)松开固定夹并拆下分析仪。

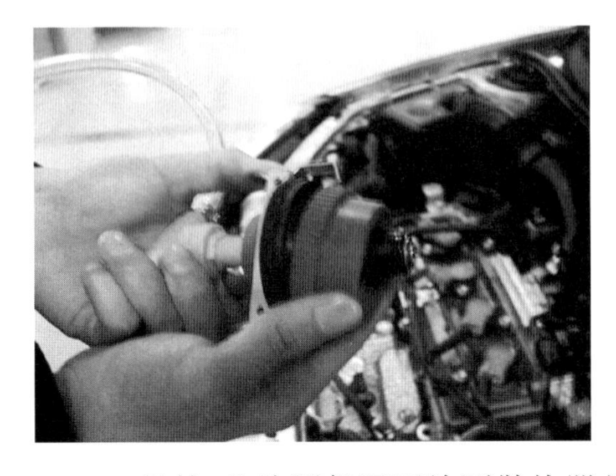

(10)另外,此检测仪还可检测散热器盖蒸汽阀的好坏,检测时需配合附件一起使用,组合形式如下图所示。

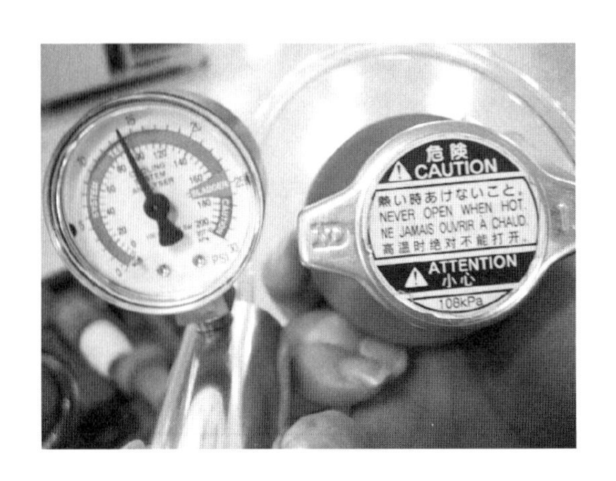

实训活动二 底盘维修常见专用工具的选用及使用

1 减振器弹簧压缩器

减振器在装配时,向减振弹簧施加了很大的压缩力。要想更换减振阻尼器,必须拆卸减振器弹簧,但拆卸减振器弹簧则必须使用专用工具对弹簧进行压缩。

减振器弹簧压缩器结构如下图所示,它的两根长杆上加工有螺纹,在螺纹杆上设计有爪形勾。

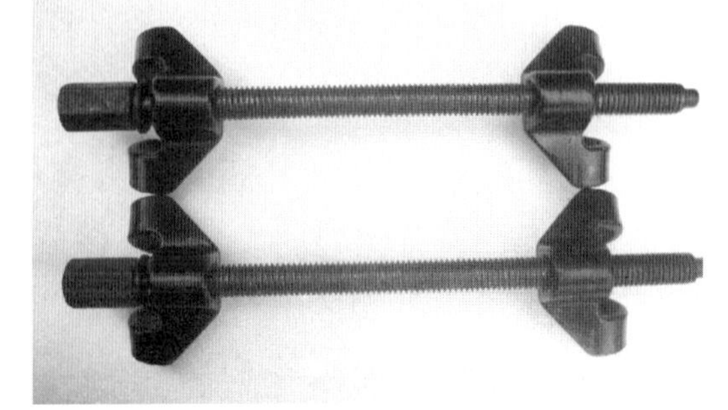

使用时，将减振器弹簧压缩器对置于螺旋弹簧的两端，使爪形勾固定于弹簧上。

提示 保证两螺纹杆间隔180°对置。

爪形勾固定好后，使用扳手转动螺纹杆，使两爪形勾之间的距离变短，这样就可以将螺旋弹簧进行压缩。

提示 在压缩螺旋弹簧时，一定要保证2根螺旋杆的压缩程度相同，防止滑脱造成安全事故。

压缩减振器弹簧时，一定要保证爪形勾牢牢地固定住弹簧，如果爪形弹簧在操作中弹开，将会造成严重后果，甚至对操作者的生命安全构成威胁。

2 球头分离器

有些球头在车上使用时间过长，已经锈死，很难拆卸。球头分离器是常用于球头分离的专用工具。

根据球头的位置不同，设计的球头分离器的结构也不相同。

横拉杆球头拉拔器在空间限制时可直接轻易拆除横拉杆球头，如下图所示的横拉杆球头拉拔器适用于大多数轿车及轻型货车的横拉杆球头的拆卸。

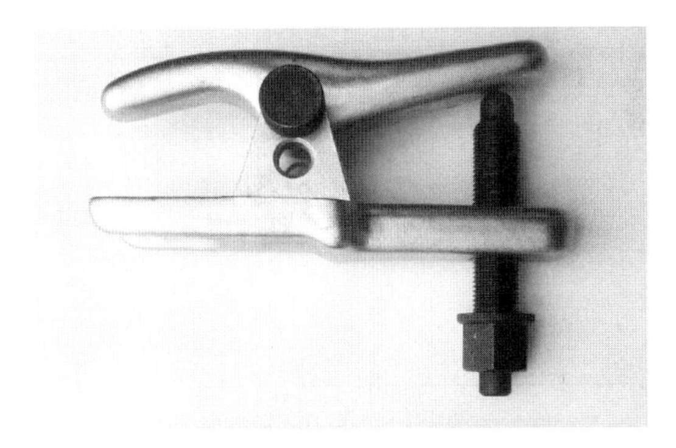

使用时，将下端开口插入转向节与横拉杆之间，使用扳手旋动后端螺栓顶动压臂，使压臂将球头压下。

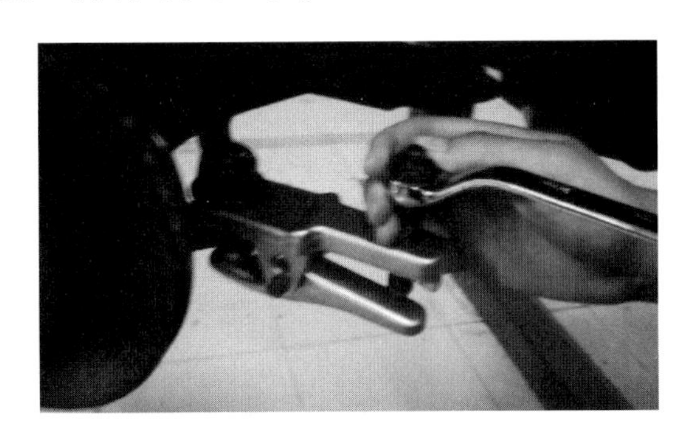

实训活动三 电器维修常见专用工具的选用及使用

1 密度计

在汽车维修中要经常检测各种液体的

密度,如电解液密度、冷却液及喷洗液密度等,可通过密度情况了解蓄电池的充电情况及冷却液的凝固点。

提示 电解液密度为 1.25～1.28g/cm^3,随环境温度及蓄电池放电量的变化而变化。

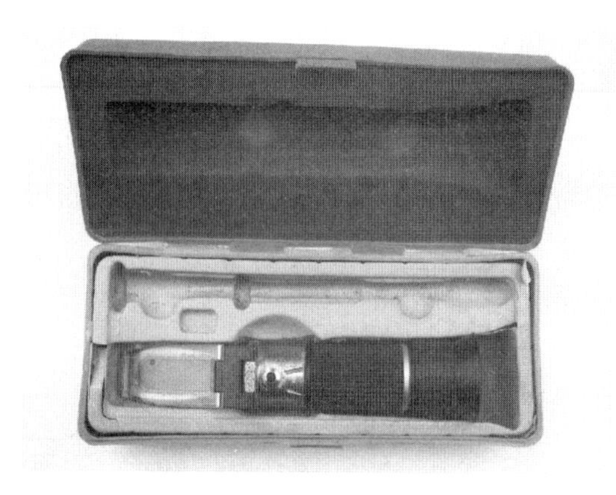

现在以检测蓄电池电解液密度为例介绍一下密度计的使用方法。

(1)测量电解液相对密度时,取少许电解液涂于密度计观测口上。

提示 注意不要将电解液滴在身上、衣服上等其他地方,因为电解液为稀硫酸溶液,有很强的腐蚀性。

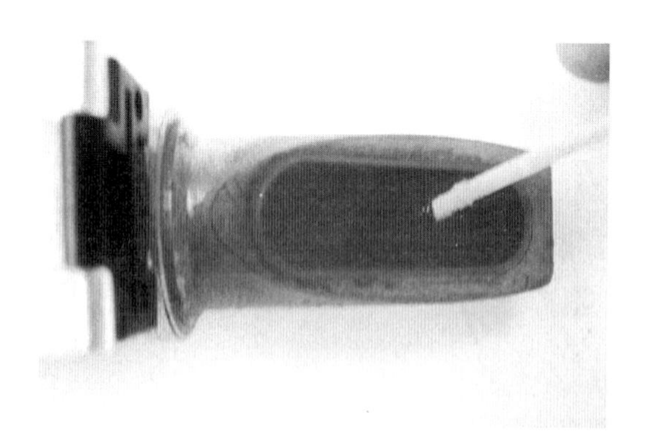

(2)用眼睛直接观测密度计,在观测口中将明显显示电解液密度。

提示 观测口中有明显的蓝白分界线,下部为蓝色,上部为白色,分界线对应的刻度即为测量液体的密度。

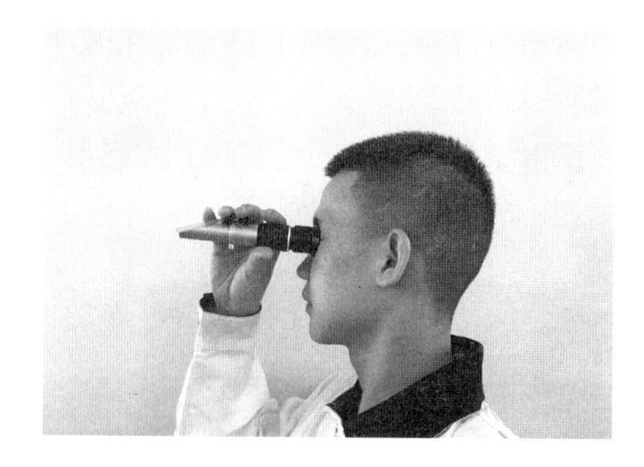

(3)密度计使用完毕后必须清洁干净,保存于干净的容器内。

提示 清洁密度计使用的纸巾、棉纱等不可再用作其他物品的清洁,要及时处理掉。

2 剥线钳

剥线钳是去除导线绝缘层快速、便捷的专用工具,但很多汽车维修技术人员不能正确使用或者直接使用尖嘴钳等代替。

提示 禁止使用尖嘴钳代替剥线钳,因为使用尖嘴钳很容易造成导线内金属丝的损坏。

剥线钳的种类很多,其结构也相差甚远,但对于剥线钳的使用要求却一样。

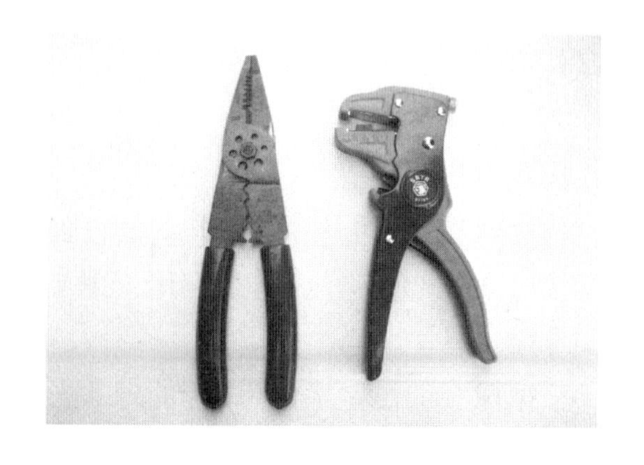

使用时，应根据导线的粗细型号选择相应的剥线刀口。

将准备好的导线放在剥线工具的刀刃中间，选择好要剥线的长度。

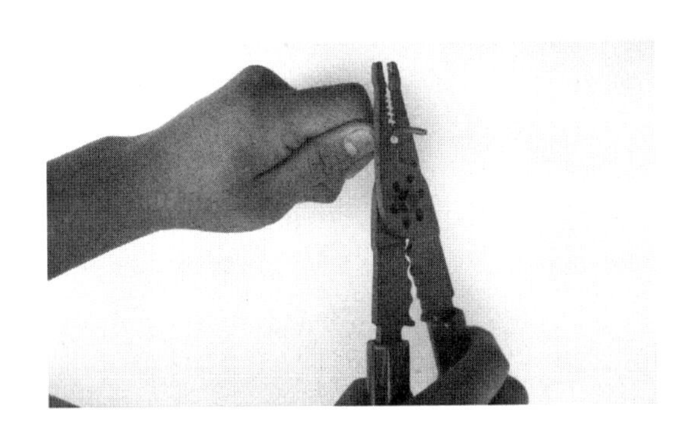

握住剥线工具手柄，将导线夹住，缓缓用力剥落导线外表皮。松开工具手柄，取出电缆线，这时导线的金属整齐地露在外面，其余绝缘塑料完好无损。

提示 一定要选择好合适的刀口，如果导线过粗，而刀口小，会损坏到内部的金属导体；如果导线过细，而刀口大，将无法把绝缘层剥离导线。

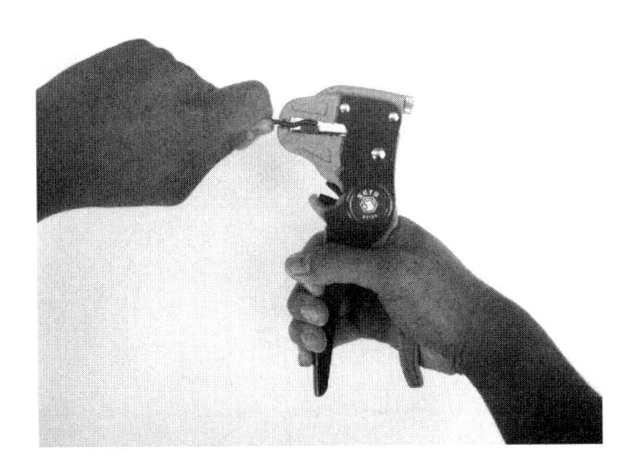

3 火花塞套筒

火花塞套筒专用于火花塞的拆卸及更换，可视为长套筒的一种变形形式，采用薄壁结构以避免与其他部分干涉。

现在的车型主要使用16mm类型，旧车型也可采用21mm类型。

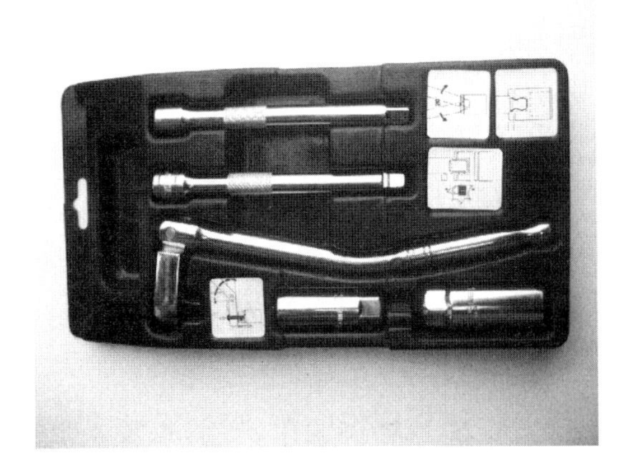

套筒内部装有磁铁或橡胶圈，因为大多数火花塞都是朝下布置的，必须从火花塞孔深处朝上取出，所以采用橡胶圈或磁铁来防止火花塞掉落。

提示 火花塞保持在套筒中时，也要小心操作，防止其坠落、损坏电极。

装复火花塞时，为了确保火花塞能正常地装入缸盖中，首先要用手仔细地旋转套筒，使火花塞螺纹带入后，再用配套手柄将其紧固。

七 课后测试

1. 选择题

(1)下图照片中的工具为(　　),主要作用是(　　)。

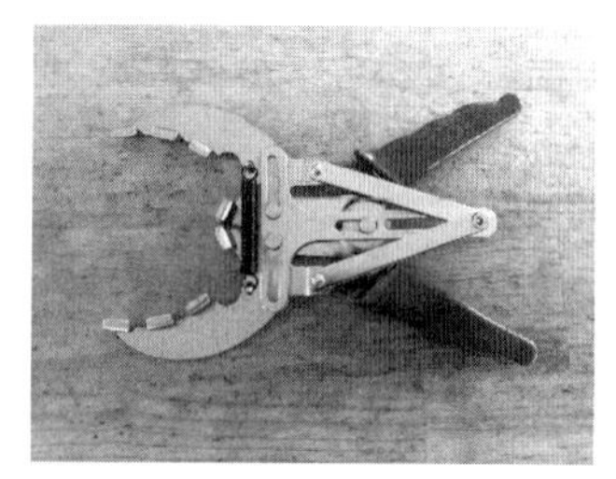

A. 活塞环拆装钳,将活塞装入汽缸

B. 活塞环压缩器,从活塞上拆装活塞环

C. 活塞环拆装钳,从活塞上拆装活塞环

D. 活塞环压缩器,将活塞装入汽缸

(2)要想使气门座的接触面下移,应使用(　　)的铰刀;而要使接触面上移,则应使用(　　)铰刀。

A. 15°　　B. 30°

C. 45°　　D. 75°

(3)如对冷却系统进行检漏,需进行加压,选用的工具为(　　)。

A. 打气筒

B. 冷却系统压力测试器

C. 空气压缩机

D. 真空泵

(4)以下哪种工具不可用于机油滤清器的拆卸?(　　)

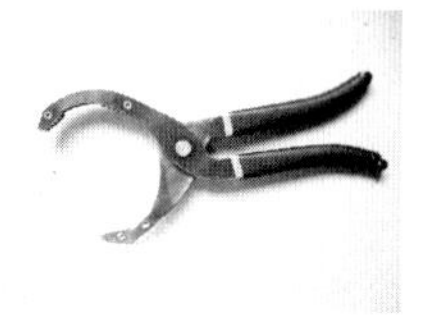

A.

B.

C.

D.

(5)下图照片中的工具为(　　)。

A. 减振器弹簧压缩器

B. 拉马

C. 球头拉拔器

D. 碟刹调整器

2. 判断题(对的打√,错的打×)

(1)装复火花塞时,可用火花塞扳手及配套手柄直接将其紧固。(　　)

(2)球头分离器是分离锈死球头最直接、最快捷的专用工具。(　　)

(3)为了方便起见,可使用尖嘴钳代替剥线钳去除导线绝缘层。(　　)

(4)光学密度计只可以测量蓄电池电解液密度。(　　)

(5)拆卸气门或气门锁片时,必须使用气门弹簧钳对气门弹簧进行压缩。(　　)

项目五　电控系统常用检测仪器的选用及使用

一　项目说明

现代汽车维修突出诊断技术,并以准确诊断故障点为目标(三分维修,七分诊断)。现代汽车维修的故障诊断是以定量分析为基础,主要采用仪器仪表检测分析和部分直观检查的方法来完成。可见,仪器是现代汽车维修最为重要的基础。

安全注意事项:

(1)严禁在发动机运行时,将故障诊断仪和示波器连接到发动机诊断插座;

(2)测试过程中应特别注意运动部件造成的人身或仪器伤害事故;

(3)仪器放置应平稳,严防跌落损坏仪器;

(4)发生任何事故,应立即报告现场指导教师。

二　实训时间:共 4 课时

实训活动一:万用表的使用(2 课时)。

实训活动二:手持绝缘电阻测试仪的使用(2 课时)。

三　实训教学目标

(1)熟悉电控系统常用的检测设备;

(2)掌握数字式万用表的功能和使用方法;

(3)掌握便携式诊断仪的功能和使用方法;

(4)培养真正解决问题的新理念新思路新办法。

四 教学器材

万用表

手持绝缘电阻测试仪

五 教学组织

1 教学组织形式

此实训项目为实训示范课,由实训教师或2~3名学生操作,其他学生观摩学习。掌握电控系统检测设备的使用方法及注意事项后,再由学生分组操作,教师进行指导和答疑。

2 实训教学场地

实训现场配备教学车辆一辆,并备防护用品。

3 实训教师职责

讲解电控系统常见检测仪器的结构、功能,使用方法和注意事项;指导学生进行操作练习,并纠正学生操作错误。

六 实训教学内容

实训活动一 万用表的使用

1 认识万用表

1)使用前的检查及准备

(1)在使用万用表前,请检查机壳。切勿使用已损坏的万用表;检查是否有裂纹或缺少塑胶件;特别注意要检查接头周围的绝缘情况。

(2)检查测试表笔的绝缘是否损坏或表笔金属是否裸露在外;检查测试表笔是否导通。

(3)用万用表测量已知的电压,确定万用表操作正常;请勿使用工作异常的万用表。

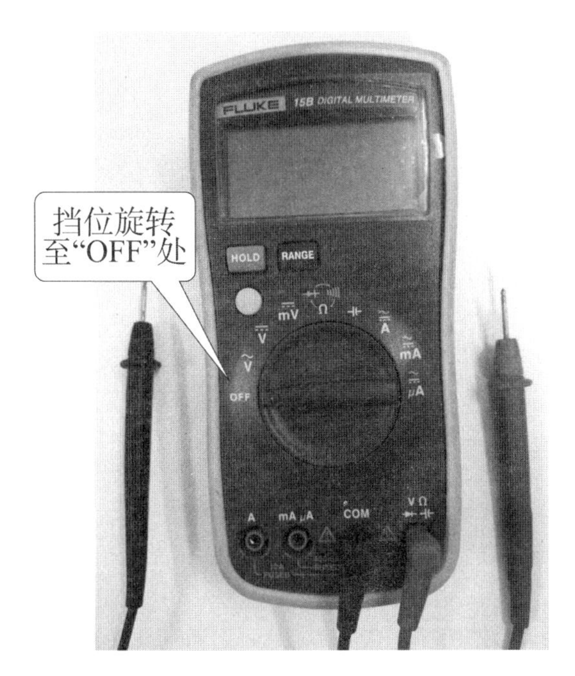

2)使用注意事项

(1)请勿在连接端子之间或任何端子和搭铁之间施加高于仪表额定值的电压。

(2)对30V交流或60V直流以上的电压,应格外小心,这些电压有电击危险。

(3)测量时请选择合适的接线端子、功能和量程。

(4)请勿在有爆炸性气体、蒸气或粉尘环境中使用。

(5)使用测试控针时,手指应保持在保护装置的后面。

(6)先连接公共测试表笔,再连接带电的测试表笔;切断连接时,则先断开带电的测试表笔,再断开公共测试表笔。

(7)测试电阻、通断性、二极管或电容器前,应先切断电路的电源并把所有高压电容器放电。

(8)对于所有功能,包括手动或自动量程,为了避免因读数不当导致电击风险,首先选择交流电压功能来验证是否有交流电压存在。然后,选择不小于交流量程的直流电压。

(9)使用完毕后,将万用表挡位旋转至“OFF”处,关闭万用表。

3)按键及接线端简介

(1)HOLD:保持当前读数。按下此键后,万用表保持最后一次测量数据。再按下此键则取消。

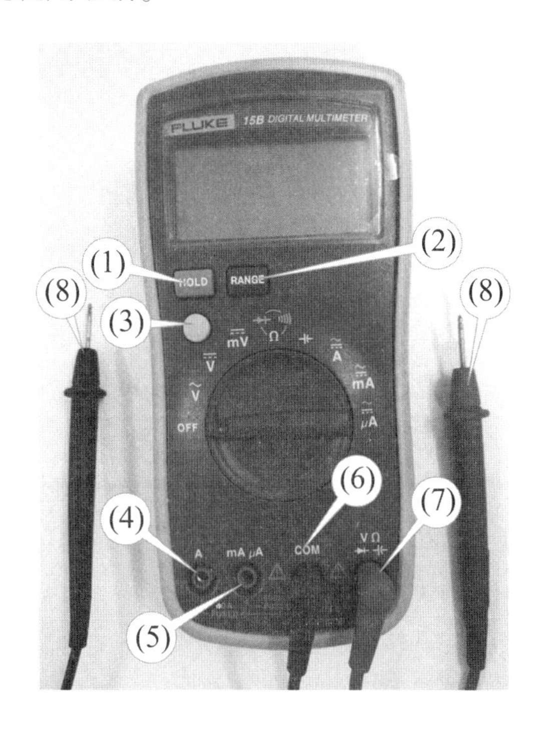

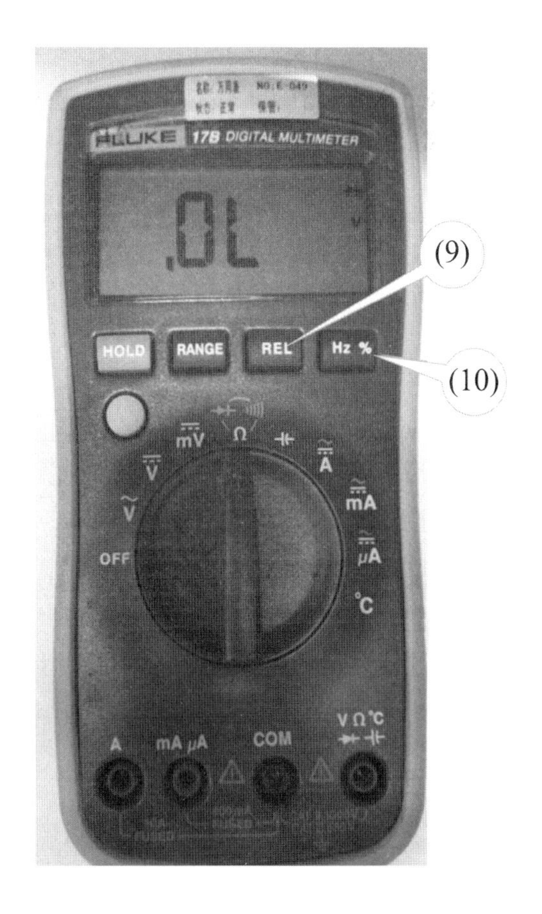

(2)RANGE:手动量程及自动量程切换。万用表默认自动量程,当万用表处于自动量程时,Auto Range 显示。按下此键,可切换为手动量程,手动量程时,按下此键增加量程,当达到最高量程时,万用表会回到最低量程。按下并保持 RANGE 两秒,退出手动量程模式。

(3)黄色按键:选择电阻模式,按下黄色按钮两次,可以激活通断性蜂鸣器。如果电阻低于 50Ω,蜂鸣器将持续响起,表明出现短路。如果万用表读数为 OL,则电路断路。

(4)插孔 A:用于交流电和直流电电流测量(最高可测量 10A)的输入端子。

(5)插孔 mA μA:用于交流电和直流电的微安以及毫安测量(最高可测量 400mA)的输入端子。

(6)插孔 COM:用于所有测量的公共(返回)接线端,即接黑色表笔。

(7)插孔 V Ω:用于电压、电阻、通断性、二极管、电容测量的输入端子。

(8)红黑表笔:测试时红表笔接“+”极,黑表笔接“-”极。

(9)REL:保存需要的参考值。

(10)Hz %:频率测量及负载循环测试。

2 万用表的测试方法

1)测量交流和直流电压

为最大程度减少交流或交直流混合电压部件内的未知电压读数错误,应首先选择万用表上的交流电压功能,同时留意记下产生正确测量结果所在的交流量程。然后,手动选择直流电压功能,使直流量程等于或大于前面的交流量程。该过程可最大限度降低交流瞬变所带来的影响,确保直流测量准确。

(1)将旋转开关转到 $\tilde{V}$ 或 $\bar{V}$、$\bar{mV}$,选择交流电或直流电。

(2)将红色测试导线插入 VΩ℃ 端子并将黑色测试导线插入 COM 端子。

(3)将探针接触想要测试的电路测试点,测量电压。

(4)阅读显示屏上测出的电压。

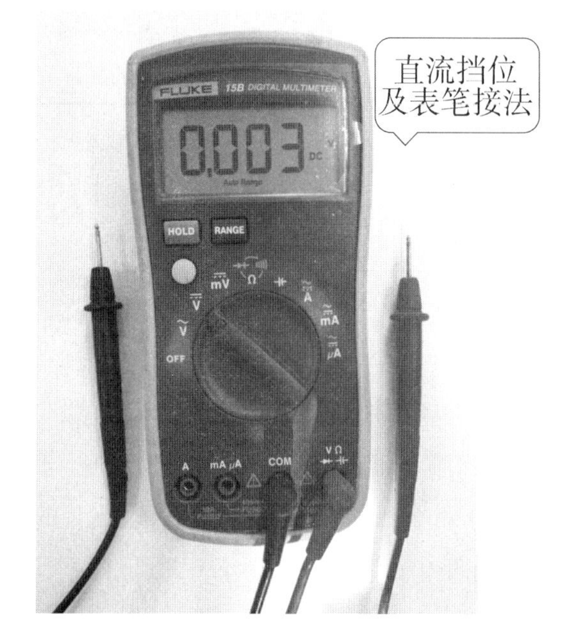

提示 手动选择量程是进入 400mV 量程的唯一方式。

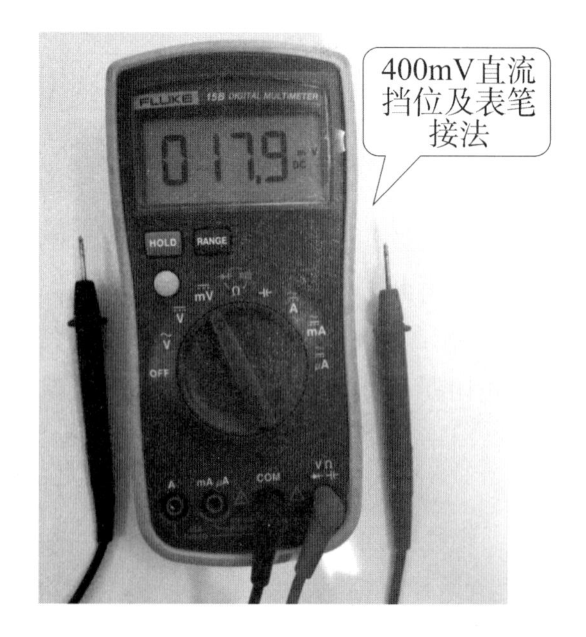

2)测量交流或直流电流

(1)调节旋钮至 $\bar{A}$ 或 $\bar{mA}$ 或 $\bar{\mu A}$。

①A 交流或直流电流 0A ~ 10A；

②mA 交流或直流电流 0mA ~ 400mA；

③μA 交流或直流电流 0μA ~ 4000μA。

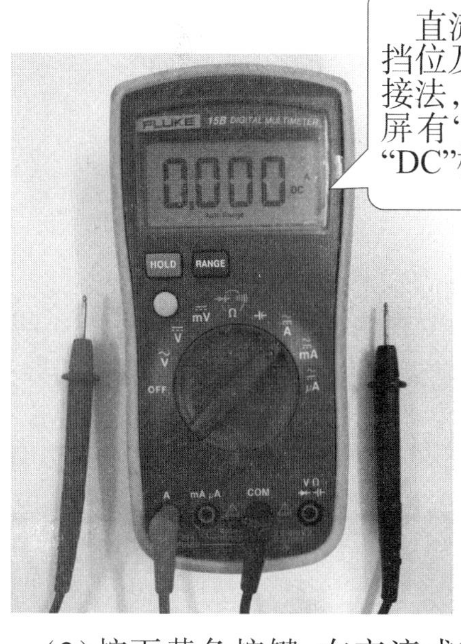

(2)按下黄色按键，在交流或直流测量间切换。

(3)根据要测量的电流将红表笔连至 A 或 mA μA 端子，并将黑色表笔连接至 COM 端子。

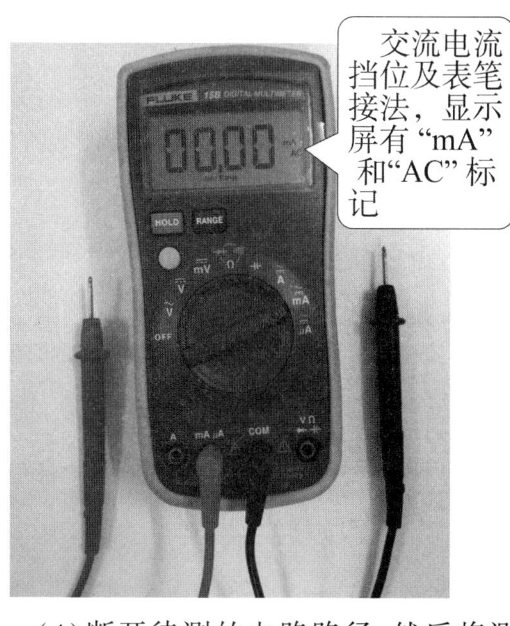

(4)断开待测的电路路径，然后将测试表笔连接断口并使用电源。

(5)显示屏上所显示电流为所测量电流。

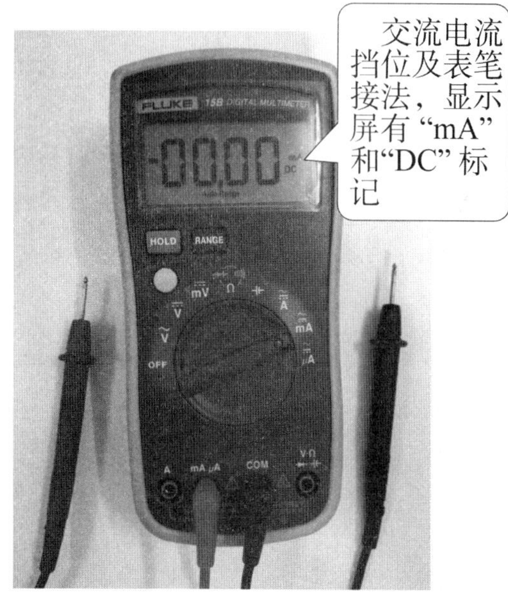

3)测量电阻

在测量电阻时，为避免受到电击或损坏万用表，必须确保电路的电源已关闭，并将所有电容器放电。

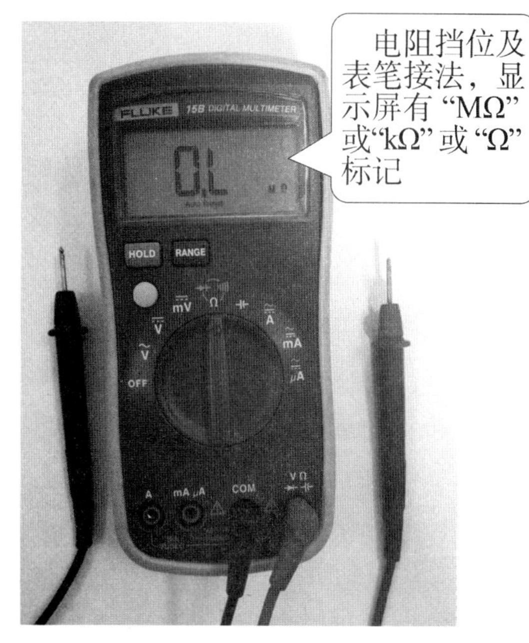

(1)将旋转开关转至 Ω 挡，确保已切断待测电路的电源。

(2)将红色测试导线插入 VΩ℃ 端子，并将黑色测试导线插入 COM 端子。

(3)将探针接触想要测试的电路测试点，测量电阻。

(4)阅读显示屏上的测出电阻。

4)通电性测试

当选中了电阻模式,按两次黄色按键可启动通电性蜂鸣器。若电阻小于50Ω,蜂鸣器会发出连续蜂鸣音,表示短路。若万用表读数为OL,则表示断路。

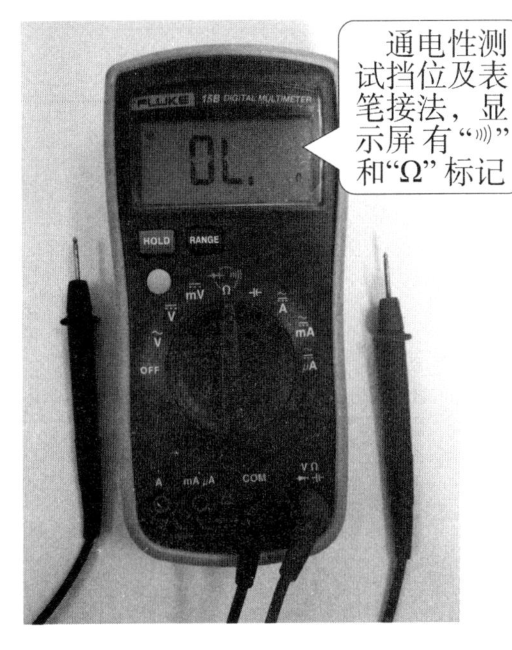

5)测量二极管

在测量电路二极管时,为避免受到电击或损坏万用表,必须确保电路的电源已关闭,并将所有电容器放电。

(1)将旋转开关转到Ω。

(2)按黄色按键一次,启动二极管测试。

(3)将红色表笔连接至VΩ℃端子,黑表笔连接至COM端子。

(4)将红色探针接到待测的二极管的正极,黑色探针接到负极。

(5)读取显示屏上的正向偏压。

(6)如果表笔极性与二极管极性相反,显示读数为OL。这可以用来区分二极管的正极和负极。

6)测量电容

为避免损坏万用表,在测量电容前,必须断开电路电源并将所有高压电容器放电。

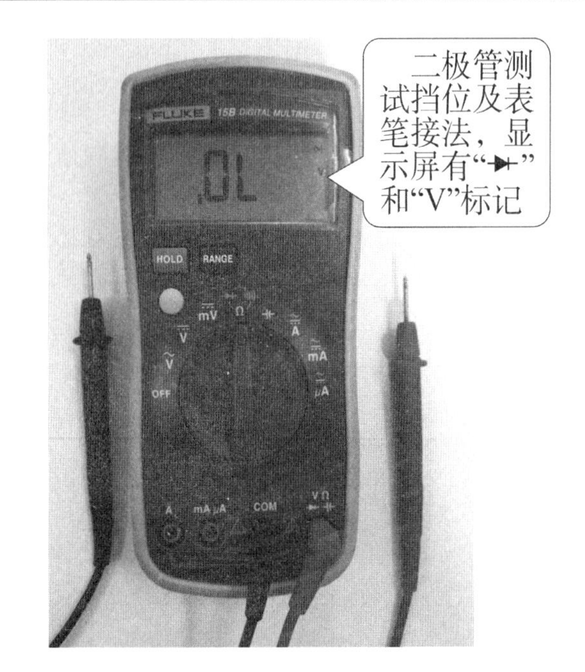

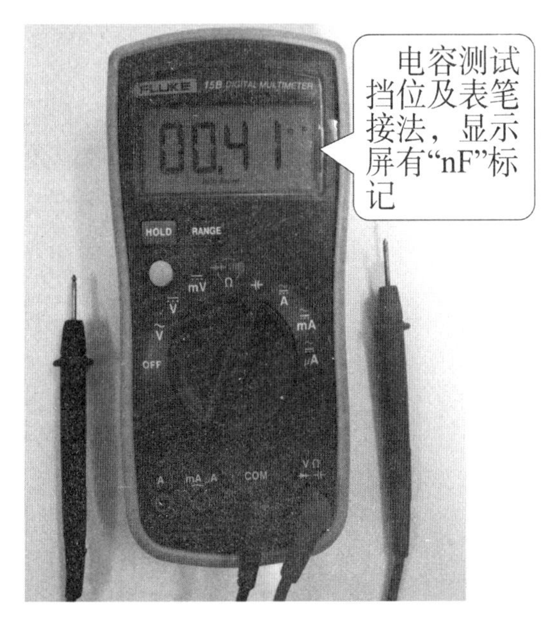

(1)将旋转开关转至⊣⊢。

(2)将红色表笔连接至VΩ℃端子,黑表笔连接至COM端子。

(3)将按针接触电容器引脚。

(4)读数稳定后(最多15s),读取显示屏所显示的电容值。

3 一般维护

(1)除更换电池和熔断丝外,若非合格的专业技师,切勿尝试修理或维护万用表。

(2)定期用湿布和温和的清洁剂清洁仪表外壳。不要使用腐蚀剂或溶剂。

(3)端子若弄脏或潮湿可能会影响读数。

(4)清洁端子:①关闭万用表,并移除所有测试表笔。②把端子上的脏物清除。③用干净的新棉棒擦拭每个输入端子的内部。④用新棉棒在每个端子内部涂抹一薄层优质机油。

(5)为保证读数的准确性,当电池指示器出现时,立即更换电池。

实训活动二 手持绝缘电阻测试仪的使用

1 仪表外观结构图

1)LCD 显示区

测量数据及功能符号的显示。

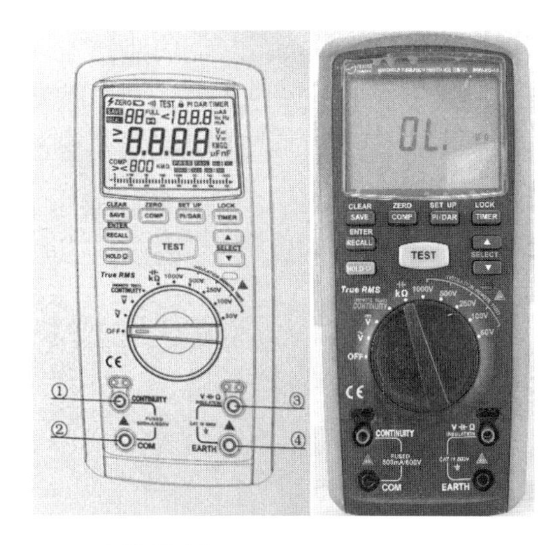

2)功能按键区

选择基本功能。

3)转盘开关

测量功能挡位的选择。

4)测量端口区

(1)CONTINUITY 插孔正端。

(2)CONTINUITY 插孔负端。

(3)交直流电压、电阻、电容测量及绝缘电阻测量输入插孔正端。

(4)交直流电压、电阻、电容测量及绝缘电阻测量输入插孔负端。

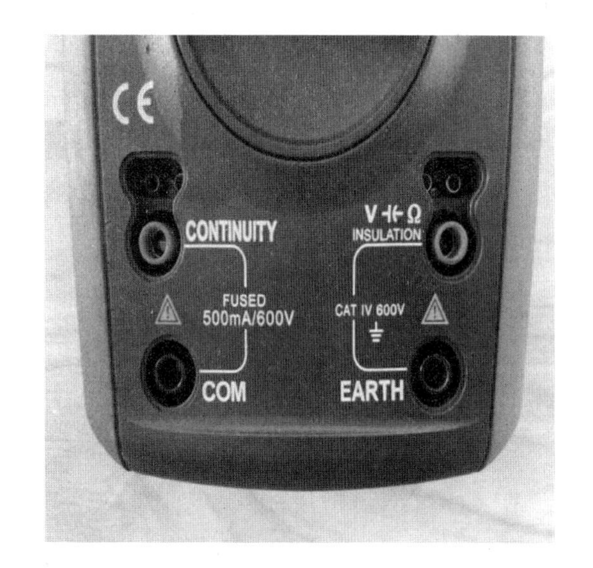

2 按键功能

1)存储/清除

按一次“SAVE/CLEAR”按键,即保存当

前测量数据(RECALL 模式除外);在 RECALL 模式下,长按"SAVE/CLEAR"按键约 3s,待显示屏上出现"—"的时候表示已经把所有已经保存的数据清零了,清除后按 RECALL 键退出。

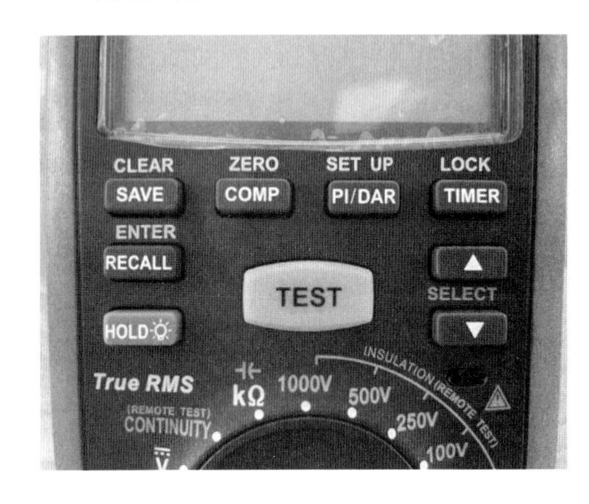

2)调用/确认

按一次"ENTER/RECALL"按键,即进入 RECALL 模式,并调出第一组已经保存的数据(确实已经存储了数据),再按一次该键退出 RECALL 模式;在 SET UP 模式下按"RECALL/ENTER"按键,即确认当前设定的参数。

3)保持/背光

短按一次"HOLD/☀",进入读数保持测量模式,再短按一次,退出读数保持测量模式(只在交直流电压、通用电阻、电容挡起作用)。

长按此键,打开背光,背光打开后将一直常亮,若想关闭背光,需再长按此键,即可关闭。

4)比较/归零

在 CONTINUITY 和绝缘电阻模式下,短按"COMP/ZERO"按键,将打开比较功能,再短按该键,将关闭此功能。在 SET UP 设定模式下可选择不同的比较值,绝缘电阻测量功能挡可选择 500kΩ、1MΩ、2MΩ、5MΩ、10MΩ、20MΩ、50MΩ、100MΩ、200MΩ、500MΩ 比较值。CONTINUITY 功能挡可选择 1Ω、2Ω、5Ω、10Ω、20Ω 比较值。要按"ENTER/RECALL"键确认设定参数,并长按 SETUP 键退出。在 CONTINUITY 短路测试时长按"COMP/ZERO"按键,归零功能打开,再次长按该键,此功能将关闭。

5)极化指数/绝缘吸收比/设置

"PI/DAR/SET UP"按键功能是打开测试仪表,进行绝缘极化指数或吸收比测试功能以及在 CONTINUITY 和绝缘电阻功能挡位下进行相关参数的设定。在绝缘电阻挡没有测试时,短按第一下,屏幕显示 PI(极化指数)同时屏幕显示时间比值设定为 10min∶1min;短按第二下,屏幕显示 DAR(吸收比)同时时间比值设定为 60s∶15s;短按第三下,屏幕显示 DAR(吸收比)同时时间比值设定为 60s∶30s;短按第四下,将取消 PI/DAR(绝缘极化指数吸收比)测试功能。只要选定一个您所需要的时间比,然后即可按测试按键进行测试。

在绝缘电阻和 CONTINUITY 挡没有测试时,长按该键,即可进行相关参数的设定(要按"ENTER/RECALL"键确认设定参数),绝缘电阻功能挡参数设定有如下。

(1)步进电压设置:设置范围该功能挡电压的 50% ~120%。

(2)定时时间设置从 1min 到 10min;

(3)比较值设置:500kΩ、1MΩ、2MΩ、5MΩ、10MΩ、20MΩ、50MΩ、100MΩ、200MΩ、500MΩ 可选。

CONTINUITY 功能挡参数设定有如下。

(1)测试电流设置:20mA/200mA 可选。

(2)比较值设置:1Ω、2Ω、5Ω、10Ω、20Ω 可选。

(3)蜂鸣功能设置开或关(在比较功能

关闭的情况下，蜂鸣功能开启后测试值 < 30Ω，蜂鸣器会长响）；LCD 显示“bu ON”或“bu OFF”通过上下键切换成 OFF 按 ENTER 键关闭蜂鸣功能，切换成 ON 按 ENTER 键开启蜂鸣功能。长按 SET UP 按键退出设置。

6）锁定/定时

在绝缘电阻挡没有测试时，短按“TIMER/LOCK”键，定时功能打开，再短按该按键将关闭此功能，在 SETUP 模式下设定，定时时间可设定为 1 ~ 10min。长按该按键锁住功能被关闭（开机时该功能是打开的）。再长按此按键锁住功能将打开，测试当转盘开关处于 INSULATION 和 CONTINUITY 位置时，按“TEST”按键将启动绝缘和导通连续性测试，再按此键关闭测试（当锁定功能开启）。

7）上调

按“▲”按键有以下功能：

（1）功能一，用于 SET UP 模式参数向上设定。

（2）功能二，用于保存测量数据调出时的上检索。

8）下调/选择

按“▼/SELECT” 按键有以下功能：

（1）功能一，用于 SET UP 模式参数向下设定。

（2）功能二，用于保存测量数据调出时的下检索。

（3）功能三，在电阻/电容挡，选择电阻挡或电容挡。

（4）功能四，在绝缘电阻挡，选择电压显示或电流显示（在测试状态下）。

交流电压测量

3 测量操作说明

1）交流电压测量

（1）将红色表笔插入“V”插孔（红色孔），黑色表笔插入“EARTH” 插孔（黑色孔）。

（2）将转盘开关旋转置“V ~”挡位，并将表笔并联到待测电源或者负载两端上。

（3）从显示屏上即可读出当前的交流电压和频率测量值。

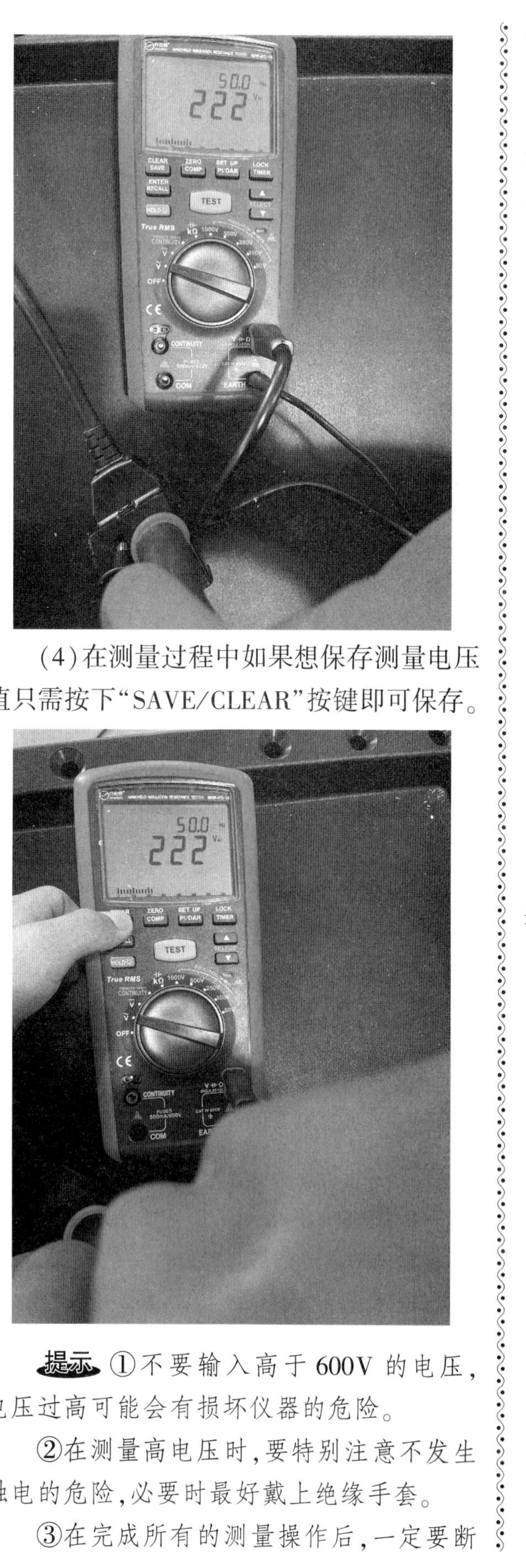

(4)在测量过程中如果想保存测量电压值只需按下“SAVE/CLEAR”按键即可保存。

提示 ①不要输入高于600V的电压,电压过高可能会有损坏仪器的危险。

②在测量高电压时,要特别注意不发生触电的危险,必要时最好戴上绝缘手套。

③在完成所有的测量操作后,一定要断开表笔与被测电路的连接。

2)直流电压测量

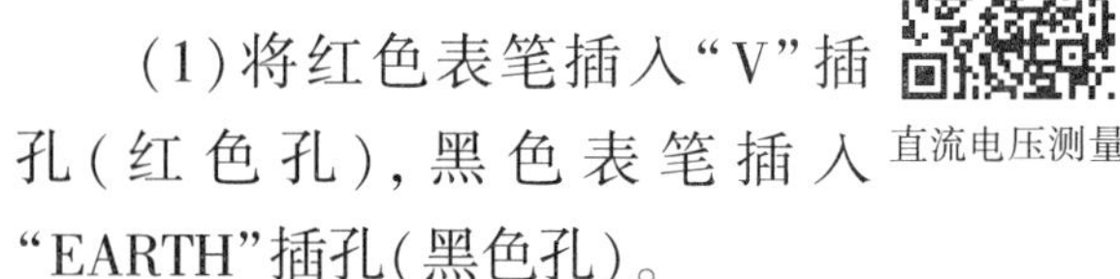

直流电压测量

(1)将红色表笔插入“V”插孔(红色孔),黑色表笔插入“EARTH”插孔(黑色孔)。

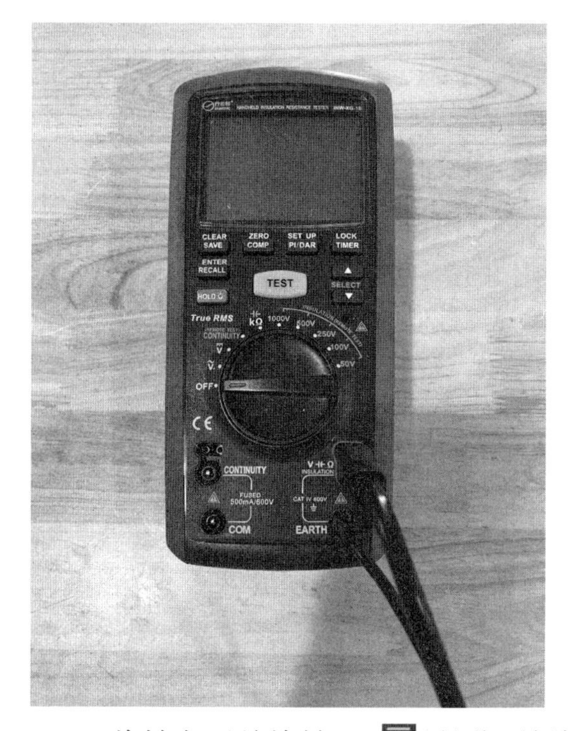

(2)将转盘开关旋转置“$\overline{\text{V}}$”挡位,并将表笔并联到待测电源或者负载两端上。

(3)从显示屏上即可读出当前的直流电压测量值。

(4)在测量过程中,如果想保存测量电压值,只需按下“SAVE/CLEAR”按键即可保存。

提示 ①不要输入高于600V的电压,电压过高可能会有损坏仪器的危险。

②在测量高电压时,要特别注意不发生触电的危险,必要时最好戴上绝缘手套。

③在完成所有的测量操作后,一定要断开表笔与被测电路的连接。

3)CONTINUITY测量

(1)将红色表笔插入“CONTINUITY”插孔(红色孔),黑色表笔插入COM插孔(黑色孔)。

(2)将转盘开关旋转置“CONTINUITY”挡位,并将表笔并联到待测电中。

(3)按下“TEST”按钮,显示屏显示测量值。

(4)在测量过程中,如果想保存测量电压值,只需按下“SAVE/CLEAR”按键即可保存。

(5)为了保证测量准确度,测量前需对仪表表笔做归零,目的是去除表笔带来的误差。具体操作为先将两表笔的鳄鱼夹短路,按下“TEST”按键后,屏幕读数显示低于“2.00Ω”的电阻值,再长按“COMP/ZERO”3s,屏幕左上角显示“ZERO”符号,并且屏幕读数显示为“0.00Ω”表示归零成功。在测试中,若熔断丝失效仪表屏幕会显示“FU FAIL”警告字符并停止测试,提示用户熔断丝已坏,请更换熔断丝后再使用。

(6)若想打开蜂鸣功能(当测试值<30Ω时,蜂鸣器会长响),请在SET UP功能中设置,LCD显示“bu ON”或“bu OFF”通过上下键切换成OFF按ENTER键关闭蜂鸣功能,切换成ON按ENTER键开启蜂鸣功能。

在蜂鸣功能使用时请确定关闭了比较功能。

提示 ①测量前确保被测物体本身不能带电,否则可能会导致仪表损坏或触电危险。

②在测试前,本仪表会对被测物体进行判断是否带电约高于2V,若有被测物体带电高于2V,屏幕会显示“UE HI FAIL”符号并禁止测量。

③当电阻超过最大显示量程时,仪表屏幕将显示“>100Ω”符号。

4)电阻测量

电阻测量

(1)将红色表笔插入“V”插

孔(红色孔),黑色表笔插入“EARTH”插孔(黑色孔)。

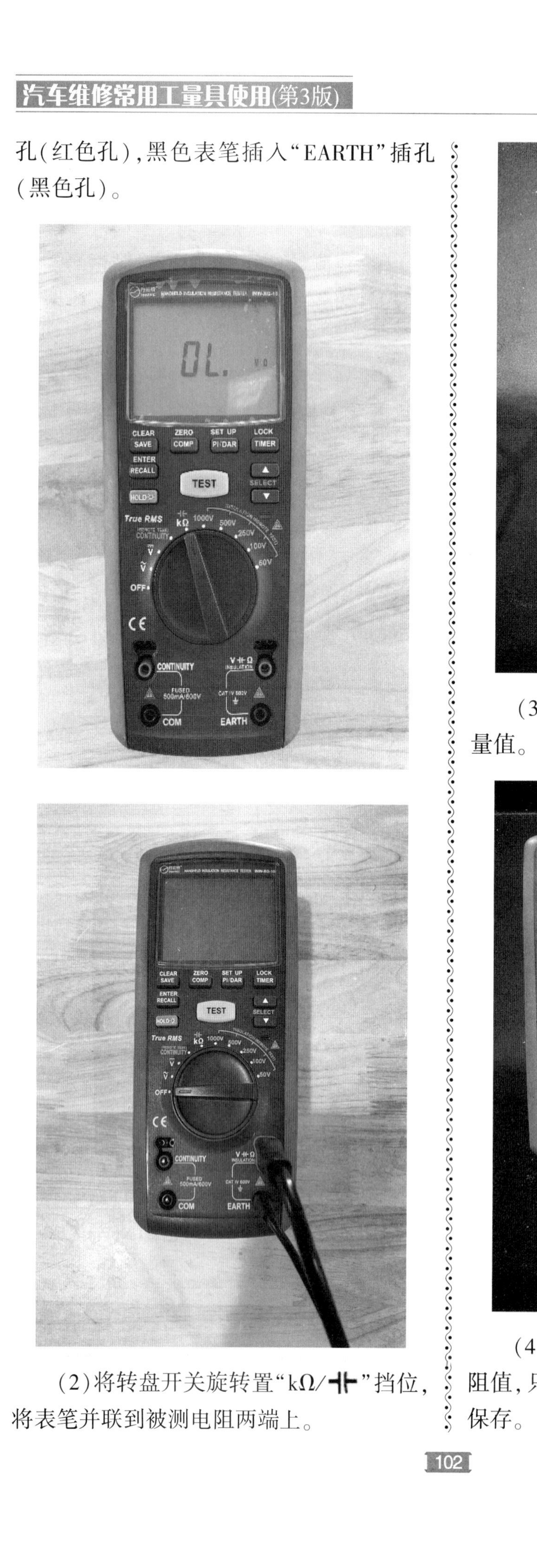

(2)将转盘开关旋转置“kΩ/⊣⊢”挡位,将表笔并联到被测电阻两端上。

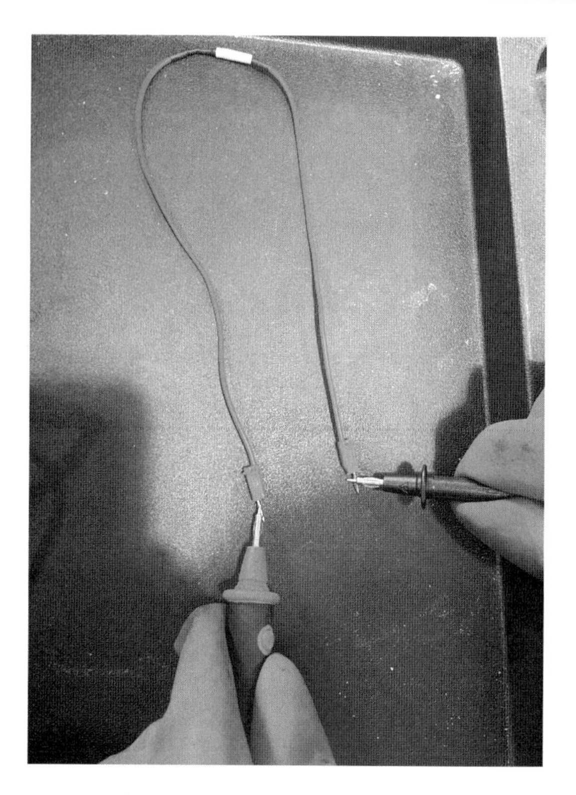

(3)从显示屏上即可读出当前的电阻测量值。

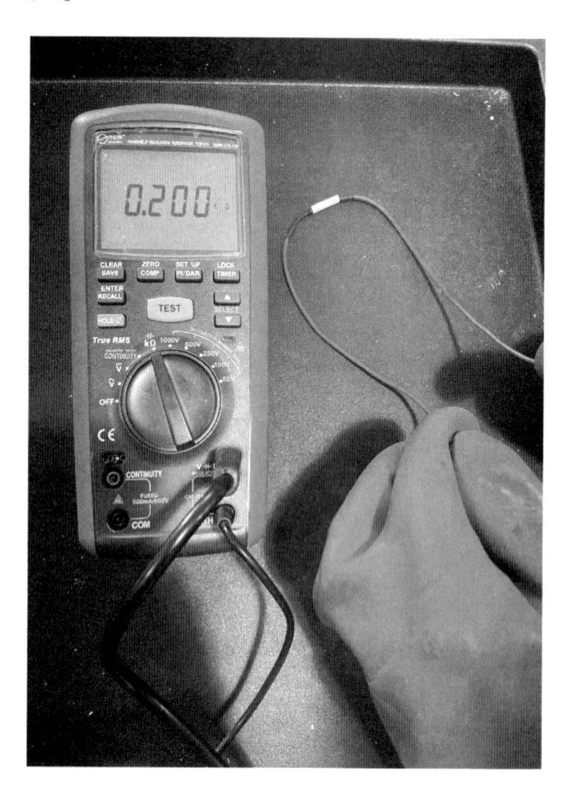

(4)在测量过程中,如果想保存测量电阻值,只需按下“SAVE/CLEAR”按键即可保存。

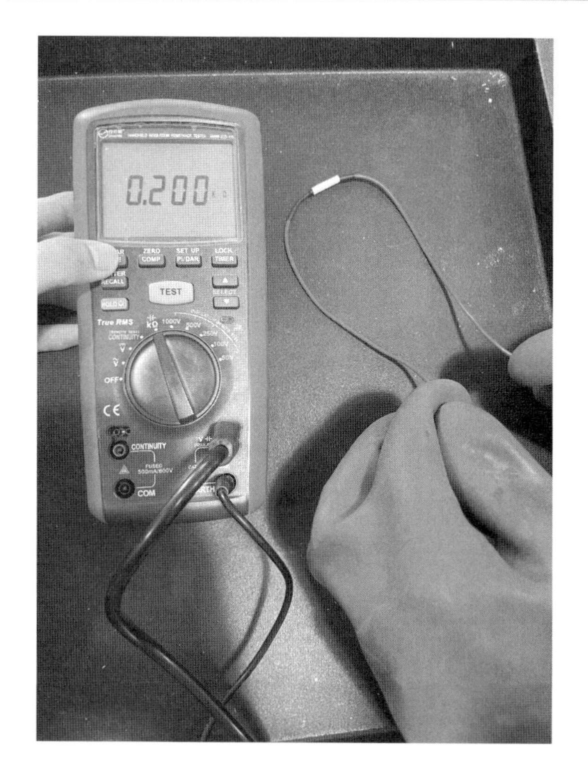

提示 当测量在线电阻时，在测量前必须先将被测电路电源关断。

5）电容测量

（1）将红色表笔插入“≂V”插孔（红色孔）。黑色表笔插入“EARTH”插孔（黑色孔）。

电容测量

（2）将转盘开关旋转置“kΩ/⊣⊢”挡位，将表笔并联到被测电容两端上。

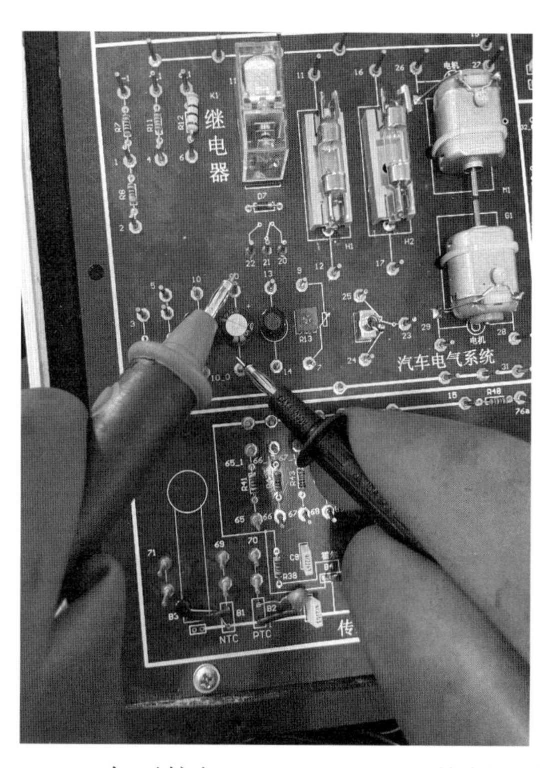

（3）向下按钮“▼/SELECT”，按键选择电容挡。

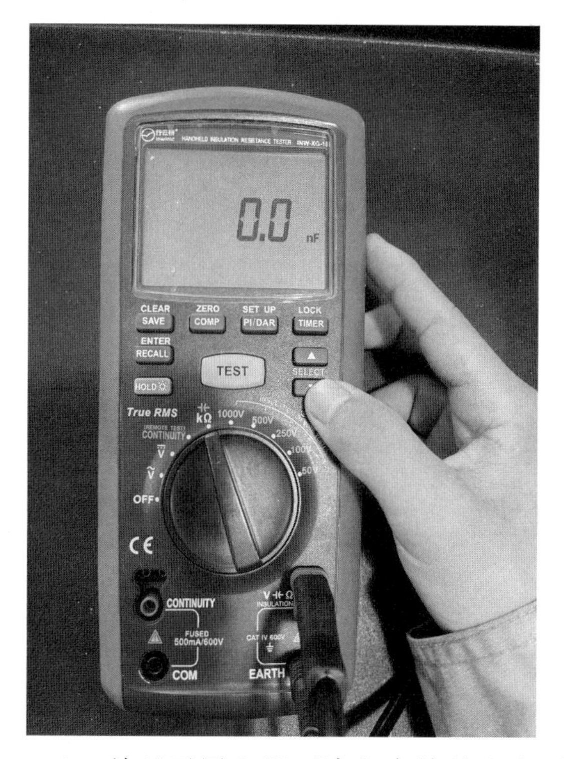

（4）从显示屏上即可读出当前的电容测量值。

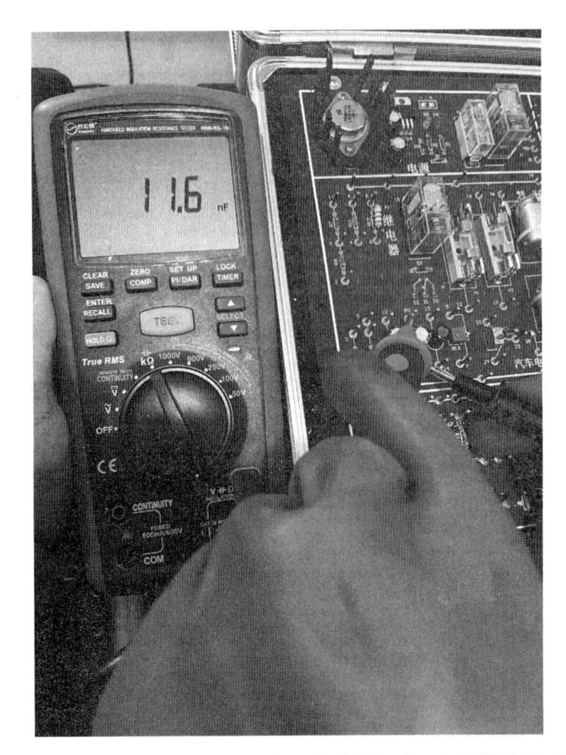

(5)在测量过程中,如果想保存测量电容值,只需按下"SAVE/CLEAR"按键即可保存。

提示 测量电容前请将电容器放完电,再进行测量。

绝缘电阻测量

6)绝缘电阻测量

(1)将红色表笔插入"V"插孔(红色孔),黑色表笔插入"EARTH"插孔(黑色孔)。

(2)将转盘开关旋转置INSUATION(绝缘电阻区),然后选择需要的测试电压。将表笔并联到待测电路中。

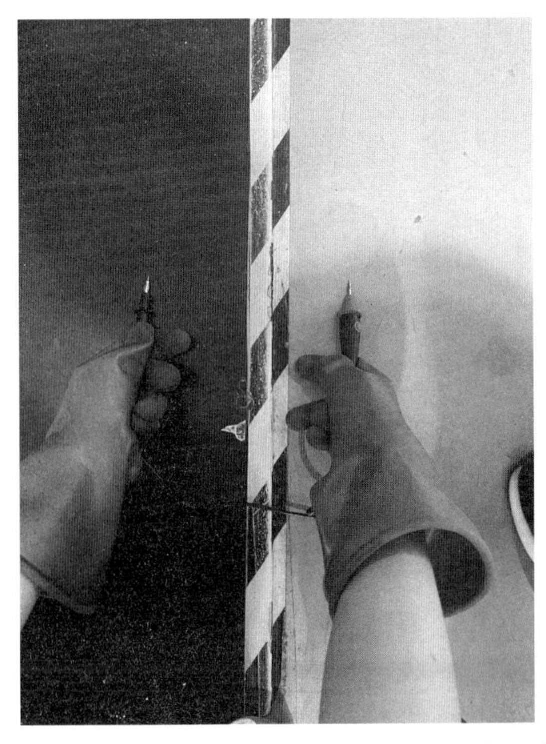

(3)按下仪表上的"TEST"按键或遥控

表笔上的“TEST”按键，然后从显示屏主显示区读出当前电阻值，在副显示区可以看到测试电压或电流值（按“▼/SELECT”选择），同时，屏幕会闪烁显示高压警示符号“⚡”。

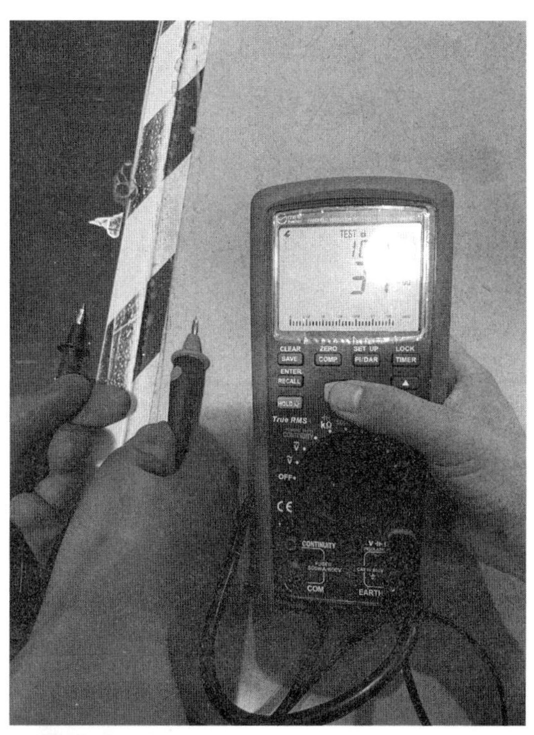

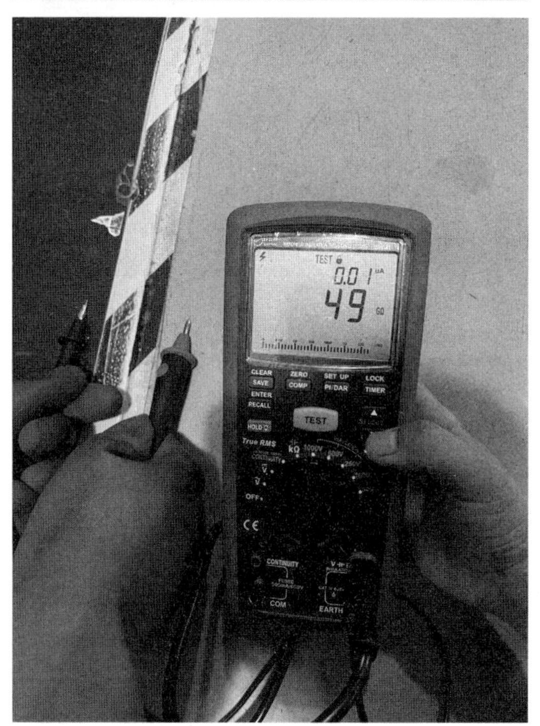

（4）按下“TEST”按键，高压输出时LCD屏幕会闪烁显示高压警示符号“⚡”，另外壳体的警告符号旁的红色报警灯点亮。

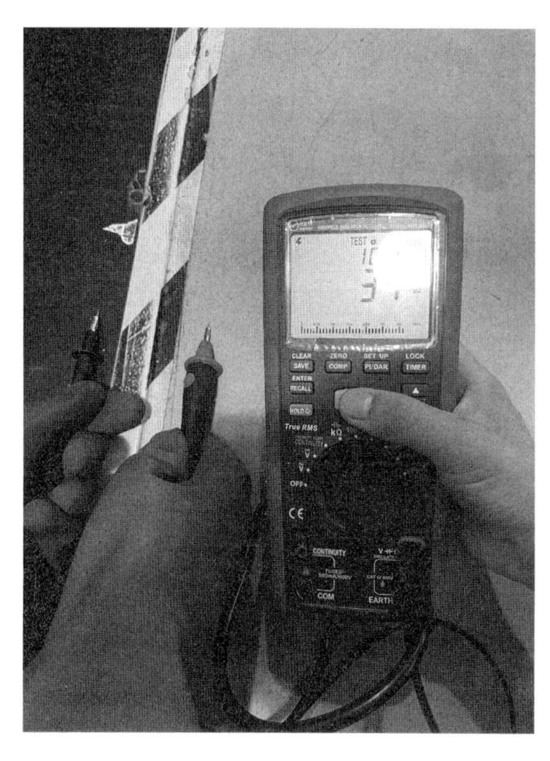

（5）在测量过程中，如果想保存测量值，只需按下“SAVE”按键即可保存。

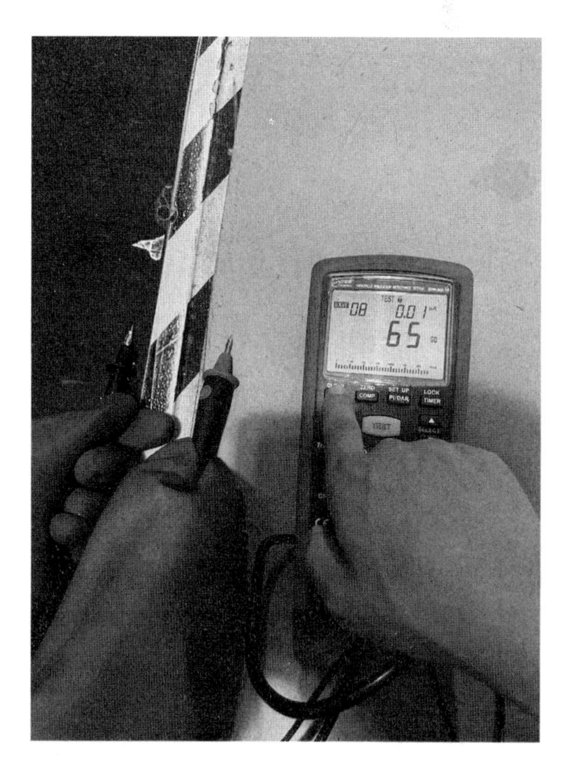

提示 ①测量前,确保被测物体本身不能带电,否则可能会测不准。

②在测试前,本仪表会对被测物体进行判断是否带电约高于50V,若有待测物体带电高于50V,LCD会显示高压符号并禁止测量。

③当电阻超过最大显示量程时,仪表屏幕将显示“>”符号及当前量程的最大电阻。

7)极化指数或绝缘吸收比

极化指数或绝缘吸收比

测量接线方法与绝缘电阻测量相同,只需设置为极化指数或吸收比即可:用“PI/DAR/SET UP”按键来设置测试仪表,进行绝缘极化指数或吸收比测试。在绝缘电阻挡没有测试时,短按第一下,屏幕显示PI(极化指数),同时屏幕显示时间比值设定为10min∶1min;短按第二下,屏幕显示DAR(吸收比)同时时间比值设定为60s∶15s;短按第三下,屏幕显示DAR(吸收比)同时时间比值设定为60s∶30s;短按第四下,将取消PV/DAR(绝缘极化指数/吸收比)测试功能。只要选定一个所需要的时间比,然后即可按测试按键进行测试。

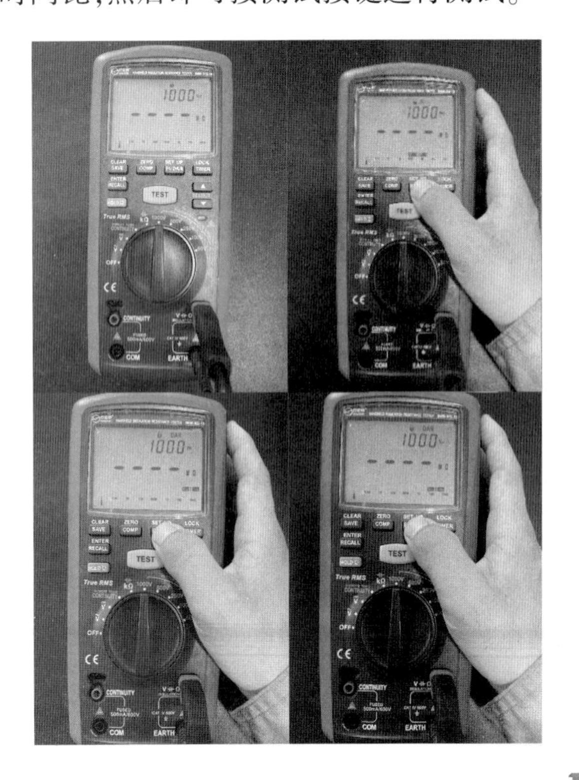

8)使用比较功能

在CONTINUITY和绝缘电阻模式下,短按“COMP/ZERO”按键,将打开比较功能,再短按该键,将关闭此功能。在SET UP设定模式下可选择不同的比较值,绝缘电阻测量功能挡可选择500kΩ、1MΩ、2MΩ、5MΩ、10MΩ、20MΩ、50MΩ比较值。CONTINUITY功能挡可选择1Ω、2Ω、5Ω、10Ω、20Ω比较值。要按“ENTER/RECALL”键确认设定参数,并长按SET UP退出。比较模式打开后,比较值和比较结果都会在屏幕上显示,比较结果显示为PASS或FAIL,FAIL时有警报声响。

9)使用数据存储功能

使用数据存储功能

(1)保存测量值:测量时,按“SAVE/CLEAR”按键,可以保存当前测量值,同时显示屏的存储条数加1组,最多可存99组;

(2)调出测量值:按下“ENTER/RECALL”按键,进入数据调出模式,然后按“上、下”按键查看已保存的数据。

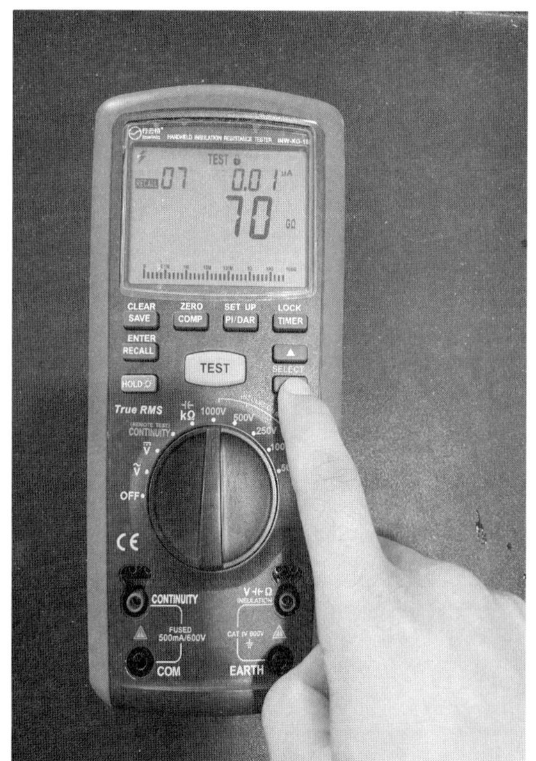

(3)清除内存测量数据:先按下“RECALL”按钮,进入数据调用模式,然后再长按“SAVE/CLEAR”按钮约3s,待显示屏上出现“—”时,则表示已将所有已经保存的数据清零。

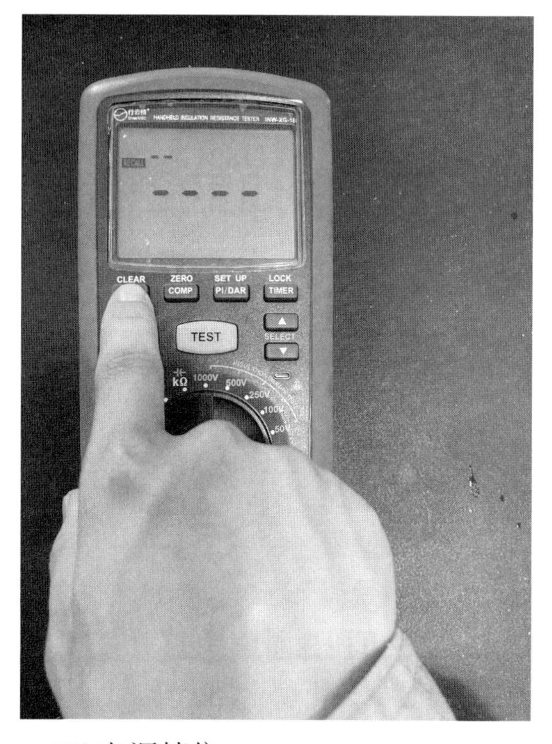

10)电源挡位

把旋钮开关置于“OFF”位置,即可关闭电源。

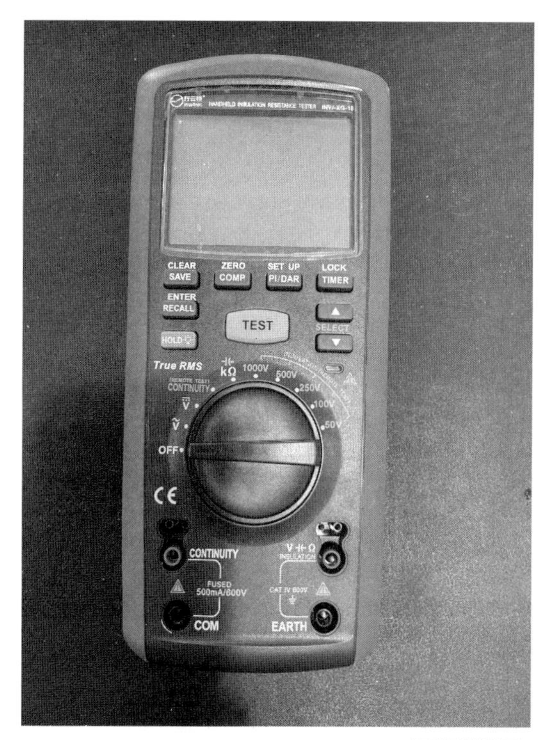

11)自动关机功能

关闭绝缘电阻测试仪

当仪表在10min内没有转动旋钮开关或按键动作,显

示器显示将消隐,随即仪表进入微功耗休眠状态,如果要唤醒仪表重新工作,只要将旋钮开关重新置于"OFF"位置,然后再置于某个测量挡位就可以唤醒仪表。

七 课后测试

1. 选择题

(1)万用表选择量程时,如果不能确定被测量的电流时,应该选择(　　)去测量。

A. 任意量程

B. 小量程

C. 大量程

D. 中量程

(2)使用万用表测量节气门位置传感器线性信号,选取以下哪个挡位合适?(　　)

A. $\overline{V}$　　B. $\widetilde{A}$

C. $\widetilde{V}$　　D. $\overline{A}$

2. 判断题(对的打√,错的打×)

(1)在测量某一电量时,不能在测量的同时换挡,尤其是在测量高电压或大电流时。(　　)

(2)万用表使用完毕,应将转换开关置于交流电压的最大挡或者 OFF 位置上。(　　)

(3)使用万用表电流挡测量电流时,应将万用表并联在被测电路中,因为只有并联才能使流过电流表的电流与被测支路电流相同。(　　)

项目六　汽缸盖螺栓拆装实例

一　项目说明

汽缸盖的作用是封闭汽缸的上部,并与活塞顶部、汽缸壁共同形成燃烧室。它由合金铸铁或灰铸铁制成。汽缸盖的结构取决于冷却方式、燃烧室的形状和气门的布置方式等因素。汽缸盖通过汽缸盖螺栓与汽缸体相连接。

汽缸盖的主要故障是翘曲变形、腐蚀、螺纹孔损伤等。汽缸盖变形容易导致零件配合不良、发动机运转不良、出现异响等故障,也会使汽缸体和汽缸盖之间密封不良,造成漏水、漏气和冲坏汽缸垫,使发动机的工作性能下降。其中,汽缸盖翘曲变形的主要原因是汽缸盖螺栓拧紧力矩不均匀或拆装汽缸盖时未按照规定顺序松紧汽缸盖螺栓。因此,在拆装汽缸盖螺栓过程中,应在常温下按照规范要求进行操作。

拆卸汽缸盖螺栓时,其拆卸顺序如下图所示,按标出的顺序分两次从两边到中间对称对角地对10个汽缸盖螺栓进行拆卸。

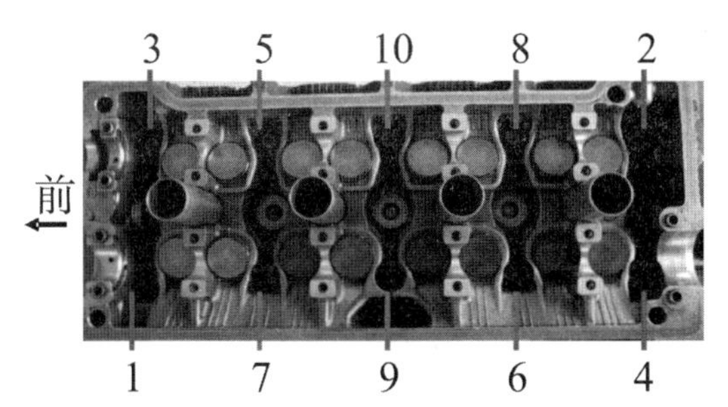

安装汽缸盖螺栓时,需对汽缸盖螺栓进行润滑,即在汽缸盖螺栓的螺纹和螺栓头处涂抹适量润滑油。汽缸盖螺栓的拧紧顺序与拆卸顺序相反,拧紧顺序如下图所示,这样操作可以避免汽缸盖在装配过程中发生翘曲变形,在安装汽缸盖的过程中要严格遵守。

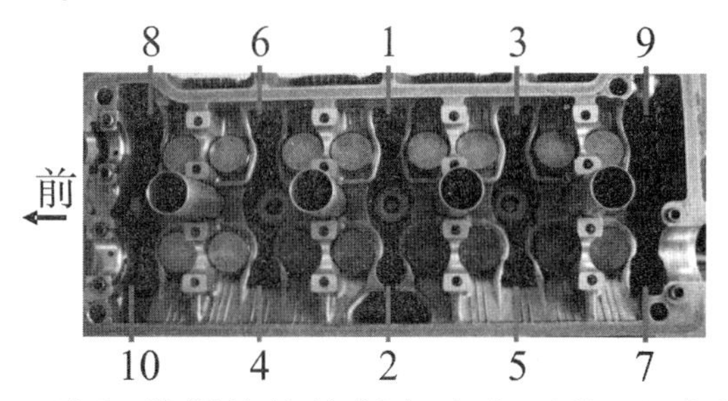

汽缸盖螺栓的拧紧方法有两种,即力矩拧紧法和“力矩 + 角度”拧紧法。装配拧紧的实质是通过螺栓的轴向预紧力将2个工件(如缸盖与缸体)可靠地连接在一起。因此,对轴向预紧力的准确控制是保证装配质量的基础。力矩拧紧法是通过控制拧紧力矩间接地实施预紧力,由于受到摩擦系数等多种不确定因素的影响,导致对轴向预紧力控制精度低,且轴向预紧力小而分散,容易造成材料利用率低和可靠性差。“力矩 + 角度”拧紧法主要通过将螺栓拉长到超弹性极限,达到屈服点,以实现既充分利用材料强度,又完成了高精度拧紧控制的目的。螺栓在两种拧紧方法中获得的力矩相当,区别在于使用力矩拧紧法时,螺栓产生的拧紧力的分散度是正确的“力矩 + 角度”拧紧法的

2~3倍。因此,建议采用“力矩+角度”拧紧法。

安装汽缸盖过程中,学生应严格按照技术标准进行操作。如果汽缸盖螺栓拧紧力矩超过标准拧紧力矩,会损坏汽缸盖螺栓;如果想按照标准拧紧力矩拧紧汽缸盖螺栓,由于学生对汽缸盖螺栓的损坏程度缺乏感性的认识也较难以实现。为了弥补这两个方面的不足,学校可自制汽缸盖螺栓的训练模块,如下图所示。参照丰田8A发动机汽缸盖螺栓的技术标准,用下图所示的训练模块来替代汽缸盖进行汽缸盖螺栓的拆装训练,既能完成汽缸盖螺栓的规范拆装训练,又能进行汽缸盖螺栓的破坏性试验,从而提高学生对汽缸盖螺栓损坏程度的感性认识,并能进行原因分析。

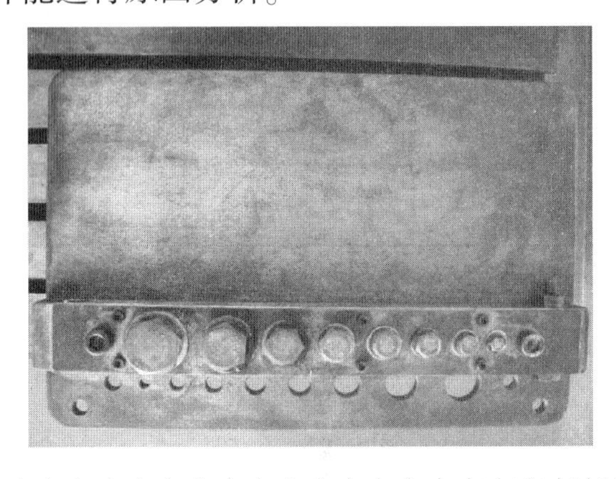

二 技术标准与要求

(1)丰田8A发动机汽缸盖螺栓拧紧标准:规定拧紧力矩29 N·m,再顺时针方向转过180°;

(2)丰田8A发动机的汽缸盖螺栓标准长度:A-全长90mm,B-全长108mm;

(3)丰田8A发动机的汽缸盖螺栓采用M10的螺栓。

三 实训时间

共1课时。

四 实训教学目标

(1)了解正确拆装汽缸盖螺栓的重要性和必要性;

(2)掌握扭力扳手、转角扳手、套筒等汽车维修通用工具的正确选用及使用;

(3)掌握汽缸盖螺栓拆卸的技术标准,并能按技术标准熟练拆装汽缸盖螺栓;

(4)能对汽缸盖螺栓损坏进行判断和原因分析;

(5)依据5S(5S的含义:整理、整顿、清洁、清扫、自律)管理的要求,培养学生安全、规范的操作习惯;

(6)培养敢担当、能吃苦的职业精神。

五 教学场地与教学器材

1 教学场地

工量具及基本功实训中心

2 教学器材

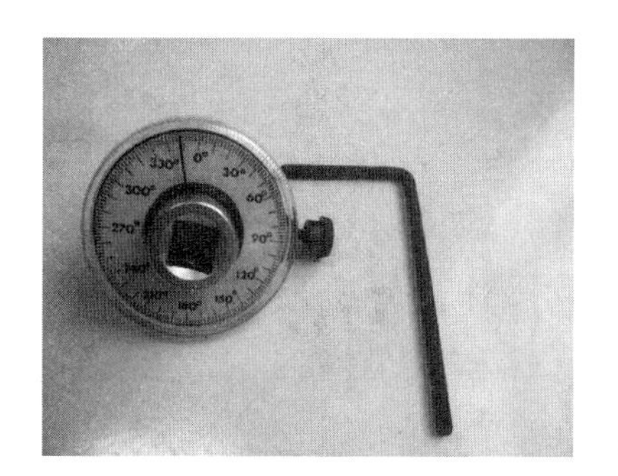

转角扳手

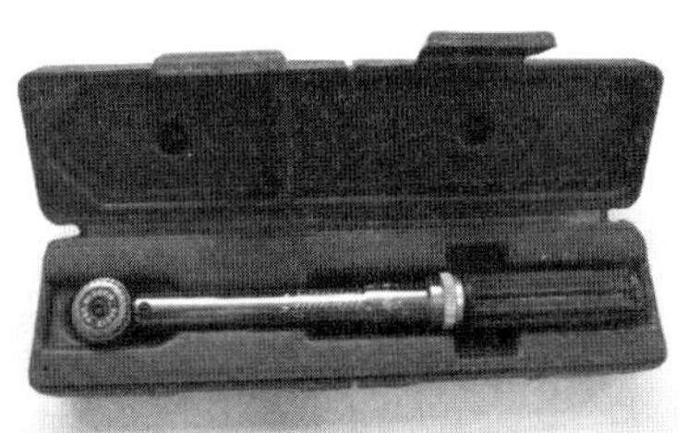

预置式扭力扳手
(力矩范围:10～100N·m)

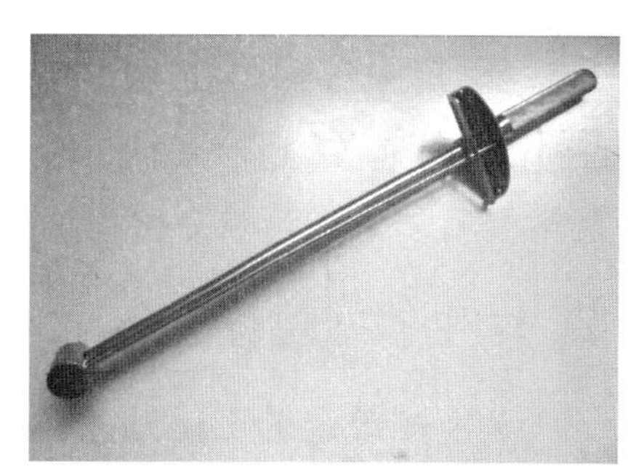

指针式扭力扳手

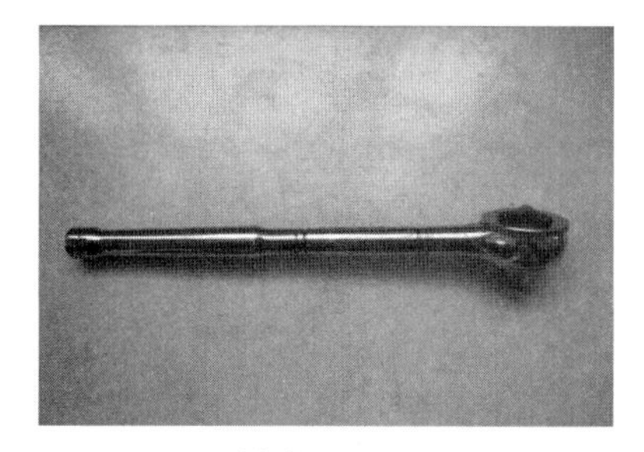

棘轮扳手

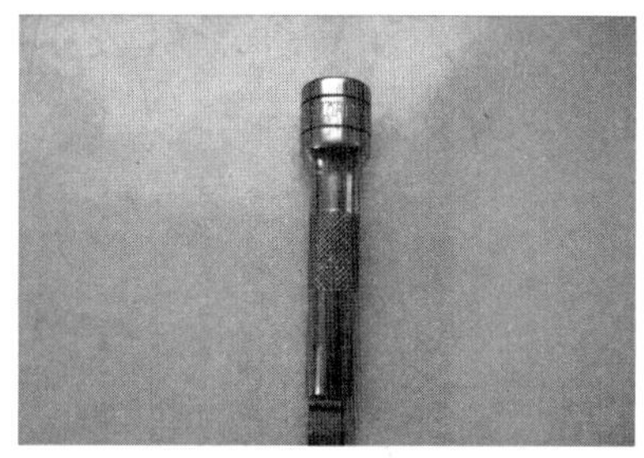

短接杆

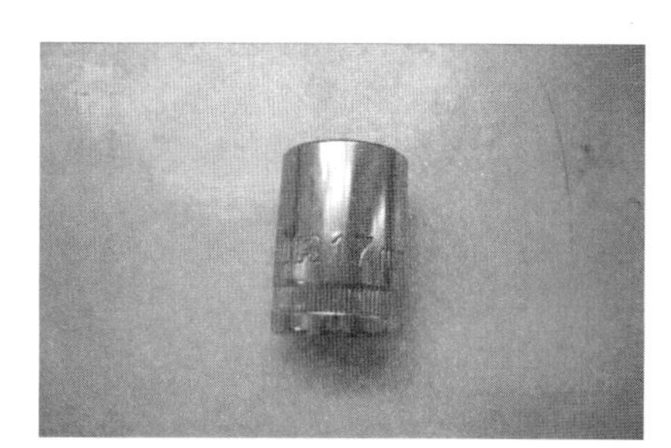

17mm 套筒

机油壶

红色油漆

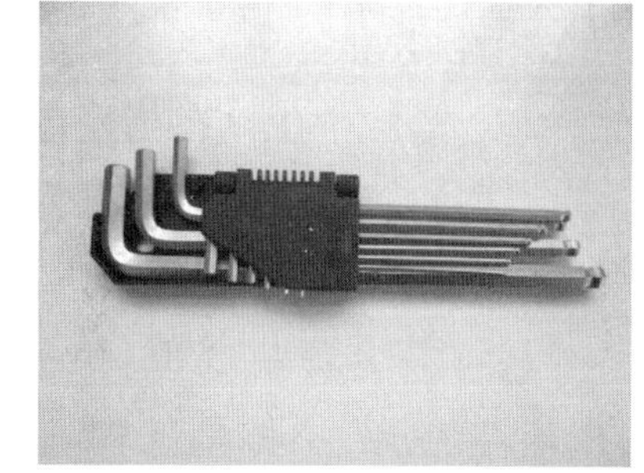

内六角扳手

汽缸盖螺栓训练模块

六 教学组织

1 教学组织形式

此实训教学项目为实训操作课,1 名实训教师,22 名学生,实验室共有 11 张多功能工作台,每张工作台左右 2 个工位,每个工位都装有汽缸盖螺栓的训练模块,每个工位安排 1 名学生进行独立操作。

2 学生的站位分工和要求

学生按规定的工位站立,并按教师的指令同时进行独立的操作。

3 实训教师职责

确定每位学生的工位;讲解实训项目的操作步骤和相关的注意事项,并进行示范操作;组织学生进行操作;巡视、检查、指导和纠正学生操作中的错误;课堂总结;组织学生对实验室进行清洁整理。

4 学生职责

认真听取教师的讲解,做好课堂笔记;观察教师的示范操作,独立完成实训项目,注意操作的规范性和安全性;自我总结;做好课后的清洁整理工作。

七 操作步骤

1 作业准备

1)学生准备

(1)每位学生站在指定的工位上。

提示 工位安排时,根据学生的身高从矮到高、从前往后排列。

(2)学生着装规范:拉链拉好,袖口扣好,衣领整齐,不佩戴任何首饰。以跨列姿势站在工作台边约 50cm 位置,面向前方。

提示 贯彻5S管理要求,保证学生良好的精神面貌,确保操作的安全性并提高工作效率。

2)器材准备

(1)把工具放置在工作台的工、量具架内。清洁毛巾放置在工作台零件架的右边。

提示 工具必须按要求摆放整齐,并要求学生检查放置的工具是否齐全,如有缺少及时向老师报告反馈。

(2)将汽缸盖螺栓训练模块安装到多功能工作台上,并检查是否有缺损。

提示 汽缸盖螺栓训练模块的底部通过螺栓固定在工作台的钢槽上。

2 清洁检查

(1)清洁工作台。

提示 清洁工作台时要全面清洁。

(2)清洁各个工具。

提示 清洁时要确保毛巾是干净的,每个工具清洁时都要全面到位,清洁过程中要轻拿轻放工具。

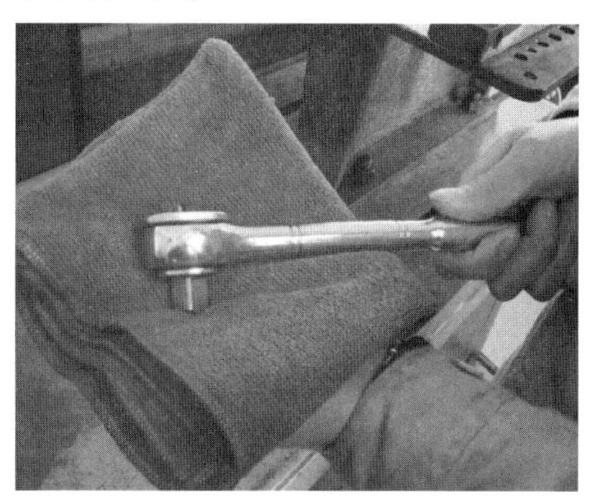

(3)清洁汽缸盖螺栓训练模块。

(4)检查各个工具。

提示 重点检查指针式扭力扳手指针是否对零,预置式扭力扳手锁紧装置是否完好,棘轮扳手和转角扳手是否有缺损。如有问题,应及时向老师报告反馈。

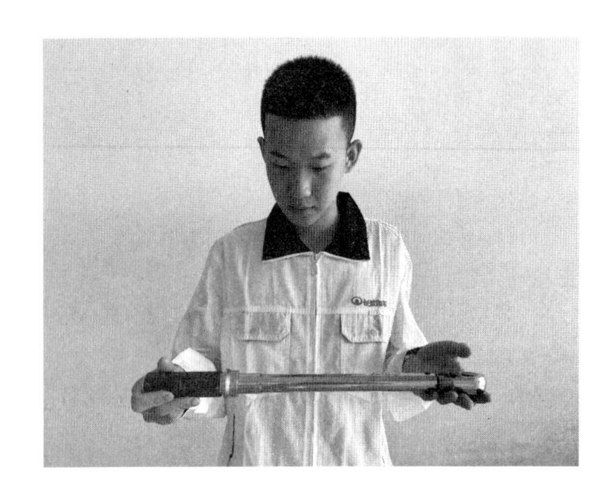

3 汽缸盖螺栓拧松

(1)用手先将短接杆跟专用套筒连接,再与指针式扭力扳手连接。

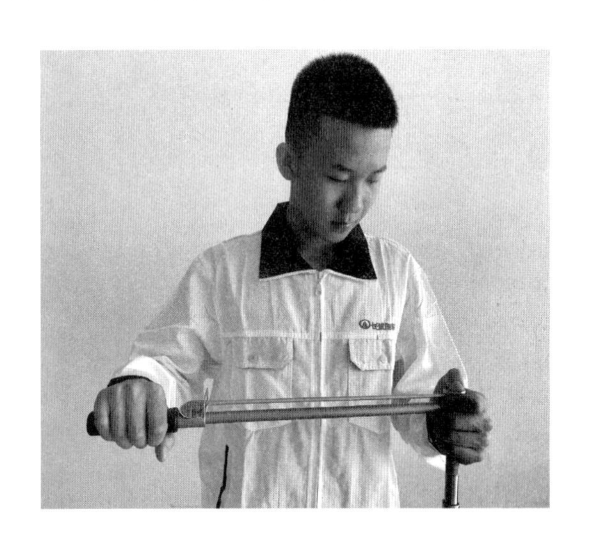

(2)用指针式扭力扳手旋松汽缸盖螺栓。

提示 ①旋松时,要左手握扭力扳手的手柄,右手按在扳手头部,左手手臂与扭力扳手成90°角,往身体方向拉扳。

②要保证接杆、套筒垂直并完全套住螺栓,不要倾斜而滑脱。

(3)汽缸盖螺栓旋松后,把指针式扭力扳手与短接杆分开,把指针式扭力扳手放回工作台的工量具架内,拿取棘轮扳手。

提示 采用棘轮扳手能快速拆下螺栓。

(4)将短接杆跟专用套筒连接,再与棘轮扳手连接。

提示 不同型号的棘轮扳手连接方式各有不同。

(5)将棘轮扳手锁紧机构调整到拧松位置。

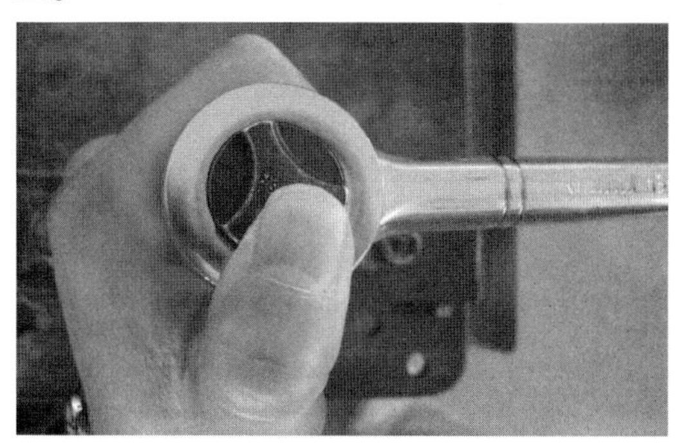

(6)右手摇动棘轮扳手的手柄,左手压住套筒与扳手的连接处,旋松汽缸盖螺栓,直到螺栓完全松脱为止。

提示 棘轮扳手手柄摇动时,不允许把棘轮扳手旋转360°,一般在30°范围内摆动即可。

(7)分开套筒、接杆和棘轮扳手,并将其放回工作台的工量具架内。

(8)用手旋下螺栓与垫片。

提示 此时手上不允许拿工具。

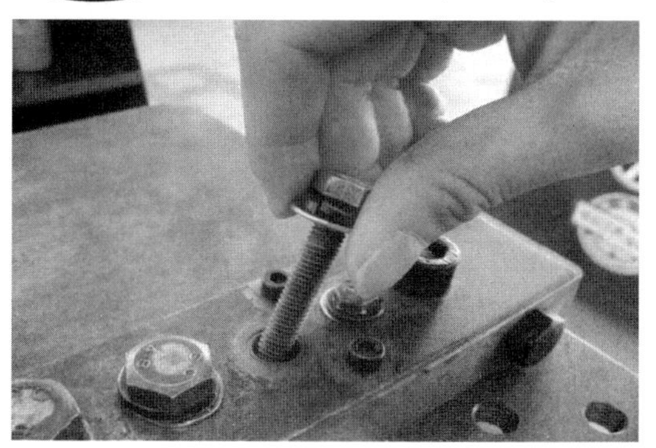

(9)将汽缸盖螺栓以及垫片按照次序取出,放置到工作台上。

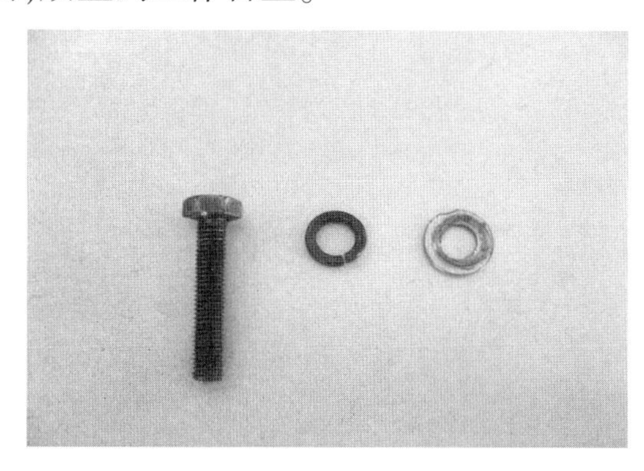

提示 要求拆下的零件按次序整齐摆放,让学生养成规范操作的习惯。

4 装上汽缸盖螺栓

(1)清洁螺栓安装孔。

零件安装之前,必须先对安装部位进行清洁。

(2)对螺栓孔加注机油。

在螺栓安装之前,加一点机油起到润滑保护作用。

提示 机油只需一两滴即可。

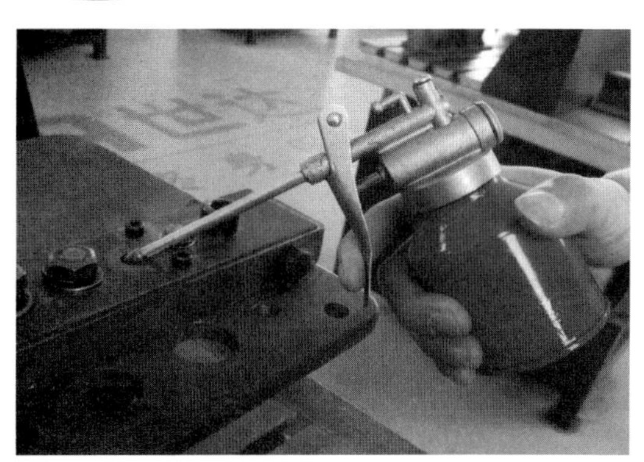

(3)用机油枪在汽缸盖螺栓的螺纹和螺栓头处滴上机油。

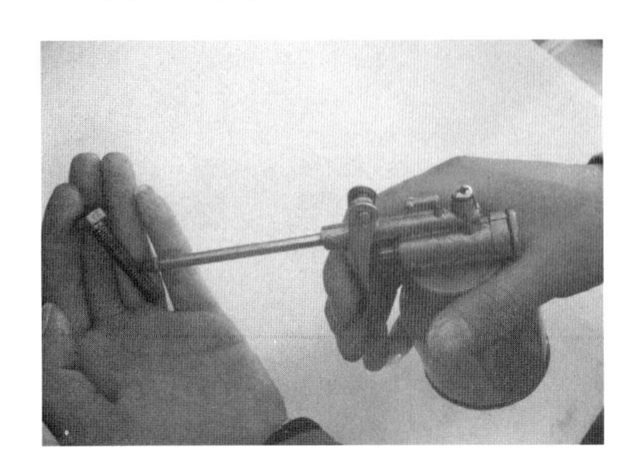

(4)用手将机油均匀地涂抹在汽缸盖螺栓的螺纹和螺栓头位置。

(5)在汽缸盖螺栓上装上相应尺寸的弹簧垫片和平垫片,以便于螺栓的紧固。

提示 一般发动机大修时,汽缸盖垫片和螺栓都应换用新品。

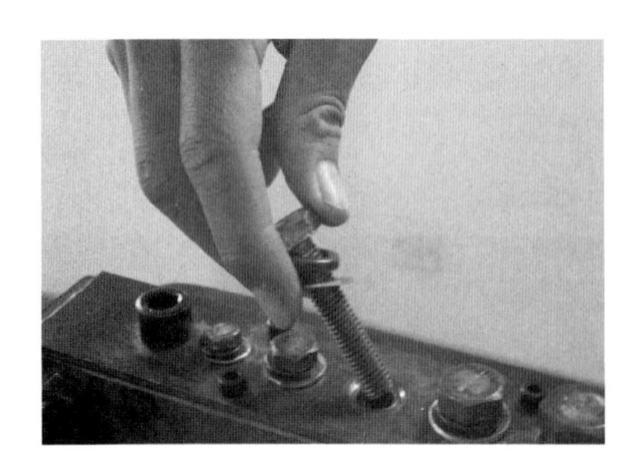

(6)将汽缸盖螺栓安装到位,保证垂直安装,不要倾斜,否则容易使螺栓在安装时损坏。

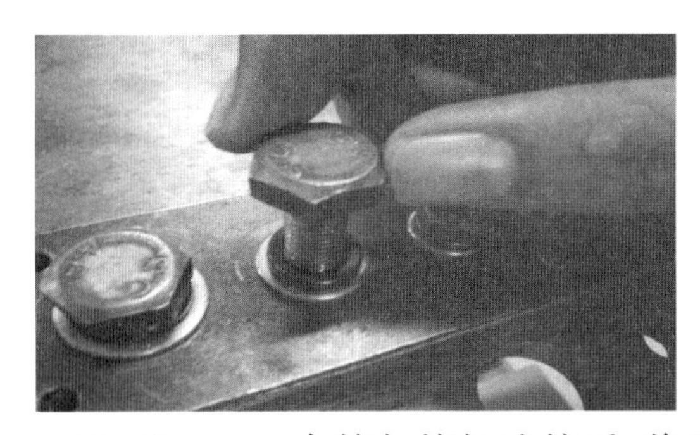

(7)用17mm套筒与接杆连接后,将汽缸盖螺栓初步旋紧。

(8)选用17mm套筒、短接杆和棘轮扳手组装。

提示 不同型号的棘轮扳手的组装方式各有不同。

(9)将棘轮扳手锁紧机构的位置调整到拧紧位置。

(10)右手摇动棘轮扳手的手柄,左手压住套筒与扳手的连接处,用棘轮扳手拧紧汽缸盖螺栓。

提示 ①拆卸与装复手势一样,只需调整锁紧机构即可。

②转动角度:不允许把棘轮扳手旋转360°,一般在30°范围内摆动即可。

(11)将棘轮扳手与套筒、接杆分开,并把棘轮扳手放回工具架内。

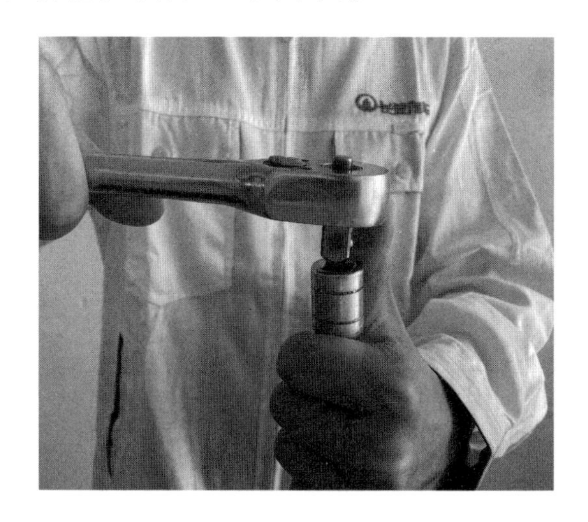

5 分两次拧紧汽缸盖螺栓

(1)拿取预置式扭力扳手。

提示 用双手拿取预置式扭力扳手,左手拿住扳手的左端,右手拿住右端,不可单手握在扭力扳手的杆身取出。

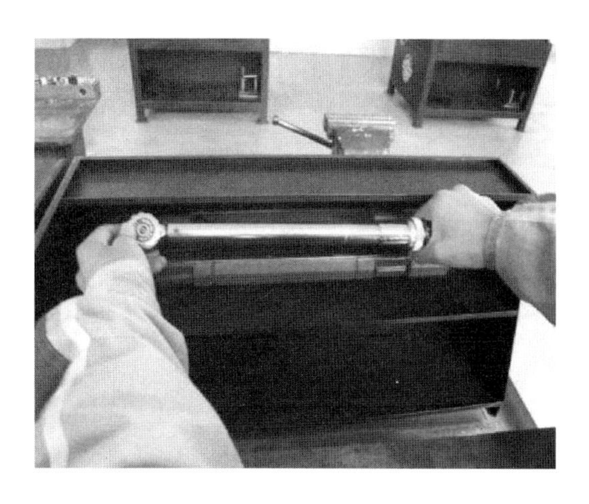

(2)打开锁止。

右手握住柄部,用左手顺时针转过一个角度,打开锁止,即转至标明 UNLOCK 的位置。

(3)用右手握在扳手的柄部位置,左手握住扳手的头部位置,右手转动手柄,把扭力调整到15N·m。

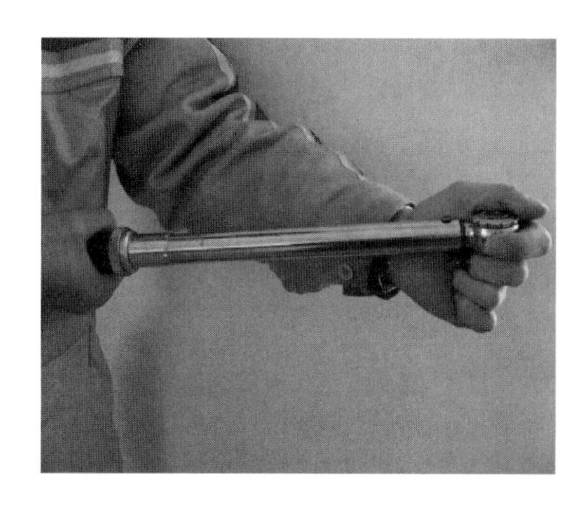

提示 0 刻度线对准"15 下"标记线位置。

(4)锁止扭力扳手。

右手握在柄部,用左手逆时针转过一个角度进行锁止,即转至标明 LOCK 的位置。

(5)选用 17mm 套筒、短接杆与预置式扭力扳手组装。

提示 工具组装时要到位正确。

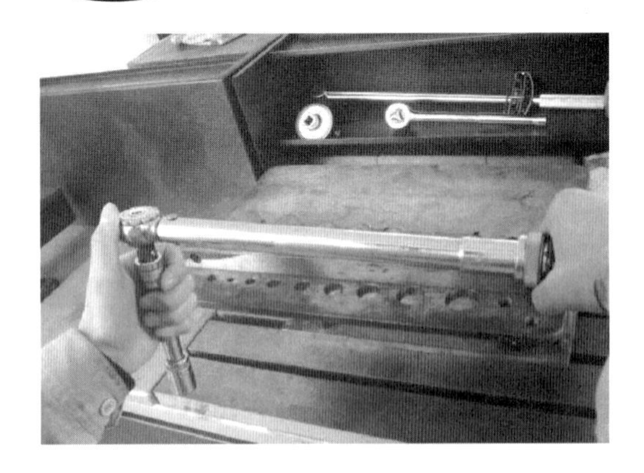

(6)调节预置式扭力扳手棘轮机构至拧紧状态。

提示 左手握住扭力扳手手柄位置,右手握住套筒与扭力扳手连接处,用拇指把调节棘轮机构逆时针转过一定角度,使棘轮机构处于拧紧状态。

(7)右手握住扭力扳手的手柄,左手按压在扭力扳手调节棘轮机构位置,右手手臂与扭力扳手成 90°角,顺时针方向往身边拉扳一定角度,当听到"咔嗒"声时,表明已拧紧到设定的力矩,即汽缸盖螺栓第一次被拧紧到 15N · m,此时应立即停止用力。

提示 ①转动角度:最好一次拧到所需力矩,不能超过 120°。

②切勿在达到预置扭力后继续用力,如果继续用力,除了会对扳手造成严重损害外,还会使扭力大大超出预设值,损坏螺母。

③听到"咔嗒"声后,用右手逆时针方向转回一定的角度。

(8)打开锁止。

右手握在柄部,用左手顺时针转过一个角度,打开锁止,即转至标明 UNLOCK 的位置。

(9)调整扭力扳手到规定力矩(29N·m)。

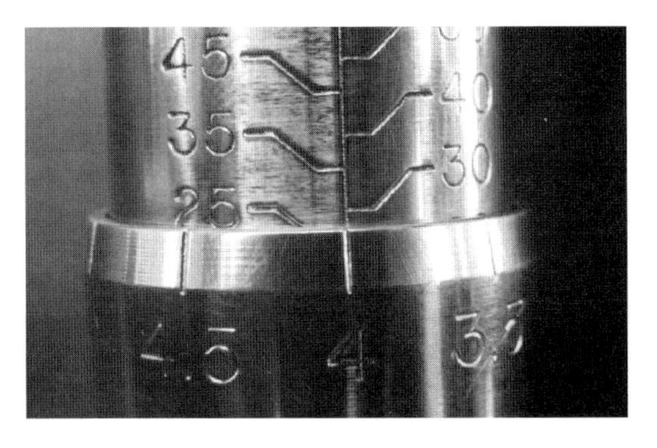

(10)锁止。

右手握在扭力扳手手柄部位,用左手逆时针转过一个角度进行锁止,即转至标明LOCK的位置。

(11)将汽缸盖螺栓第二次拧紧至29N·m(方法同前)。

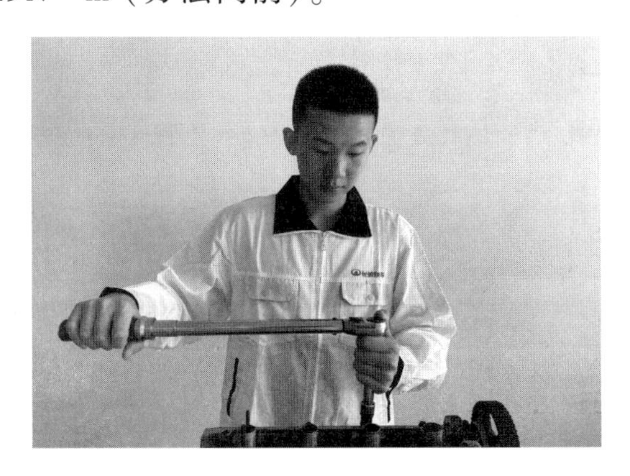

(12)将17mm套筒、短接杆与预置式扭力扳手分离,放回工作台工量具架上。

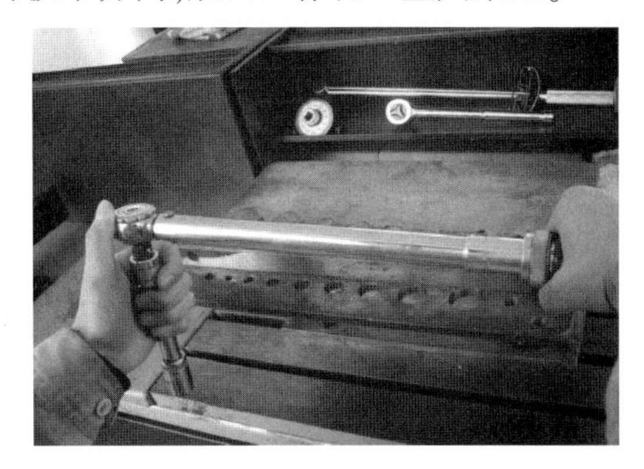

6 分两次转动汽缸盖螺栓180°

1)方法一:采用转角扳手

(1)旋动固定螺母,把转角扳手的定位杆与转角扳手的转盘固定。

(2)用手先将17mm套筒与转角扳手连接,再与指针式扭力扳手连接。

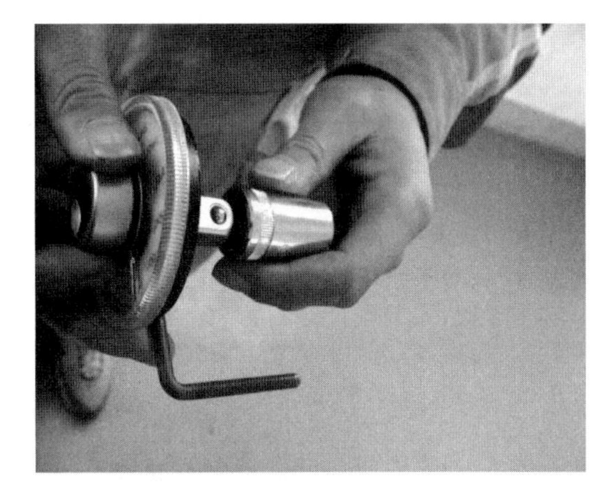

(3)把套筒套住汽缸盖螺栓,调整定位杆的位置,使定位杆的前端完全插入定位孔中。

(4)将指针式扭力扳手与转角扳手连接,顺时针转过90°。

提示 ①转动时眼睛要看着转角扳手指针的偏转角度,要求转过的角度要到位,即转角扳手的转盘指针指向90°。

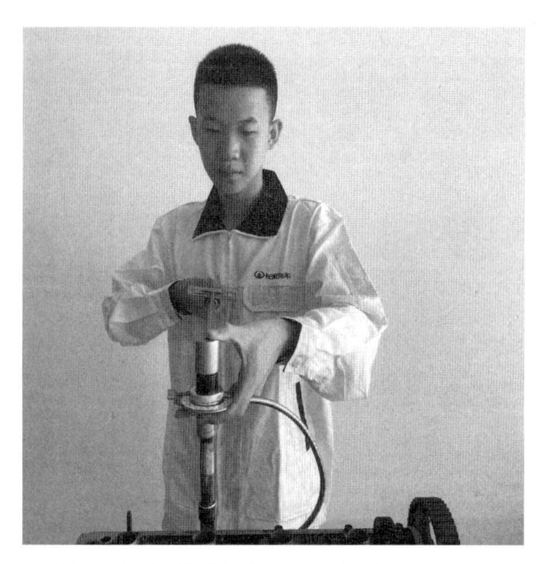

②不允许将螺栓一次拧紧180°。

③再次用指针式扭力扳手顺时针转动螺栓90°,使转盘指针指向180°。

提示 要求转过的角度要到位。

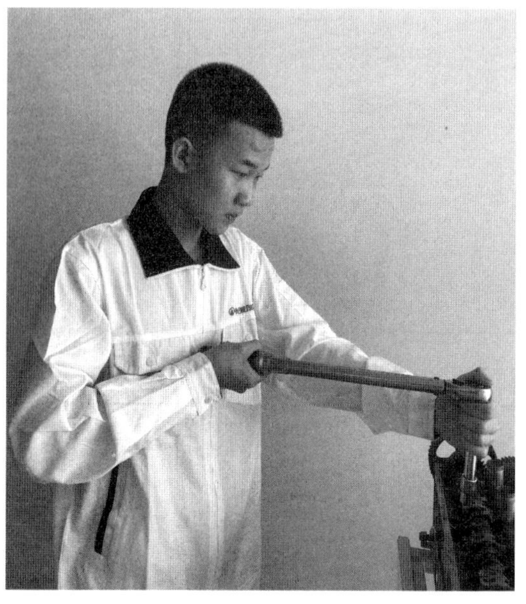

2)方法二:采用点漆的方法

(1)用手先将短接杆跟专用套筒连接,再与指针式扭力扳手连接。

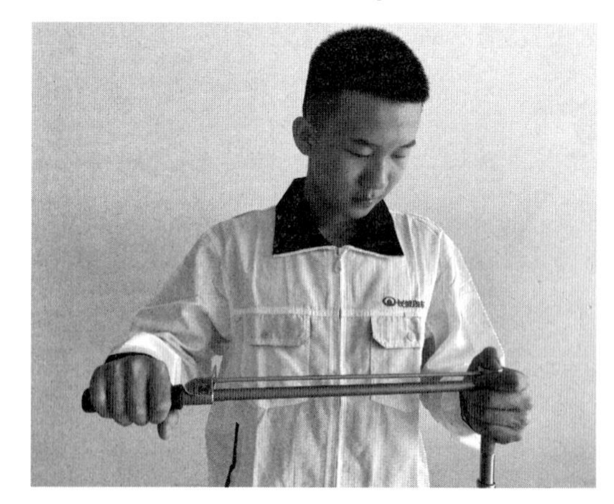

(2)用红色油漆在汽缸盖螺栓上做好标记。

提示 在用油漆做标记时,应将油漆涂在合适位置,一般为了操作方便将油漆涂在"三点钟"的位置,而且不宜涂过多油漆,防止拧紧后分辨不清螺栓转过的角度。

(3)用指针式扭力扳手顺时针转动螺栓 90°。

提示 转动的角度应尽量准确。

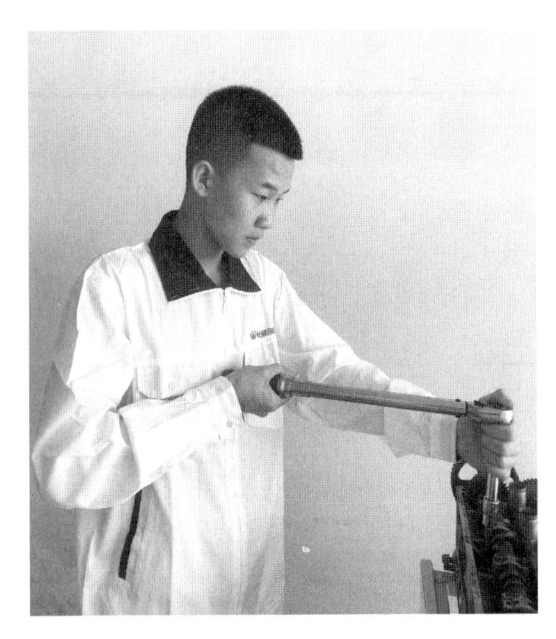

(4)检查油漆标记是否到位。

提示 如果检查油漆标记没有到位，应再次用扭力扳手拧紧到规定位置。

(5)再用指针式扭力扳手顺时针转动螺栓 90°。

提示 转动的角度应尽量准确。

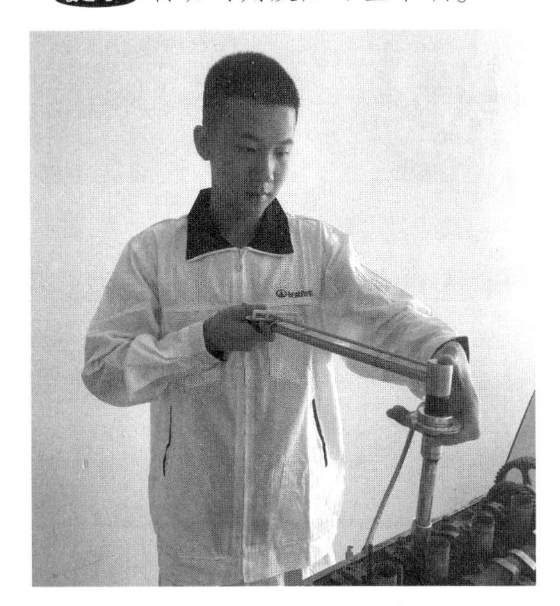

(6)检查油漆标记是否到位。

提示 如果检查油漆标记没有到位，应再次用扭力扳手拧紧到规定位置。

(7)用干净的抹布将油漆标记擦去。

提示 油漆标记要擦除得干净彻底。

(8)检查油漆标记是否擦干净。

7 汽缸盖螺栓破坏性试验

(1)在拧紧的汽缸盖螺栓上再施加30~50N·m的力矩。

(2)拆开汽缸盖螺栓训练模块。

提示 汽缸盖螺栓训练模块用内六角螺栓固定,拆卸时选用内六角扳手拆下。

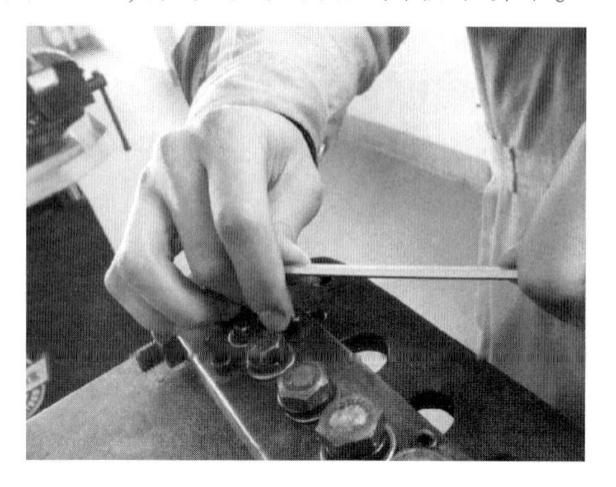

(3)拿出里面的螺母和螺栓。

(4)观察在大力矩的情况下汽缸盖螺栓的损坏情况。

(5)与正常的汽缸盖螺栓进行比较,并让学生分析原因。

8 清洁整理

(1)工具分解:使用完工具,应将工具进行分解。

提示 将套筒、接杆与扭力扳手依次分开。

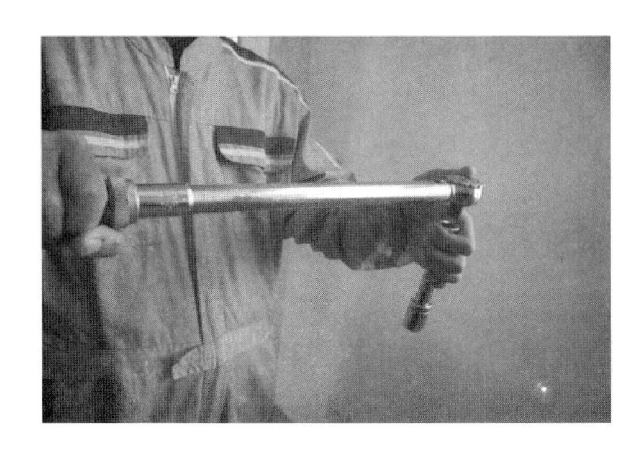

(2)工具清洁:分解完毕后,应用干净的抹布对各个工具进行清洁(特别是扭力扳手的头部、手柄处等)。

(3)用手将预调式扭力扳手调整至零位,清洁后将其放回原处。

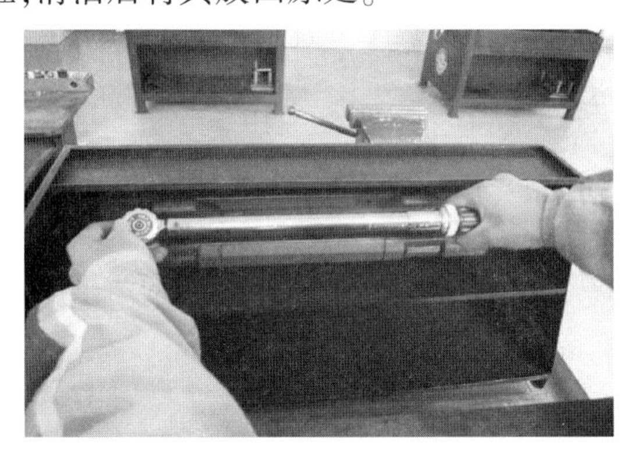

提示 预调式扭力扳手调整至零位,使最小扭力"10 下"标记线与 0 刻度线对齐。

(4)工具放置:将清洁完毕后的工具放置到工作台规定位置。

八 考核标准

考核标准表

考核时间	序号	考核项目	满分	评分标准	得分
20min	1	着装规范	3 分	酌情扣分	
	2	检查工量具是否齐全	3 分	未检查扣 3 分	

续上表

考核时间	序号	考核项目	满分	评分标准	得分
20min	3	检查汽缸盖螺栓训练模块是否完好	3分	未检查扣3分	
	4	工作台清洁	3分	未清洁扣3分,清洁不完全扣2分	
	5	工具清洁	3分	未清洁扣3分,清洁不完全扣2分	
	6	汽缸盖螺栓训练模块清洁	3分	未清洁扣3分,清洁不完全扣2分	
	7	检查工具	5分	未检查扣5分,检查不完整扣2分	
	8	拧松汽缸盖螺栓时工具选用正确	5分	每选用错误一次扣1分,扣完为止	
	9	指针式扭力扳手的正确使用	3分	操作不当扣3分	
	10	棘轮扳手的正确使用	3分	操作不当扣3分	
	11	零件的规范摆放	3分	摆放不规范扣3分	
	12	螺栓孔加机油	2分	操作不当扣2分	
	13	螺栓加机油	2分	操作不当扣2分	
	14	垫片的正确安装	2分	操作不当扣2分	
	15	短接杆、套筒的正确使用	3分	操作不当扣3分	
	16	预置式扭力扳手的正确使用	6分	未松开锁止扣2分,调整不正确扣2分,未锁止扣2分	
	17	汽缸盖螺栓拧紧方法	10分	酌情扣分	
	18	转角扳手的正确使用	6分	操作不当扣6分	

续上表

考核时间	序号	考核项目	满分	评分标准	得分
20min	19	缸盖螺栓拧紧后转过180°的操作	10分	操作不当扣10分	
	20	汽缸盖螺栓破坏性试验操作	5分	未操作扣5分	
	21	汽缸盖螺栓破坏性试验的分析	5分	酌情扣分	
	22	扭力扳手归零	2分	操作不当扣2分	
	23	清洁整理工具	2分	未清洁整理扣2分,未检查扣1分	
	24	整理工作台	2分	未清洁扣2分,未整理扣1分	
	25	安全操作	6分	零件是否有跌落,2分/次;量具是否有损坏,2分/次;扣完为止	
	26	遵守相关安全规范	因违规操作造成人身和设备事故的,总分按0分计		
分数合计			100分		

项目七　曲轴圆跳动量检测实例

一　项目说明

曲轴是发动机中形状和受力都很复杂的重要零件之一。曲轴耗损的形式主要有轴颈的磨损、弯曲与扭曲变形、断裂及其他部位的损伤等。其中,曲轴的弯曲变形会加剧活塞连杆组、汽缸、曲轴轴颈和轴承的磨损,甚至会使曲轴出现裂纹或断裂。曲轴的弯曲变形是使用或修理不当造成的。如发动机的爆震和超负荷、个别汽缸不工作或工作不均衡、各道主轴承松紧度不一致、主轴承座孔同轴度偏差增大等原因,都会导致曲轴的弯曲变形。

曲轴圆跳动量的检测以曲轴两端主轴颈的公共轴线为基准,检查中间轴颈的径向圆跳动误差,如右图所示,检查方法是:主要采用百分表1和磁性表座3来进行测量,使百分表触头垂直抵在中间主轴颈上,与两端主轴颈比较,因为中间主轴颈两侧的汽缸进气道短,进气阻力最小,进气充分,燃气压力大,所以中间主轴颈负荷最大,弯曲也最大。慢慢转动曲轴一圈,百分表指针所示的最大摆差,即为中间主轴颈的径向圆跳动误差,如右图所示。

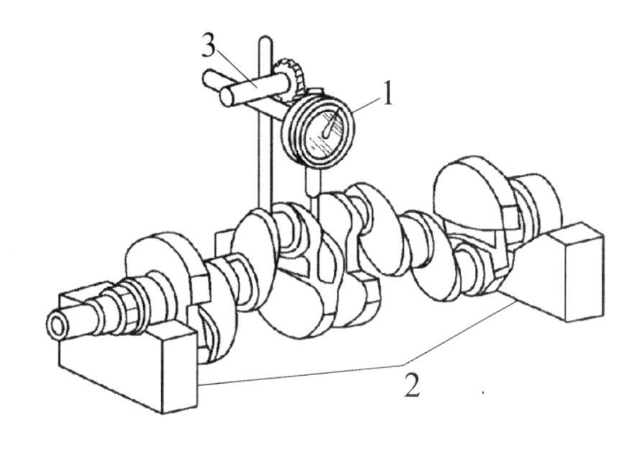

曲轴圆跳动量的检测
1-百分表;2-V形块;3-磁性表座

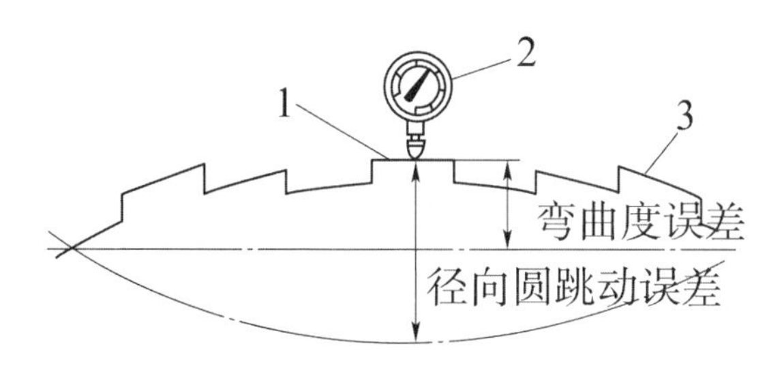

曲轴径向误差和圆跳动量误差
1-中间主轴颈;2-百分表;3-连杆轴颈

下面以测量丰田8A发动机的曲轴圆跳动量为例,说明曲轴圆跳动量检测操作的基本步骤,掌握百分表和磁性表座的正确使用方法。

二　技术标准与要求

(1)丰田8A发动机曲轴主轴颈的直径标准为47.982~48.000mm,加大尺寸0.25mm时,曲轴主轴颈的直径为47.745~47.755mm;

(2)丰田8A发动机曲轴的最大圆跳动量允许值为0.06mm。如果曲轴的圆跳动量超过最大值,则应更换曲轴。

三 实训时间

共1课时。

四 实训教学目标

(1)了解检测曲轴圆跳动量的重要性和必要性;

(2)掌握磁性表座和百分表的正确安装、使用和读数方法;

(3)掌握检测曲轴圆跳动量的基本操作步骤,并能根据相关的技术标准进行分析判断;

(4)依据5S(5S的含义:整理、整顿、清洁、清扫、自律)管理的要求,培养学生安全、规范的操作习惯;

(5)培养学生谦虚谨慎、艰苦奋斗、努力学习的好品质。

五 教学场地与教学器材

1 教学场地

工量具及基本功实训中心实验室

2 教学器材

曲轴

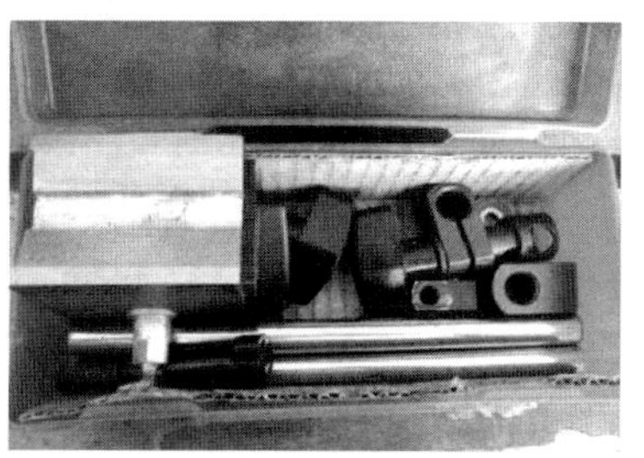

磁性表座

百分表

V 形块一对

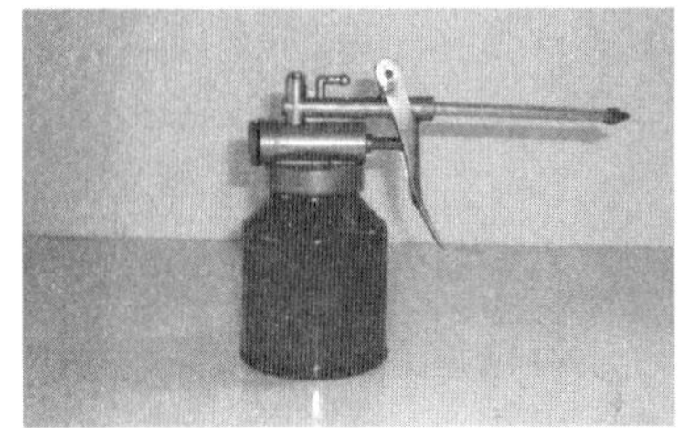

机油壶

六 教学组织

1 教学组织形式

此实训教学项目为实训操作课,1 名实训教师,22 名学生,实验室共有 11 张多功能工作台,每张工作台左右 2 个工位,每个工位安排 1 名学生进行操作。

2 学生的站位分工和要求

学生按规定的工位站立,并按教师的指令同时进行独立的操作。

3 实训教师职责

确定学生的工位;讲解实训项目的操作步骤和相关的注意事项,并进行示范操作;组织学生进行操作;巡视、检查、指导和纠正学生操作中的错误;课堂总结;组织学生对实验室进行清洁整理。

4 学生职责

认真听取教师的讲解,做好课堂笔记;观察教师的示范操作,独立完成实训项目,注意操作的规范性和安全性;自我总结;做好课后的清洁整理工作。

七 操作步骤

1 作业准备

1)学生准备

(1)每位学生站在指定的工位上。

提示 工位安排时,根据学生的身高从矮到高、从前往后排列。

(2)学生着装规范:拉链拉好,袖口扣好,衣领整齐,不佩戴任何首饰。以跨列姿势站在工作台边约 50cm 位置,面向前方。

提示 贯彻 5S 管理要求,保证学生良好的精神面貌,确保操作的安全性并提高工

作效率。

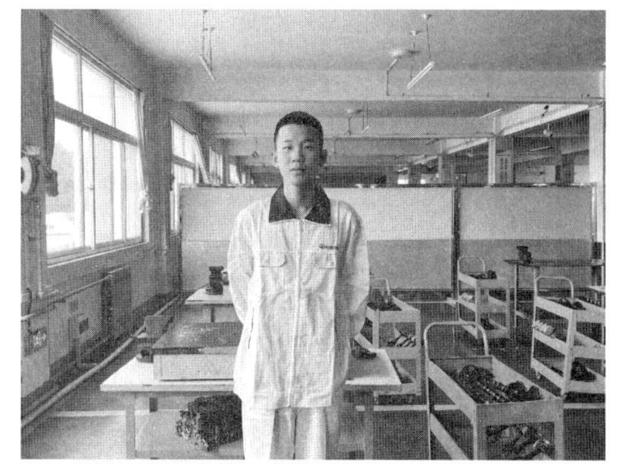

2)器材准备

把工量具放置在工作台的工量具架内(上格),把工件放置在工作台零件架内(下格),将清洁毛巾放置在工作台零件架的右边。

提示 工量具、工件必须按要求摆放整齐,并要求学生检查放置的工量具及工件是否齐全,如有缺少及时向教师报告反馈。

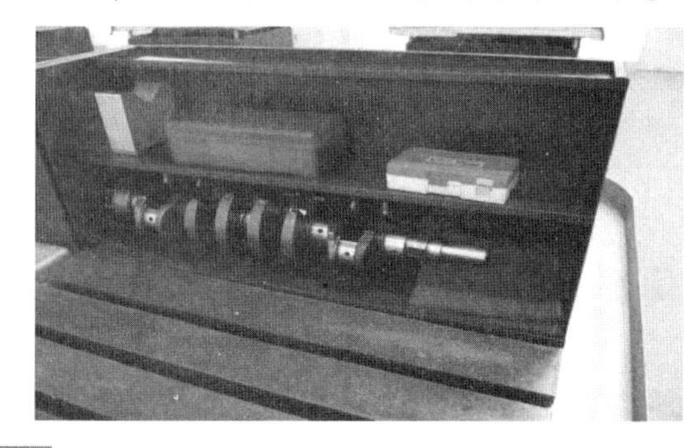

2 清洁

(1)清洁工作台。

提示 清洁工作台时要全面清洁。

(2)清洁曲轴,重点清洁曲轴的主轴颈位置。

提示 ①曲轴从发动机上拆下时,已经进行了超声波清洗,这里只做简单的清洁。

②清洁部位为曲轴主轴颈的工作表面。曲轴主轴颈的工作表面粘有脏污会引起测量误差,导致测量结果失真。

(3)清洁百分表。重点清洁百分表的测量头。

提示 因为百分表是精密量具,清洁时毛巾一定要干净,否则会影响测量精度。

(4)清洁磁性表座。

提示 磁性表座的组成零件比较多,每个零件都需要清洁。个别的零件比较小,清洁时注意不要掉落。

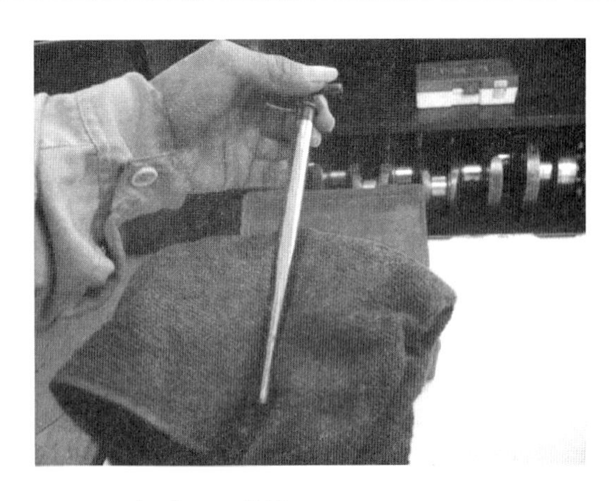

(5)清洁V形块。

提示 清洁时要全面清洁,特别是V形块的V形口位置。清洁时要轻拿轻放。

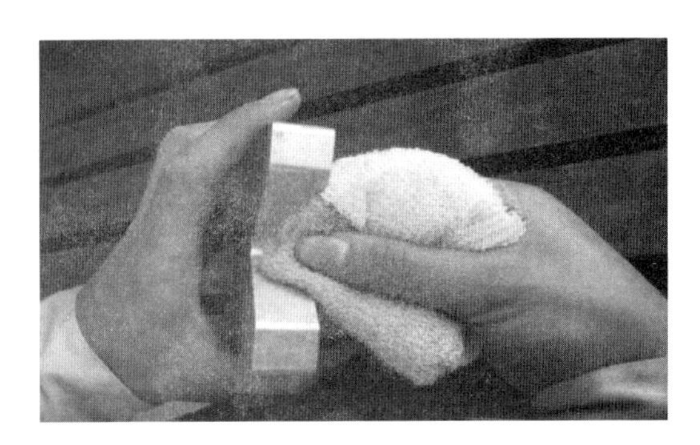

3 检查量具及工件

(1)检查曲轴。

提示 重点检查曲轴的主轴颈,观察是否有烧蚀、拉伤、裂纹等损伤。如果损伤严重,会影响到测量结果,应及时向老师报告反馈。

(2)检查百分表。

观察表面是否有破损;用右手大拇指轻轻压百分表的测头,看大小指针是否能灵活转动。若指针有卡滞现象,不要继续使用,应及时向老师报告反馈。

(3)检查磁性表座。

检查磁性表座各组成零件是否齐全,是否有损坏。

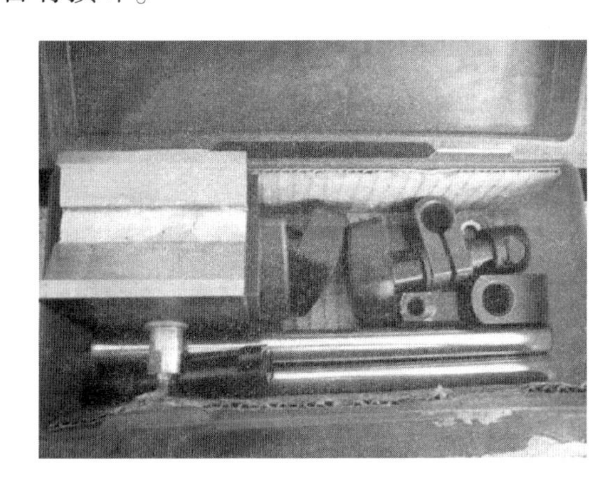

提示 ①磁性表座组成零件共有15件,特别注意4个垫片是否齐全,因为细小零件容易丢失。

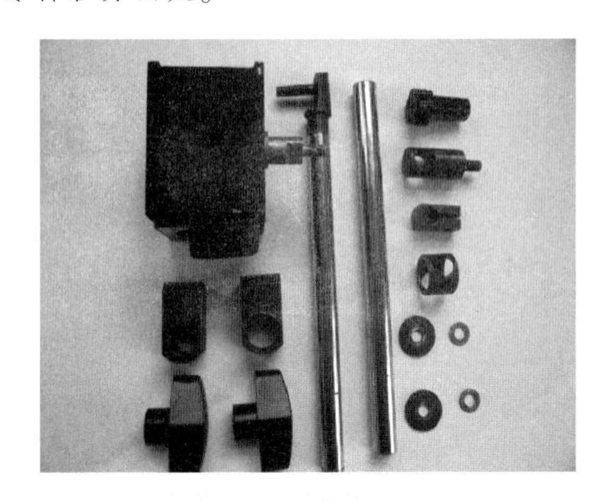

②重点检查磁性底座。把磁性底座放在钢槽上,转至"ON"挡,检查磁性底座是否

有磁力;同时观察磁性底座旋钮是否松脱,是否能正常旋转;V形槽口面是否有损伤等。如发现有损坏,应及时向老师报告反馈。

(4)检查V形块。

提示 检查V形块能否完全放入钢槽,有无卡滞现象,两块V形块V形口的最低点是否对准,高度是否一致。

4 组装磁性表座

(1)打开磁性表座盒子。

提示 双手大拇指同时用力向上扳开,注意用力要小,以免损伤磁性表座盒子。

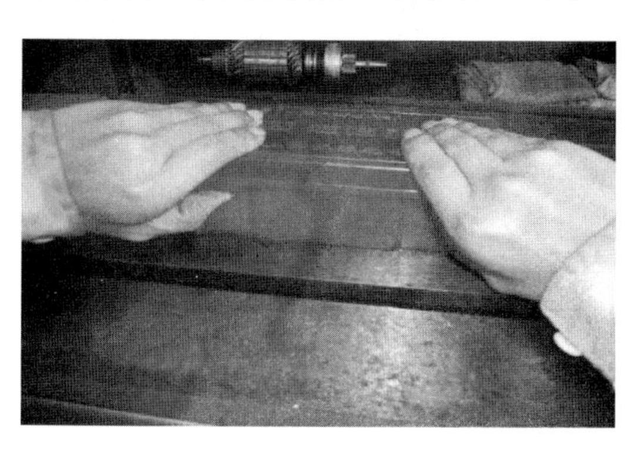

(2)认识磁性表座的各组成零件。

提示 ①能正确区分立柱与横杆。

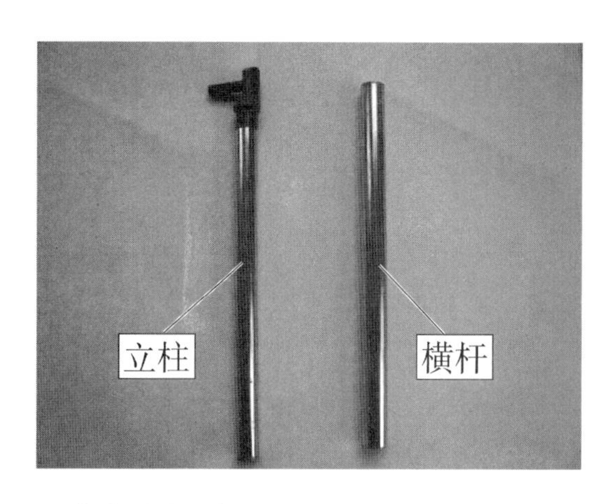

②各连接件如下图所示。

连接件1和连接件4比较相似,其区别是:连接件1的连接孔小,连接件4的连接孔大。

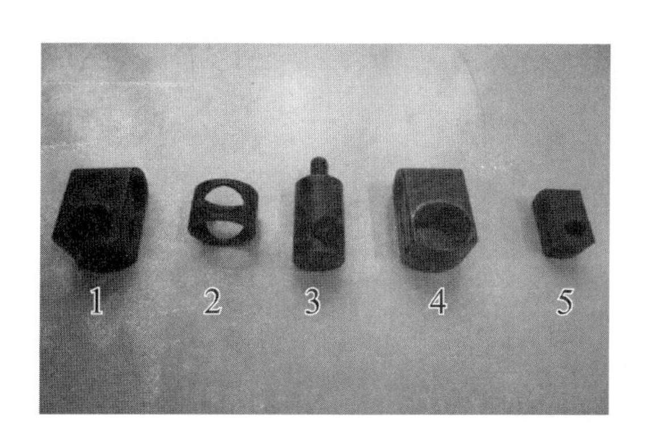

③各旋钮如下图所示。

旋钮1和旋钮2一样,可以互换。

(3)把磁性底座旋钮旋到"ON"位置,使磁性底座吸在工作台的钢槽上。

提示 V形槽口面朝下。

(4)在磁性底座右侧的螺纹杆上装上连接件1。

提示 连接件1有开槽的孔套入磁性底座的螺纹杆上。

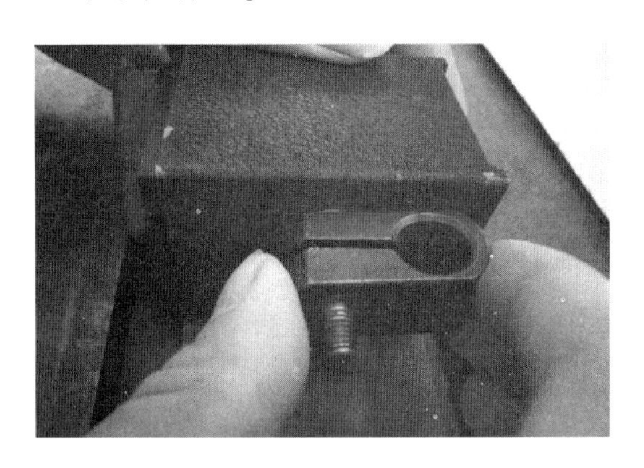

(5)把立柱与连接件1连接。

提示 立柱套入连接件1的孔中,要求垂直安装,立柱密封的一端朝下。

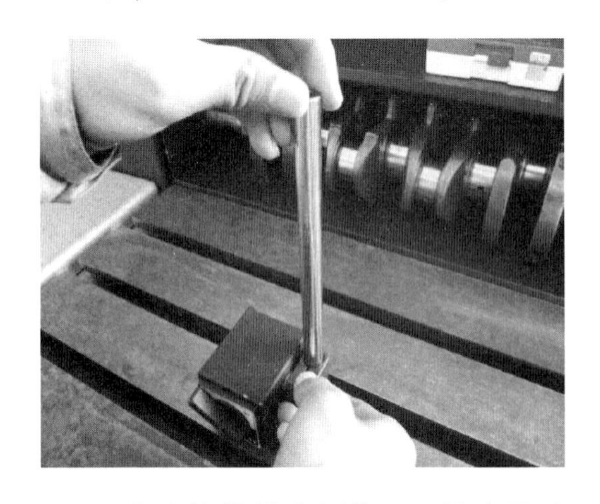

(6)在连接件的右侧装上一块大垫片。

提示 垫片不能漏装,否则立柱固定不稳,容易滑动。

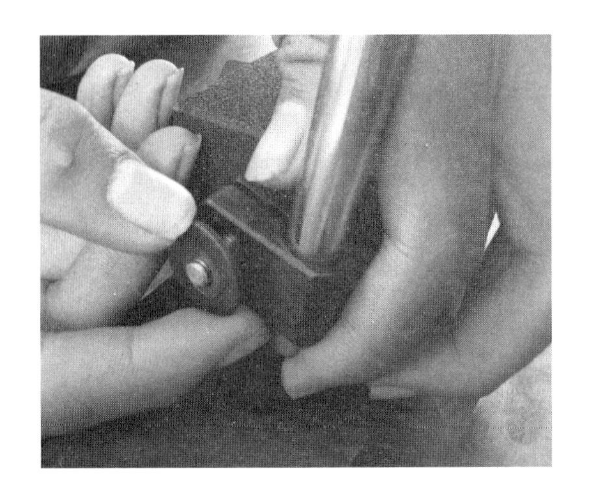

(7)装上旋钮1并将其旋紧。

提示 旋紧时,用力不要太大,以免损坏旋钮。

(8)把连接件2和连接件3相互套装在一起,注意孔要完全对齐。

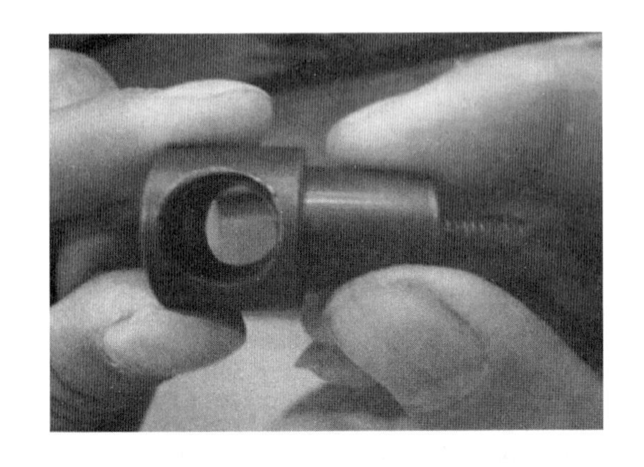

(9)把横杆装入连接2与连接件3组装后的孔内。

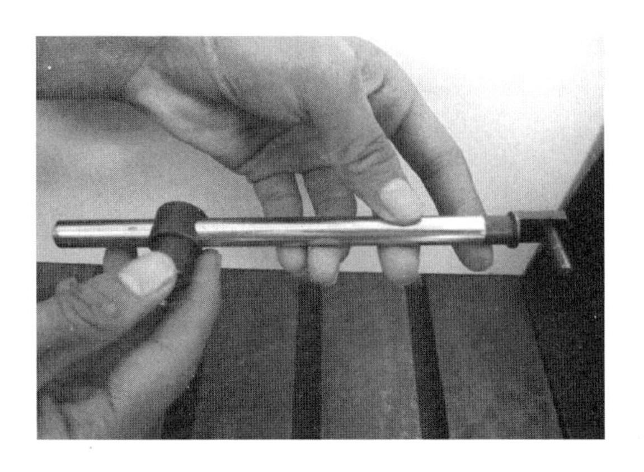

(10)把连接件4装在连接件3的螺纹端。

提示 连接件4有开槽的孔套入。

(11)把立柱套入连接件4内,将立柱和横杆连接在一起。

提示 注意保证立柱与横杆是相互垂直的,横杆螺纹端朝向右边,不要朝上,这样便于安装百分表。

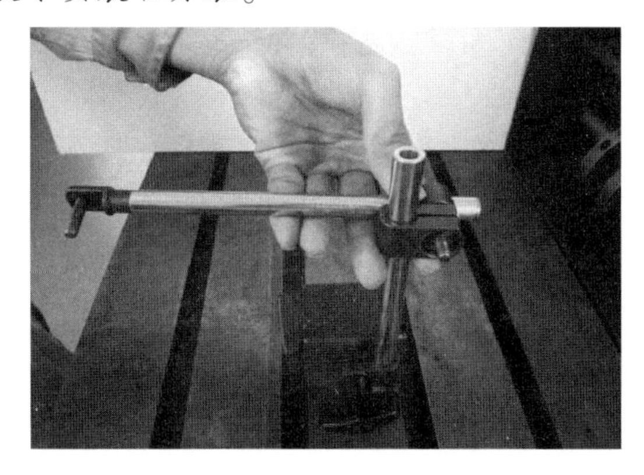

(12)在连接件4的右侧装上一块大垫片。

提示 垫片不能漏装,否则横杆固定不稳,容易滑动。

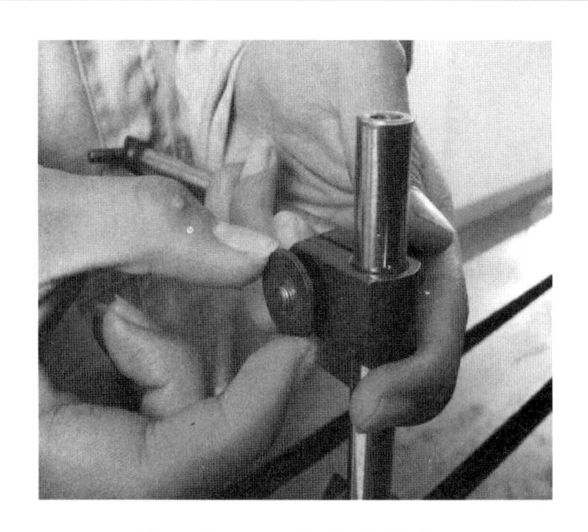

(13)装上旋钮2并将其旋紧。

提示 旋紧时用力不要太大,以免损坏旋钮。

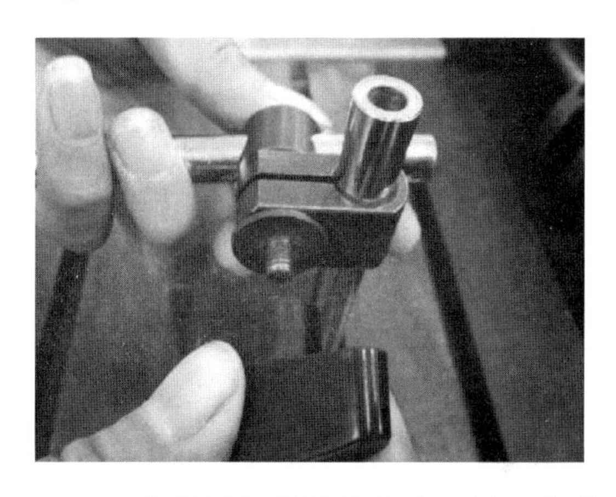

(14)在横杆的螺纹端装上一块小垫片。

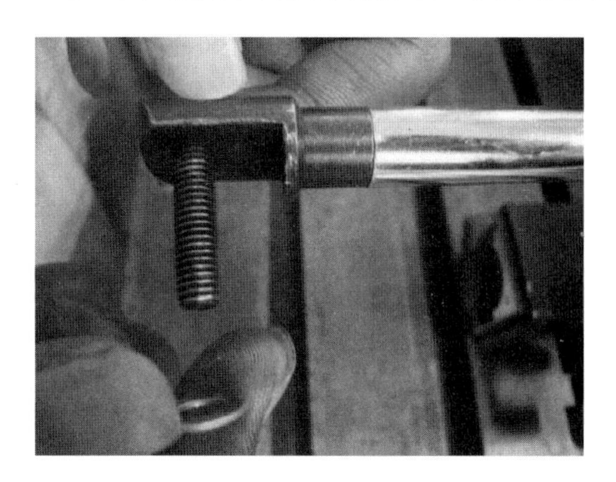

(15)小垫片右侧装上连接件5。

提示 注意连接件5有开槽的孔套入横杆的螺纹端,保证连接件5孔的位置水平,以便安装百分表。

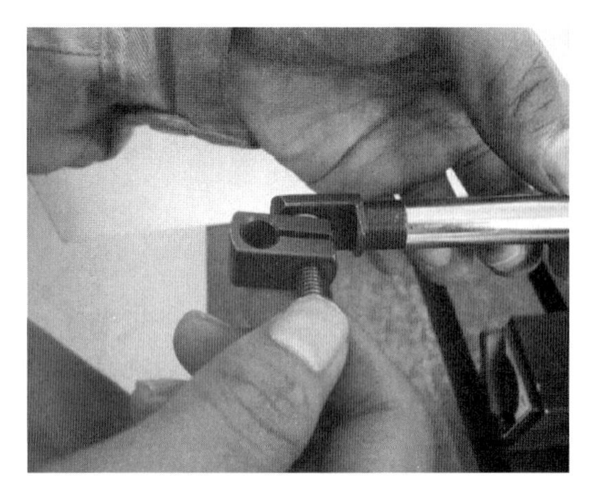

(16)连接件5右侧再装上一块小垫片。

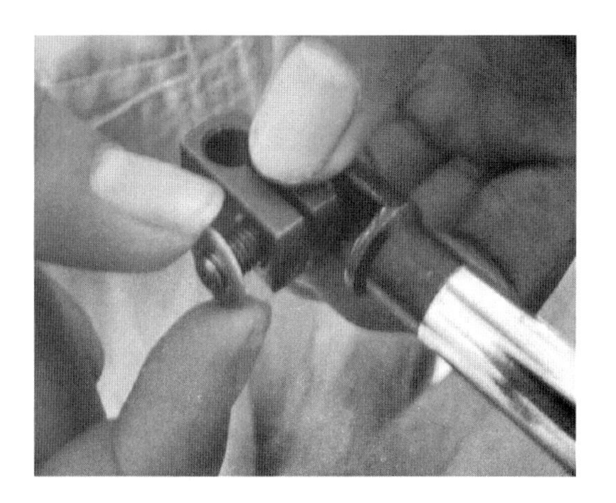

(17)装上旋钮3并将其旋紧。

提示 ①旋紧时,用力不要太大,以免损坏旋钮。

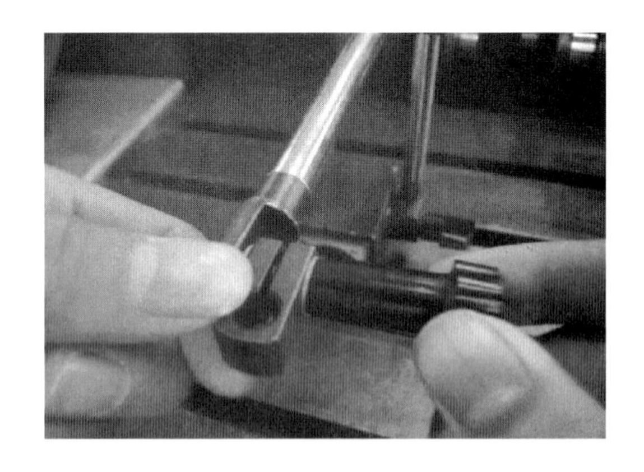

②考虑到曲轴圆跳动量的检测中曲轴主轴颈宽度比较小,安装旋钮3后不能正常检测,因此在本项目中可以用螺母来替代旋钮3。如果采用长测头的百分表就可以直接装配后进行测量。

(18)完成磁性表座的安装。

提示 注意连接件5和旋钮2的正确安装,便于夹装和调整百分表。

5 安装百分表

(1)打开百分表盒,取出百分表。

提示 ①按照盖上箭头所指方向滑动后打开。

②百分表要轻拿轻放,避免掉落或撞击。

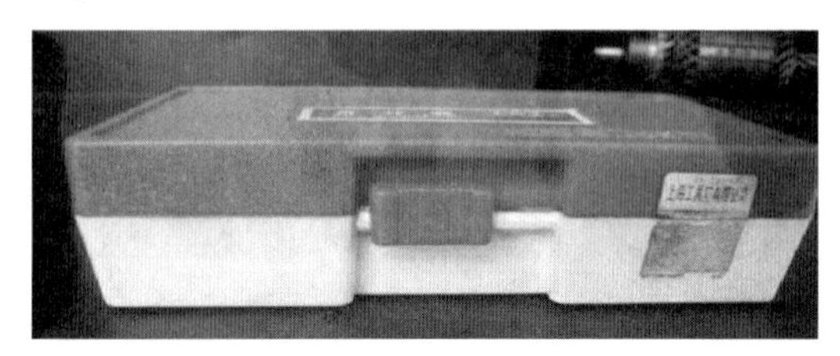

(2)把百分表放入连接件5的孔中。

提示 ①如果百分表放入时感觉较紧,可适当旋松螺母,便于放入百分表。

②可以采用带长测头的百分表,这样可以便于测量。

(3)旋紧螺母,把百分表夹装牢固。

提示 ①旋紧时用力不要太大,以免损坏百分表。

②保证百分表与横杆垂直。

③夹装位置必须是百分表测头的中间位置,即百分表下端测头导管上的刻线刚好与连接件5的下端平齐,否则容易损坏百分表测头。

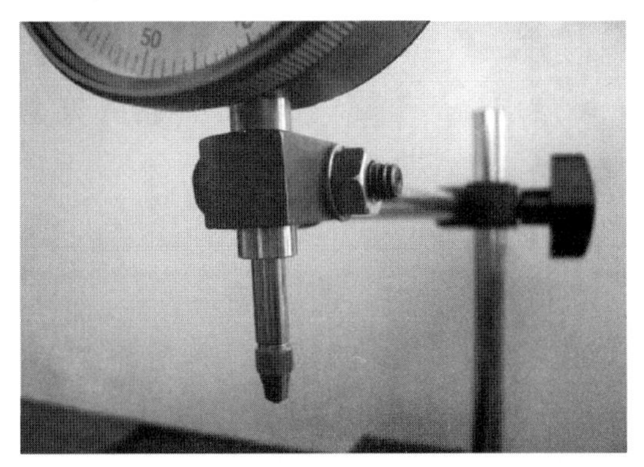

(4)组装好百分表和磁性表座。

提示 ①再一次检查各旋钮的旋紧程度,不要有滑动的现象,特别是百分表的夹装。

②把磁性底座旋钮转至“OFF”挡,把组装好的百分表和磁性表座移到工作台的内侧,便于放置曲轴。再把磁性底座旋钮转至“ON”挡,固定好百分表和磁性表座,移动时注意保护百分表。

6 测量曲轴的圆跳动量

(1)把V形块放置到钢槽上。

提示 ①保证V形块完全垂直放入钢槽内,两块V形块最低点对准,高度保持一致。

②两块V形块之间的距离根据曲轴的长度调整到合适,便于放置曲轴。

(2)把曲轴放在V形块上。

提示 ①双手要握在曲轴的两端,不要握在主轴颈的位置,否则放到V形块上时容易压伤手指。

②保证曲轴水平放置,不要倾斜,否则会影响测量结果。

③把磁性底座旋钮转至“OFF”挡,移动磁性底座,把组装好的百分表移动到曲轴中间主轴颈的位置,再把磁性底座转至“ON”挡进行固定。

提示 移动的过程中,注意用手拿牢百分表,避免百分表受损。

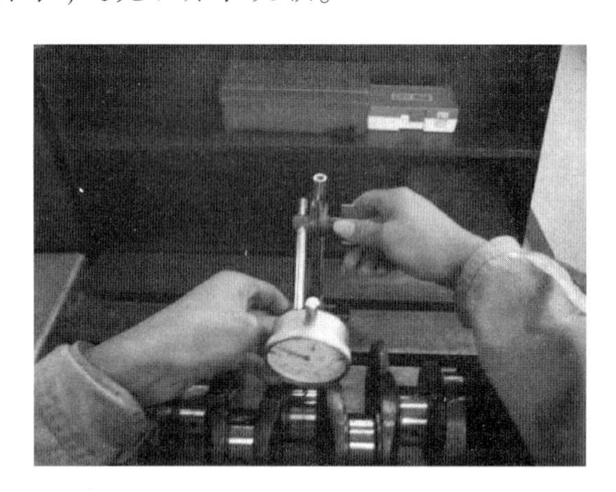

(4)调整磁性表座连接件,使百分表测头抵住曲轴中间主轴颈的径向最高点位置,并对百分表预压(0.005~0.01mm),即百分表小指针指向1。

提示 ①调好后,百分表的调整螺母必须锁紧,否则会因为百分表的松动影响到测量结果;测头必须垂直于曲轴的轴线,抵住曲轴中间主轴颈的径向最高点的位置,并要对百分表进行预压。

②调整时可旋动旋钮2,通过调整横杆位置来调整百分表测头与曲轴中间主轴颈工作表面的距离,使百分表的小指针预压1格。调整好后拧紧旋钮,拧紧即可,不要过于用力,以免损坏旋钮。此操作过程需要足够的耐心和细心。

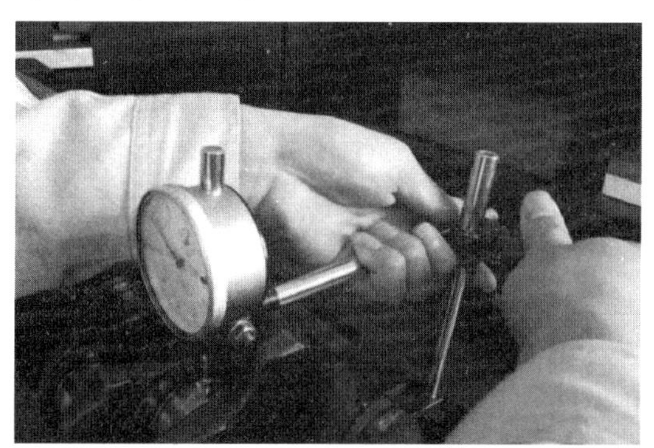

(5)用大拇指和食指轻轻转动百分表表盘,使大指针对准表盘的0刻度线。

提示 因为百分表比较灵敏,在大指针对0时要求细心和耐心,保证大指针完全对准,如有同组同学一起操作时,要尽量减少相互之间的干扰。

(6)双手慢慢转动曲轴一圈,一边转动一

边仔细观察百分表大指针的偏转。

提示 眼睛必须平视百分表。

(7)读数。若百分表大指针逆时针偏离0刻度线最大位置是转过1格,而百分表大指针顺时针偏离0刻度线最大位置是转过2格。

则曲轴的圆跳动量为:

$$(1+2)\times 0.01=0.03(\text{mm})$$

提示 ①百分表比较灵敏,在读数时曲轴要慢慢转动,并且要仔细观察,否则指针摆动较快,不容易读数。

②大指针逆时针偏离的最大位置和大指针顺时针偏离的最大位置一定要找准确。

(8)读取测量值后,要求学生在项目工作页上正确记录数据。

提示 记录数据时,要注意测量的精度,并写上单位。

(9)根据标准判断曲轴是否需要修理。

曲轴最大圆跳动量允许值为0.06mm。所测数据为0.03mm,所以该曲轴未超过允许范围,不需要修理,可以继续使用。

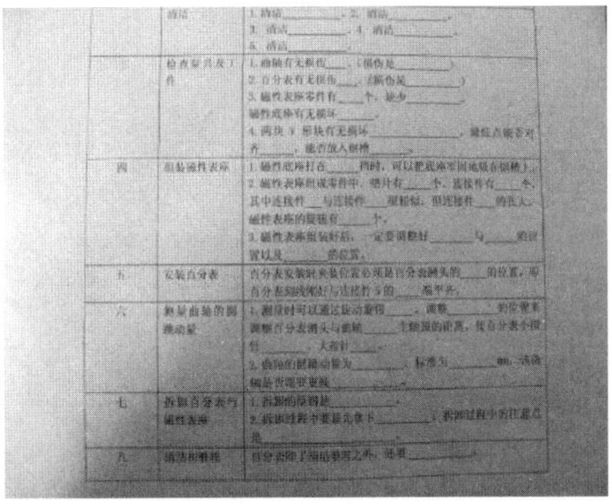

7 拆卸百分表与磁性表座

(1)旋动旋钮,扳动横杆使百分表抬高位置(超过曲轴的高度),再次拧紧旋钮,拧松百分表固定螺母,拿下百分表,放入盒内。

提示 ①调整百分表的位置,以便于拿下百分表,否则容易损坏百分表。

②百分表拿下的时候要轻拿轻放。

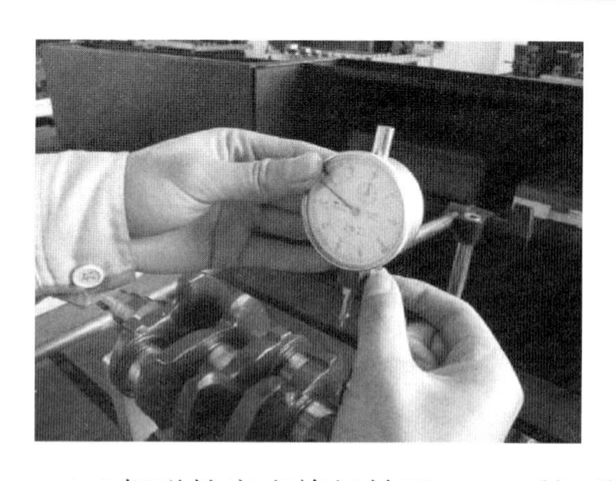

(2)把磁性底座旋钮转至"OFF"挡,移动磁性底座至垫板上,再把磁性底座旋钮转至"ON"挡,固定好磁性底座,以先装后拆的顺序把磁性表座分解,依次把各组成零件放入盒内。

提示 分解过程中,零件要轻拿轻放,注意不要使零件掉落,特别是垫片。

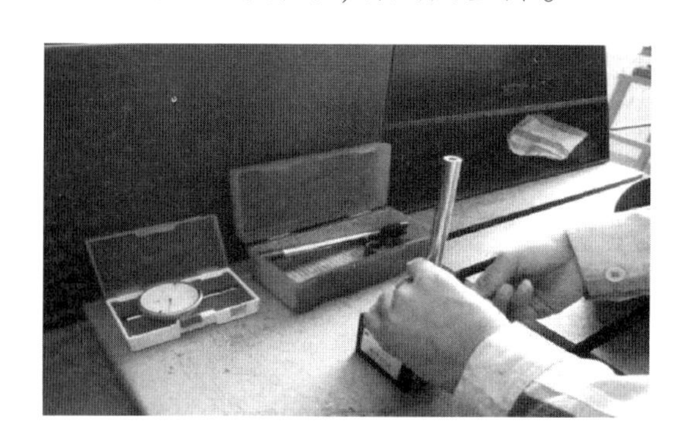

8 清洁和整理

(1)取下曲轴,清洁后放回工作台上的零件架内。

提示 取下曲轴时,双手要紧握曲轴的两端,抬起一定的高度,不要使V形块翻倒。

(2)从钢槽上取下两块V形块,清洁后放回工作台的工量具架内。

(3)为防止生锈,百分表使用后需清洁,并涂上一层防锈油,放回盒内。

提示 涂油的重点位置是百分表的测头位置。

(4)再一次检查磁性表座的零件有无缺少(共15件),清洁后放回盒内。

提示 磁性表座的旋转开关转至"OFF"挡。

磁性表座放置时,横杆和立柱的放置位置要特别注意,避免盒子盖不上。

(5)清洁整理好工作台。

八 考核标准

考核标准表

考核时间	序号	考核项目	满分	评分标准	得分
20min	1	着装规范	2分	酌情扣分	
	2	检查工量具、工件是否齐全	2分	未检查扣2分	
	3	清洁工作台	2分	未清洁扣2分,清洁不完全扣1分	
	4	清洁曲轴	2分	未清洁扣2分,清洁不完全扣1分	
	5	清洁百分表	2分	未清洁扣2分,清洁不完全扣1分	
	6	清洁磁性表座各零件	2分	未清洁扣2分,清洁不完全扣1分	
	7	清洁V形块	2分	未清洁扣2分,清洁不完全扣1分	
	8	检查曲轴	2分	未检查扣2分	
	9	检查百分表	2分	未检查扣2分	

续上表

考核时间	序号	考核项目	满分	评分标准	得分
20min	10	检查磁性表座零件	2分	未检查扣2分	
	11	检查磁性底座	2分	未检查扣2分	
	12	检查V形块	2分	未检查扣2分	
	13	磁性表座安装顺序	6分	每安装错误一次扣1分,扣完为止	
	14	磁性表座安装的熟练程度	3分	安装不熟练扣3分	
	15	垫片的安装	4分	垫片安装错误每次扣1分	
	16	横杆与立柱的位置调整	2分	未调整扣2分,调整未到位扣1分	
	17	连接件5的安装方向	2分	安装方向不正确扣2分	
	18	百分表的安装	3分	安装错误扣3分	
	19	V形块的安装	2分	安装错误扣2分	
	20	曲轴的安装	2分	安装错误扣2分	
	21	百分表测头位置调整	2分	测头位置调整不对扣2分	
	22	百分表小指针对0	5分	小指针未对0扣5分,不到位扣3分	
	23	百分表大指针对1	5分	大指针未对1扣5分,不到位扣3分	
	24	读数	8分	读数错误扣8分	
	25	数据记录	2分	数据记录错误扣2分,单位不写扣1分	
	26	数据分析	6分	标准不写扣3分,数据没有分析扣3分	

续上表

考核时间	序号	考核项目	满分	评分标准	得分
20min	27	拆下百分表	2分	操作不当扣2分	
	28	分解磁性表座	3分	操作不当扣3分	
	29	清洁整理曲轴	2分	未清洁扣1分,未整理扣1分	
	30	清洁整理V形块	2分	未清洁扣1分,未整理扣1分	
	31	清洁整理百分表并上油	3分	未上油扣1分,未清洁扣1分,未整理扣1分	
	32	清洁整理检查磁性表座	2分	未清洁整理扣1分,未检查扣1分	
	33	整理工作台	2分	未清洁扣1分,未整理扣1分	
	34	安全操作	8分	零件是否有跌落,2分/次;量具是否有损坏,2分/次;扣完为止	
	35	其他	每超时1分钟扣2分,超时5分钟终止考试		
	36	遵守相关安全规范	因违规操作造成人身和设备事故的,总分按0分计		
分数合计			100分		